現代家族を読み解く12章

日本家政学会 編

はじめに

　本書は，現在の日本の家族にさまざまな角度から光を当て，その実態をとらえるとともに，家族に関わる多様な議論を検討し，今後の家族を展望することを目指している．

　現代日本の家族の変化は激しく，未婚化・晩婚化，少子高齢化は，私たちの予想を超える勢いで進行している．一人暮らし（単独）の世帯数が2010年には「夫婦と未婚の子」の核家族世帯数を上回って一般世帯の3分の1を占め，あらゆる年齢層に単独世帯が広がっている．家族に生まれ，家族を形成し，その家族に見守られ生涯を終えるというライフコースが当たり前ではなくなり，多様なライフコースや暮らし方への柔軟な対応が求められるようになった．そして，家族を超えた共同の暮らし方やケアの社会化なども広がっており，個人や家族の問題を社会的な関係性の中でとらえるべき時代になっている．性についてもLGBTに代表される多様な性のあり方への理解が広がり，あるべき家族像を追求することよりも，一人ひとりが自分らしく生きることが尊重されるようになり，個人の尊重，多様性の尊重が重要になってきている．

　また，ワーク・ライフ・バランスの考え方が社会に根づいてきている一方で，長時間労働や非正規雇用の増加などにより，人々が安定した生活への展望を持てない状況も広がっている．さらに，子どもの貧困などにみられるように，所得格差も広がっており，個人や家族を支える仕組みの充実も求められている．

　本書では，現代の家族の理解のために，以下，12の章構成で家族に関する基本的な知識や家族を取り巻く問題を取り上げる．第1章では，第3章以降で扱われる現代家族の諸問題を理解するための基本的視点と基本知識について解説する．第2章では，家族にかかわる法を概説し，家族関係を法がどのように規律しているかを紹介する．第3章以降はライフコースに沿って読み進められるように，まず，第3章で子ども期と青年期・若者期の問題と家族との関係を取り上げる．そして，第4章では，フェミニズム，セクシュアル・マイノリティからの議論をもとに，ジェンダーの視点からみた家族および社会制度についての論点と課題を提示する．次の第5章では，未婚化・晩婚化の動向や結婚と離婚の問題を取り上げる．第6章では，性や出産に関する問題，親子関係や子育

てに関わる諸問題を取り上げる．第7章では，仕事と子育ての両立，非正規雇用，長時間労働など，今日の労働と家庭生活に関する問題を取り上げる．そして，第8章では，高齢化や高齢社会の問題，高齢者と家族との関係，介護の現状と課題を検討する．次の第9章以降は福祉，環境，グローバルといった視点から家族を論じていく．まず，第9章では，現代の生活課題に焦点を当て，社会保障制度をベースとした暮らしや家族関係のあり方を探る．第10章では，衣食住などの生活の諸側面から，生活環境と家族との関係を取り上げる．第11章では，国際結婚の動向や外国につながりのある子どもの問題など，グローバル化と家族の問題を取り上げる．そして，第12章で，排除と包摂，ケアと共生といった概念を中心に，これからの家族のゆくえを検討する．

　第1章から読み進めていただきたいが，興味のある項目から読み始めても理解できるように，各章に見開き2ページで解説する項目を立て，合計81のトピックスで構成している．また，項目間での関連を図りながらも，それぞれの項目単独でも理解できるように記述している．

　本書の執筆については，一般社団法人日本家政学会の一部会である家族関係学部会のメンバーを中心に取り組んだ．日本家政学会は人間生活の充実と向上に寄与することを目的に設立された学術団体であり，衣・食・住・児童・家庭生活などに関わる生活の諸問題を研究対象としている．日本家政学会では，学会編として丸善出版株式会社から2015年3月に『衣服の百科事典』，2016年1月に『児童学事典』を刊行し，本書はそれに続く刊行物である．本書の執筆では家政学の特徴を踏まえ，日常の生活の場で起きている諸問題を盛り込むことを心がけた．家族関係学部会は，研究方法としては，社会学，心理学，法学，歴史学，人口学，生活学などの隣接科学の成果や方法から学びつつ，家族を学際的に研究することを特徴としている．本部会のこれまでの活動の成果である本書を通じて，家族を考える多くの人々が現在の家族についての理解を深めていただければ幸いである．

　最後になったが，本書を刊行する機会を下さり，根気強く編集業務をご担当下さった丸善出版株式会社の小根山仁志さんに心より感謝申し上げる．

2018年10月

編集代表　久　保　桂　子

編集委員・執筆者一覧

編集代表

久 保 桂 子　千葉大学教育学部教授

編集幹事

佐 藤 宏 子　和洋女子大学家政学部教授
宮 坂 靖 子　金城学院大学生活環境学部教授
山 根 真 理　愛知教育大学教育学部教授

編集委員

安 達 正 嗣　高崎健康福祉大学健康福祉学部教授
李　　　璟 媛　岡山大学大学院教育学研究科教授
井 田 瑞 江　関東学院大学社会学部准教授
大 石 美 佳　鎌倉女子大学家政学部教授
杉 井 潤 子　京都教育大学教育学部教授
中 谷 奈津子　神戸大学大学院人間発達環境学研究科准教授
マルセロ デ アウカンタラ　お茶の水女子大学基幹研究院人間科学系准教授
山 下 美 紀　ノートルダム清心女子大学文学部教授

執筆者

会 田 薫 子　東京大学大学院人文社会系研究科特任教授
青 木 加奈子　京都ノートルダム女子大学現代人間学部講師
安 達 正 嗣　高崎健康福祉大学健康福祉学部教授
安 藤　　藍　首都大学東京人文社会学部助教
安 藤 喜代美　名城大学人間学部教授
安 藤　　究　名古屋市立大学人文社会学部教授
李　　　璟 媛　岡山大学大学院教育学研究科教授
石井クンツ昌子　お茶の水女子大学基幹研究院人間科学系教授
磯 部　　香　奈良女子大学アジア・ジェンダー文化学研究センター特任助教
井 田 瑞 江　関東学院大学社会学部准教授

井 上 清 美	川口短期大学こども学科教授
上 野 顕 子	金城学院大学生活環境学部教授
魚 住 明 代	城西国際大学国際人文学部教授
臼 井 和 恵	東京福祉大学教育学部教授
大 石 美 佳	鎌倉女子大学家政学部教授
大 山 治 彦	四国学院大学社会福祉学部教授
岡 部 千 鶴	徳島文理大学人間生活学部教授
小 川 真理子	九州大学男女共同参画推進室准教授
奥 田 都 子	静岡県立大学短期大学部准教授
小 澤 千穂子	大妻女子大学家政学部教授
斧 出 節 子	京都華頂大学現代家政学部教授
小野寺 理 佳	名寄市立大学保健福祉学部教授
表 真 美	京都女子大学発達教育学部教授
風 間 孝	中京大学国際教養学部教授
加 藤 邦 子	川口短期大学こども学科教授
蟹 江 教 子	宇都宮共和大学子ども生活学部教授
川 崎 末 美	東洋英和女学院大学人間科学部特任教授
川 崎 澄 雄	金城学院大学名誉教授
菊 澤 佐江子	法政大学社会学部教授
菊 池 真 弓	いわき明星大学教養学部教授
菊 地 真 理	大阪産業大学経済学部准教授
木 村 直 子	鳴門教育大学大学院学校教育研究科准教授
木 脇 奈智子	藤女子大学人間生活学部教授
久 保 桂 子	千葉大学教育学部教授
栗 山 直 子	追手門学院大学経済学部准教授
黒 川 衣 代	鳴門教育大学大学院学校教育研究科教授
税 所 真 也	東京大学高齢社会総合研究機構特任助教
賽 漢 卓 娜	長崎大学多文化社会学部准教授
酒 井 はるみ	茨城大学名誉教授
坂 本 有 芳	鳴門教育大学大学院学校教育研究科准教授
佐 藤 宏 子	和洋女子大学家政学部教授
佐 藤 裕紀子	茨城大学教育学部准教授
清 水 浩 昭	日本大学名誉教授
白 須 真理子	関西大学法学部准教授・大阪大学大学院法学研究科特任准教授

編集委員・執筆者一覧

杉 井 潤 子　京都教育大学教育学部教授
鈴 木 富美子　東京大学社会科学研究所准教授
田 中 慶 子　慶應義塾大学経済学部特任准教授
妻 木 進 吾　龍谷大学経営学部准教授
永 井 暁 子　日本女子大学人間社会学部准教授
中 川 ま り　東京女子大学現代教養学部准教授
永 田 晴 子　大妻女子大学家政学部専任講師
中 谷 奈津子　神戸大学大学院人間発達環境学研究科准教授
長 津 美代子　群馬大学名誉教授
中 西 泰 子　相模女子大学人間社会学部准教授
中 西 雪 夫　佐賀大学教育学部教授
橋 本 有理子　関西福祉科学大学社会福祉学部教授
平 野 順 子　東京家政大学短期大学部准教授
平 松 紀代子　滋賀大学教育学部准教授
藤 崎 宏 子　お茶の水女子大学名誉教授
冬 木 春 子　静岡大学教育学部教授
前 田 尚 子　岐阜聖徳学園大学看護学部教授
牧 野 カツコ　宇都宮共和大学特任教授
松 岡 悦 子　奈良女子大学研究院生活環境科学系教授
マルセロ デ アウカンタラ　お茶の水女子大学基幹研究院人間科学系准教授
宮 坂 靖 子　金城学院大学生活環境学部教授
室 　 雅 子　椙山女学園大学教育学部教授
森 田 美 佐　高知大学教育学部准教授
八幡（谷口）彩子　熊本大学大学院教育学研究科教授
山 下 亜紀子　九州大学大学院人間環境学研究院准教授
山 下 美 紀　ノートルダム清心女子大学文学部教授
山 根 真 理　愛知教育大学教育学部教授
尹 　 鈴 喜　同志社大学社会学部准教授
横 山 博 子　つくば国際大学産業社会学部教授
吉 田 あけみ　椙山女学園大学人間関係学部教授
吉 原 千 賀　高千穂大学人間科学部教授
渡 邊 千恵子　尚絅学院大学総合人間科学部教授

（五十音順，2018 年 8 月現在）

目　　　次

第1章　家族とは何だろう………………………………………………… 1
　1.　家族についての定義，FI/主観的家族　2
　2.　家族・親族・世帯　4
　3.　ライフコースと家族　6
　4.　家族の多様なかたち　8
　5.　近代家族と現代家族　10
　　【コラム】インセスト・タブー（近親性交の禁忌）について　12

第2章　家族と法………………………………………………………… 13
　1.　家族法とは何か　14
　2.　夫婦関係についての法律　16
　3.　親子関係についての法律　18
　4.　子の親権・監護をめぐる問題　20
　5.　家族構成員の保護　22
　6.　家族法改正の課題と展望　24
　　【コラム】夫婦間に生じる権利義務　26

第3章　子ども・若者と家族……………………………………………… 27
　1.　子ども期とは　28
　2.　子どもの権利条約と家族　30
　3.　児童虐待と子どもの保護　32
　4.　子どもの貧困　34
　5.　子どもの発達と家族・社会　36
　6.　青年期・若者期とは　38
　7.　青年期の自立の課題　40
　8.　若者と職業　42
　9.　若者の家族形成の課題　44
　　【コラム】貧困ラインと相対的貧困率　46

第4章　ジェンダーと家族·····47

1. フェミニズムと家族　48
2. ジェンダー平等とジェンダー主流化　50
3. ジェンダーと家庭科　52
4. 家族とジェンダーの地域間比較　54
5. 多様なセクシュアリティと，同性間の結婚・子育て　56
6. セクシュアル・マイノリティからみた家族　58
7. ジェンダーと親密性　60
　【コラム】ジェンダーをどう捉えるか　62

第5章　結婚と離婚·····63

1. 結婚とは何か　64
2. 未婚化・晩婚化の進行　66
3. 結婚とパートナー関係　68
4. 夫婦関係の諸相　70
5. ドメスティック・バイオレンス　72
6. 離婚・再婚の動向　74
7. ステップファミリー　76
　【コラム】婚外子の出生動向　78

第6章　出産と子育て·····79

1. 性と生殖に関する健康/権利　80
2. 不妊治療と家族　82
3. 出生数・出生率と人口問題　84
4. 親になる？　ならない？　86
5. 3歳児神話の変容と現在，性別役割分業　88
6. 母子関係と父子関係　90
7. ひとり親家族の子育て　92
8. 親族・友人・地域の育児ネットワーク　94
9. 地域の子育て支援　96
　【コラム】「保育園落ちた」ブログと待機児童問題　98

目　次

第7章　労働と家族 ………………………………………………… 99

1. 仕事と子育ての両立　100
2. ワーク・ライフ・バランス　102
3. 非正規雇用の広がりと家族　104
4. 労働と家族的責任　106
5. ペイド・ワークとアンペイド・ワーク　108
6. 長時間労働と過労死　110
7. 男女共同参画社会　112
   【コラム】家族の世話と仕事の両立　114

第8章　高齢者と生きる・高齢期を生きる ……………………… 115

1. 向老期を生きる　116
2. 高齢者と高齢社会　118
3. 高齢期の夫婦関係　120
4. 高齢期の成人子との関係　122
5. 祖父母という存在　124
6. 高齢者介護と家族　126
7. 高齢期のきょうだい関係　128
   【コラム】高齢者とペットとの関係　130

第9章　生活保障と家族 …………………………………………… 131

1. 家族問題と家族福祉　132
2. ソーシャルワークと家族支援　134
3. 少子化と育児支援　136
4. 要保護児童と社会的養護・家庭的養護　138
5. 高齢化と介護支援　140
6. 要介護高齢者と成年後見制度　142
7. 障害者福祉と家族（障害児含む）　144
8. ホームレス生活者と家族　146
9. 臨床倫理・死生学と家族　148
   【コラム】人生100年時代のライフモデル　150

第10章　生活環境と家族……………………………………………151
　　1. 衣食住と家族　152
　　2. 消費環境と家族　154
　　3. 情報化と家族　156
　　4. 生活文化と家族　158
　　5. 地域社会と家族　160
　　6. 葬送と家族　162
　　7. 災害と家族　164
　　【コラム】共同墓・合葬墓　166

第11章　グローバリゼーションと家族…………………………………167
　　1. 国際結婚の動向　168
　　2. 国際結婚をめぐる諸問題　170
　　3. 国際結婚と子ども　172
　　4. 外国につながりのある子どもへの支援　174
　　5. 海外からのケア労働者　176
　　【コラム】ハーグ条約と日本における実施法　178

第12章　これからの家族の展望…………………………………………179
　　1. 社会的包摂の理念と家族　180
　　2. ケアと共生　182
　　3. これからの家族　184
　　【コラム】北欧社会の家族と子育て　186

●附録：戦後の家族をめぐる主な出来事　187
●引用・参考文献一覧　191
●索　引　215

◎文献について
　本書の各項目に引用・参考文献を掲載した．邦語文献，欧語文献の順とし，それぞれ編著者名の五十音順，アルファベット順に並べた．文献の詳細は，巻末の引用・参考文献一覧に掲載した．

第 **1** 章

家族とは何だろう

1. 家族についての定義，FI/主観的家族　2
2. 家族・親族・世帯　4
3. ライフコースと家族　6
4. 家族の多様なかたち　8
5. 近代家族と現代家族　10
コラム「インセスト・タブー（近親性交の禁忌）について」　12

　本章では，3章以降で扱われる，現代家族の諸問題を理解するための基本的視点と基本知識について説明する．まず，家族，世帯，ファミリー・アイデンティティ，ライフコースなど，家族を学ぶための基本概念について言及し，さらに，近代家族から現代家族に至る家族変動と，家族の多様化の指標となる結婚やパートナーシップの多様化について概説する．　　　　　　　　　　　　　　　　[宮坂靖子]

1. 家族についての定義，FI/主観的家族

●**家族の定義**　「家族とは，夫婦・親子・きょうだいなど少数の近親者を主要な成員とし，成員相互の深い感情的かかわりあいで結ばれた，幸福（well-being）追求の集団である」（森岡・望月 1997：4）．これは，日本の家族社会学の形成に多大な貢献を果たした森岡清美と望月崇による家族社会学の定番テキストに記された家族の定義である．ポイントは，家族の特徴を①（少数の）親族，②愛情による結合，③集団の3点に求めた点にある．

　また，家庭という用語は家族と，家族が生活する場所を含む概念である．家庭は生活の場（空間）や温かく愛情に満ちた雰囲気と結びつけて語られることが多いが，これは，近代家族とともに家族の集団性の規範として家庭イデオロギーが付与されたことによる（宮坂 1985）．

●**家族の愛情付与機能の再検討**　日本において家族定義の再検討が活発に行われたのは1980年代初期であり，その契機となったのが，アリエスの近代家族論であった．アリエスは，家族の愛情付与機能が誕生したのは近代以降であり，愛情によって強く結びつけられた家族というイメージは，文化的・社会的産物にほかならないことを明らかにした（アリエス, P. 1960=1980）．

　それまでの家族機能論においては，バージェスとロックが指摘したように，現代に残された家族機能は，生殖・養育機能と，愛情付与機能のみとなり，他の諸機能は社会化されたという「家族機能縮小論」（家族機能の専門化論ともいう）が一般に広く受けられていた．しかし，この議論では，家族の愛情付与機能は所与のものとして無批判に位置づけられていたことに注意する必要がある．アリエスは，実態としての家族間の愛情の有無ではなく，家族の成立・存続に，愛情が必要不可欠になったことを指摘したのであった．

　同じ頃，文化人類学においても比較文化的な家族の定義について論争が起こったが，家族は文化的事象であり，普遍的には定義できないという結論に至った（三宅 1988）．

●**主観的家族像**　次に，家族定義の見直しがなされたのは1980年代末から1990年代前半であった．

　山田昌弘は，人々が「何らかの基準を用いて，家族である／ないの判断を無意識に行っている」（山田 1989：98）ことに着眼して，主観的家族像を捉えることの必要性を指摘した．そして，同居か否か，生計を共にするか否か，法律婚か否か，愛情が存在するか否かなど，人々がどのような基準を家族とみなす

かを調査した結果，男女差や世代差があることはもちろん，個々人によっても異なることを明らかにした．

●ファミリー・アイデンティティ（FI）　また，上野千鶴子は，人々にとっての家族のリアリティは，個々人にとって，誰が「家族」なのかという意識をすくい出すことなしには明らかにできないとして，個々人が「何を家族と同定 identify するのかという『境界の定義』」のことを「ファミリィ・アイデンティティ family idendity（FI）」と命名した（上野 1991：5）．この概念が生み出された背景にあるのは，家族変動が激しい時代に，研究に先立って家族を定義することは不可能であるため，個々人が「どの範囲の人々（モノ，生きもの etc.）を『家族』とみな」すかという当事者の意識に従って，家族を再構成せざるをえないという問題提起であった．家族は実体であると同時に個々人の意識の中に存在するという側面を顕在化させた．

●社会構築主義的アプローチ　このように，家族とは人々によって与えられた意味により構成されるものであると認識する立場は社会構築主義と呼ばれる．社会構築主義は，現実とは客観的な社会的実態として存在するのではなく，「人々によるディスコースと相互作用を通じて構築される」（鮎川 2007：345）と考える立場である．ディスコースとは，人々が言語を用いて表現する言説のことであり，日常生活において家族がどのように経験され，認識されていくのかというプロセスに注目する（グブリアム，ホルスタイン 1990=1997）．

●家族とは何かという問へのアプローチ　すでに述べてきたように，「家族は定義できるのか？」という問いに対しては，研究者による普遍的な定義は不可能であり，人々の意識や行動から経験的・帰納的に家族のリアリティに迫らざるを得ないとする回答が与えられている．このような立場は方法論的個人主義と呼ばれるが，この学問的な見方は社会の変化と密接に連動している．

　1990年代，グローバル化の流れの中で，近代から脱・近代（「後期近代」ともいう）へと社会の枠組みが大きく変動したが，この変化を引き起こした重要な要因の1つが「個人化」であった．2000年以降，家族の個人化，ライフコースの多様化を背景に，未婚化・非婚化，晩産化・少子化，単独世帯の増加など脱・家族化が一層顕著になってきているが，このような時代にあって，「家族とは何か」という家族定義をめぐる議論もまた新たなステージを迎えている．

[宮坂靖子]

【引用・参考文献】鮎川潤（2007），アリエス，P.（1960=1980），上野千鶴子（1991），グブリアム，J.F. & ホルスタイン，A.H.（1990=1997），三宅良美（1988），宮坂靖子（1985），森岡清美・望月嵩（1997），山田昌弘（1989），Burgess, E.W & Locke, H.J.（1945）

2. 家族・親族・世帯

●**家族と世帯**　主観的家族の定義の議論に示されるように，家族の範囲は人によって異なっている．そのため家族に関する分析では，世帯という単位がしばしば利用される．1985年以降の国勢調査では，世帯は「一般世帯」と「施設等の世帯」の2種類に区分されており，「一般世帯」は，「住居と生計を共にしている人の集まり又は一戸を構えて住んでいる単身者」とされる（総務省統計局 2016a）．

　1つの世帯が「一つ屋根の下に暮らす家族」である場合は少なくない．しかし，世帯＝家族ではないことにも注意する必要がある．例えば子どもが大学進学などで親元を離れてひとり暮らしをする場合，その子どもが当該家族のメンバーではなくなったとは，一般的には考えられないだろう．他方で，ひとり暮らしの子どもがアパートなどの集合住宅で「一つ屋根の下」で暮らしていても，他の住人と生計をともにした生活ではないので，その子どもは単独世帯（世帯員が1人だけの世帯）を形成することになる（なお，学校の寮や寄宿舎は，療養所や老人ホームなどと同様に「施設等の世帯」に分類される）．

　また，家族や親族以外の人が同一世帯を構成する場合もある．例えば単身の住み込みの従業員は，雇主の世帯に含めて集計される．2人以上の世帯員がいる一般世帯に関しては，世帯員と世帯主の親族関係の有無にもとづいて，2010年の国勢調査からは，「親族のみの世帯」「非親族を含む世帯」という区分が用いられている（総務省統計局 2016a）．

●**家族と世帯構造の変化**　このように世帯は家族と同義ではないことには注意が必要であるが，世帯構造についての情報は，家族に関する分析では重要である．例えば単独世帯の割合の変化には（図1のA），晩婚化の進行や婚姻率の低下が反映されているだろう．高齢化の進行も，世帯構造の変化に現れている（図1のB）．この65歳以上の人がいる一般世帯の中で，単独世帯が占める割合がやはり増大している（図1のC）．さらに2015年のデータに関しては，65歳以上の約6人に1人がひとり暮らしであることも指摘されている（総務省統計局 2016b）．単独世帯についての情報が，若年層の結婚だけでなく高齢社会における家族の特徴も浮かび上がらせるように，世帯構造の把握は，家族の変化の理解にとって有力な材料となる．

●**家族と親族**　親族についての検討は，世帯に関するそれとともに，家族の分析にとって重要である．親族は，血縁関係と姻縁関係によって結ばれている人々

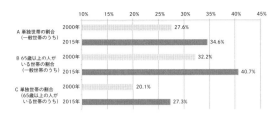

図1 世帯構造の変化
出所：総務省統計局（2017）

の集まりであり，お互いがそうした族縁にあるという認知によって成立する（森岡・望月 1997）．このような人々の集まりは，祖先を中心とした出自集団として組織されたり，自己を中心としたネットワークとして組織される（光吉 1974）．

産業化や都市化の進展は，日常生活にかかわる専門機関やサービスを発達させるので，家族の親族ネットワークからの自立性を増大させる．実際，アメリカの親族関係の調査研究からは，都市化の進行のもとで，親族ネットワークが交換と互酬性に基づいて選択的に活用されるようになったことが指摘されている（目黒 1988）．親族間の相互扶助は，それが義務的ではなくなっても，専門機関などが効果的に機能できない領域などで，家族生活にとって重要であるということである．

日本でも，伝統的な親族組織を，イエと関係が深い同族組織と自己を中心とした組織の共生関係と考える立場（光吉 1974）からは，戦後にイエ規範が弱まることで，親族組織は，自己を中心とした構造の特性が強まり選択的体系に転換すると論じられている（光吉 1974）．

都市化は，親族との居住距離を介しても親族関係に影響を及ぼす．大都市と地方都市では，地方都市の家族の方が一定の範囲内に居住する傍系親族や成人したきょうだいが多く，そうした親族からの援助をより多く得ている（野沢 1995）．また，高齢者のケアにおいて家族が果たす役割が大きな国では，成人子と親の居住距離は，直系親族の一部である両者の関係に影響を及ぼす（千年 2013）．子ども夫婦と親が同居する世帯の割合は減少した一方で，結婚時には別居でも親が高齢になると同居する傾向もある（原田 1978，千年 2013）．その場合，長男との同居が多いことから直系家族制の存続を指摘する議論もあれば（施 2012），規範要因は夫方同居を促進し，ニーズ・資源要因は妻方同居を促進するという分析結果も報告されている（大和 2017）．　　　　　　　　［安藤　究］

【引用・参考文献】施利平（2012），総務省統計局（2016a，2016b），千年よしみ（2013），野沢慎司（1995），原田尚（1978），光吉利之（1974），目黒依子（1988），森岡清美・望月嵩（1997），大和礼子（2017）

3. ライフコースと家族

●ライフサイクルからライフコースへ　家族の生活周期（ライフサイクル）が画一的で，社会が変化したとしても，せいぜい周期の長短の変化ぐらいしかなかった時代においては，個人の人生は家族とともにあり，またその家族のあり方もおおむね一様で，「みなが同じような人生をたどれる社会」であった．結婚して子どもが生まれ，子どもの成長とともに家族の暮らしも変化し，子どもの離家に伴って，関係性も変化し，夫婦のいずれかの死によって，家族が終わるという周期（サイクル）であった．しかしながら，その周期に変化が訪れる．結婚したとしても必ずしも子どもが生まれたり，子どもを望んだりするとは限らず，夫婦2人だけの暮らしを楽しむ人々も珍しくなくなる．個人の人生も学業を終えて就職して結婚して子どもが生まれてというように，ライフイベントの順番が決まっていたものが，必ずしも順番通りではないケースも出てくる．就職してから学び直す人，子どもができてから結婚する人，結婚してから学び直す人など多様なコースをたどる人々が登場する．それらの人々の暮らしを科学するためには，皆が同じようなパターンをたどれることを前提とした，1つのライフパターンがほぼ再生産されるライフサイクルという概念では捉えきれなくなりライフコースという概念が登場した．また，人生において，一度結婚したらその人と添い遂げることが当たり前であり，離婚・再婚の少なかった社会においては，ファミリーライフサイクルという捉え方で個人の人生を分析することが可能であったが，離婚・再婚が増え，あるいは必ずしも皆が皆結婚するというような社会ではなくなったことにもよって，ライフサイクルという分析枠組みの切れ味が落ちてくる．さらにライフサイクルという考え方は，画一的な家族周期をベースとしているがゆえに，社会情勢の変化を捉えきれないという欠点もあり，それらの欠点をカバーすべくライフコースという考え方が誕生した．ライフコース研究の第一人者であるエルダーによると，「ライフコースとは，個人が時間の経過の中で演じる社会的に定義された出来事や役割の配列（sequence）のことである.」つまり，ライフコースとは，「個人が生涯にわたって演じる役割の経歴・道筋」である．この道筋を，出来事の順番・タイミング・社会情勢に着目して観察・分析していくのがライフコース研究である．

●個人のライフコースに及ぼす家族の影響の変化　それぞれ個人が多様なライフコースをたどることがわかってきたものの，個人のライフコースは，個人のライフコースの累積としての家族の影響を受けている．他の家族メンバーの状

況に大きく左右されていた時代においては，家族に注目することによって，個人の人生を考えることができた．ところが，必ずしも家族に個人のライフコースが影響されるわけではない人々も出てくる．かつては，個人は家族の中でしか暮らしが成り立たなかった．そのような状況においては，家族の他の成員のライフコースが個人に与える影響は大変大きかった．現代では，個人は必ずしも家族とともに暮らさなくても生活していくことができる．便利な製品が開発されたことにより，日々のひとり暮らしに不便はない．

このような社会における個人の人生を考えるにあたって，家族は重要な要素ではあるものの，必ずしも必須のものではない．その結果，家族ではなく，個人のライフコースに注目が集まることとなる．家族のために個人があり，個人もまた家族の中でしか生きられなかった時代から，家族は個人のためのものとなり，個人が1人で生きていくのか，どういう家族とともに暮らしていくのかを選択できる時代となり，個人のライフコースがより注目されるようになった．

●ライフコース・アプローチの意義　ライフサイクル研究からライフコース研究に変化してきたことにより，いろいろな人生があること，選択できることが確認されるようになった．特に女性たちがジェンダーに縛られ，自分自身の人生を生きづらかった時代から考えれば，女性としてだけでなく，1人の人間として家族に縛られることなく個人のライフコースを生きられるようになったことを分析できることの意義は大きい．また，ライフコース概念は，個人の行為のみでなく，社会や歴史にも焦点を当てている．よって，社会の側も変化してきていることが観察できる．ライフコース研究は，リカレント教育（生涯教育）・再就職など新たなライフコースパターンの分析にも力を発揮してきている．

●個人と家族と社会の新しい関係　人間は社会的な動物である．社会から影響を受け，社会に働きかけて生きている．1人だけで生きていくことはできない．便利な生活も家族ではないかもしれないが誰かの助けによって，支えられている．さらに，家族とは限らないかもしれないがさまざまなネットワークの中で暮らしが成り立っている．また，家族は，個人のライフコースを支えるネットワークの1つとして，今も機能している．個人のライフコースが家族のライフコースに埋没していた時代からは大きく変化したかもしれないが，今なお個人のライフコースは，家族や周りの人々に支えられ，それらの人々を支えながら，社会の中で軌跡を描いている．　　　　　　　　　　　　　　　　　　［吉田あけみ］

【引用・参考文献】岩上真珠(2013)，エルダー，G.H. & ジール，J.Z(1998=2003)，嶋崎尚子(2008)，目黒依子（1987），森岡清美・望月嵩（1997），吉田あけみ・山根真理・杉井潤子（2005）

4. 家族の多様なかたち

●**家族の多様なかたちとは？**　まずは，何をもって「家族の多様なかたち」とするかということから始めたい．1980年代から1990年代初頭の「家族の多様化」論を整理した望月（1993）を参照すれば，大きく2つの視角が挙げられる．1つは同居者の家族構成が多様化することであり，もう1つは，婚姻関係や性別を超えたパートナーシップに対する社会的な承認を指す．

●**家族構成から見る多様な家族のかたち**　戦後の高度経済成長を支えたのは，日本型近代家族であった．企業の雇用形態や賃金体系は，「稼ぎ手としての夫，専業主婦の妻，2-3人の子どもからなる家族」を前提としており，日本の家族政策もこのような家族モデルを想定して作られてきた．そのため私たちは，家族とは「（性別役割分業を前提とした）夫婦とその子どもからなる家族」を想定しがちである．しかしながら，2015年の「国勢調査」の結果によれば，今や単独世帯の割合が全世帯の3割を突破している（2節）．子どもがいない夫婦のみの世帯やひとり親世帯の割合も前回調査と比較して，わずかながら上昇傾向にある（総務省統計局 2017）．安藤（2節）が指摘するように，「世帯」と「家族」は厳密には異なるため，世帯構造が家族の実態を反映しているわけではないことには注意を要するが，世帯調査を通してわかることは，現代の日本社会において，「夫婦と子どもからなる家族」の枠にあてはまらない家族の存在を，もはや無視することはできないということである．

●**マードックによる家族の分類**　家族の多様性を家族構成の側面から通文化的にみてみよう．G.P. マードックは，当時概念的にも実践面でも雑多に扱われていた「家族」を，その構成から3つに分類している（マードック 1948=1978）．

　1つ目は，夫婦とその子どもからなる家族であり，彼はそれを核家族と名づけた．これは日本型近代家族の特徴の1つとしてしばしば取り上げられる家族のかたちであるが（落合 2004），「国勢調査」における「核家族世帯」には，「夫婦と子供から成る世帯」だけでなく，「夫婦のみの世帯」と「ひとり親と子供から成る世帯」が含まれることに注意が必要である．2つ目は，複数の核家族が結びついてできた家族のうち，「一人の配偶者を共同にもつことによって結ばれた」（マードック 同：24）複数の核家族からなる集合体を複婚家族とした．1人の夫が複数の妻を持つ一夫多妻制や，それとは逆で，1人の妻が複数の夫を持つ一妻多夫婚がこれにあたる．一夫多妻制はイスラム社会の家族制度として現在でも行われているし，一妻多夫婚は，1人の女性が同じ兄弟と婚姻関係を結

ぶチベット族の事例が報告されている（六鹿 2011）．3つ目は，拡大家族である．複数に共有される夫や妻を介して拡大してできた複婚家族とは異なり，親子関係の拡大によって結合した家族である．相続や地位の継承，援助等が制度的・社会慣習的に夫側と妻側のどちらの親族系譜で行われるかによって前者を父系制，後者を母系制とし，どちらにも偏らずいずれか近い親族グループに編入される場合を双系的な家族とした．

●**パートナーシップの変化と家族のかたち**　家族は制度的なものか，あるいは情緒的なものかについては未だ議論は尽きない．しかしながら誰と家族をつくるか（つくりたいか）の場面において情緒性がより強調されるようになった社会では，パートナー関係は婚姻関係に限定されるものではなく，また，関係を結ぶ相手も異性とは限らない．例えばスウェーデンでは，1960年代以降婚姻を伴わない同棲（「サムボ（Sambo）」）が急増していった．1980年代後半には，彼らに対する法的保護を目的とした法律が制定されている（善積 2002）．フランスでも類似した制度が1999年に成立し，PACS（市民連帯契約）と呼ばれている（善積 2010）．デンマークでは1989年に世界で初めて，同性カップルへも異性愛の婚姻カップルに準じた権利を与える登録パートナーシップ法が成立した．同性カップルの権利は，オランダで2000年に異性カップルの婚姻と同等の権利が認められて以降，今や多くの国に広がりを見せている（二宮 2015）．日本でも，2015年3月に東京都渋谷区で全国初となる「パートナーシップ証明書」を発行する条例が成立し（渋谷区ホームページ，2018年3月10日閲覧），同性カップルへの権利保障の整備に向けて動き始めた．

●**グローバル化と家族のかたち**　グローバル化の進行によって人の移動が容易になると，家族は同居するものという前提は意味をなさない．事実，子どもやパートナーを自国に残したまま仕事を求めて国境を越える労働者の実態は，東南アジアにおける家事労働やケア労働の要員として従事する女性たちの研究を中心に蓄積されてきている（落合・赤枝編 2012）し，子どもの教育のために，イスラム圏出身の夫を日本に残して，日本人妻と子どもは夫の出身国へ移住するという報告もある（Kudo 2015）．こうして見ていくと，家族のかたちは統計的分類以上に複雑化しており，国境を超えて広がっている．　　　　　［青木加奈子］

【引用・参考文献】落合恵美子（2004），落合恵美子・赤枝香奈子編（2012），渋谷区ホームページ，総務省統計局（2017），二宮周平（2015），マードック，G.P.（1948=1978），望月嵩（1993），善積京子（2002，2010），六鹿桂子（2011），Kudo Masako（2015）

5. 近代家族と現代家族

●**近代家族**　近代家族とは，近代社会において理念として浸透するとともに実態としても成立した家族類型を指す．この用語には，近代以降の社会において共有される家族像が普遍的なものではなく，歴史の一時点において出現した像に過ぎないというわれわれの家族認識の歴史性を明らかにしようという含意がある．近代家族の特徴として落合（1989）は，①家内領域と公共領域の分離，②家族成員相互の強い情緒的関係，③子ども中心主義，④男は公共領域・女は家内領域という性別分業，⑤家族の集団性の強化，⑥社交の衰退，⑦非親族の排除，⑧核家族の8点を挙げる．一方，上野（1994），西川（2000）などに見られるように，近代国民国家体制のもとで国民掌握，国家秩序の基盤として家族が位置づけられたことに注目して近代家族を捉える立場もある．

●**家族の心性の変化**　家族は他の集団とは一線を画する強い情緒的絆で結ばれている．一般的にはそう思われている．だが家族史研究の知見は，しばしば家族の本質ともみなされるそうした家族の情緒機能が近代になって強調されたものであることを明らかにした（宮坂 1985）．例えば，ショーター（1975=1987）は家族の感情的絆の強化を感情革命と呼び，伝統的家族から近代家族への変化の要因として，男女間におけるロマンティックラブ，母子関係における母性愛の強調，周囲の共同体とは区別される家庭愛の高まりを指摘した．

●**家事労働・主婦・性別役割分業の誕生**　近代家族の成立は，家事労働・主婦・性別役割分業の誕生と不可分である．農業が主要産業であった前近代社会においては，家族は夫婦，子ども，奉公人などを含む大きな生活共同体であり，人々は男女にかかわらず家族の生活を維持するための労働に従事した．産業化が進行し市場経済が発達すると，従来の生業に代わり工場などの家庭外での賃金労働に従事する男性が増加した．家庭は次第に生産の場としての機能を失い消費の場としての性格を強めていった．こうした労働形態の変化はそれまで生業として一体不可分であった生産労働と家族のための私的な労働の分離を促し，市場経済から切り離された家事労働を析出するとともに，その担い手としての主婦を誕生させることとなった．ここに性別役割分業が成立したのである．

●**日本における近代家族の誕生と大衆化**　日本では近代家族の実体化に「家庭」概念の成立が先行した．明治20年代，当時の日本に存在したのは家父長的な家（イエ）のみであったが，巌本善治や内村鑑三などの啓蒙思想家は，「和楽団らん」に象徴される夫婦相互の敬愛に基づく地上の楽園たる西洋のホーム（home）と

その主宰者たる主婦を日本に紹介した（犬塚1989，牟田1996）．

言説上の「家庭」は大正期の新中間層の登場により実体化する．新中間層とは第一次世界大戦後，産業化の進展に伴い都市部を中心に誕生したホワイトカラーの雇用労働者である．彼らは農村から流出してきた農家の次三男であり，都市に定着して夫婦と少数の子どもからなる核家族を形成した．そ

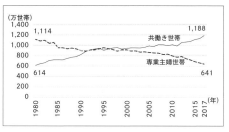

図1　専業主婦世帯と共働き世帯の数の推移
（出所：厚生労働省「厚生労働白書」，内閣府「男女共同参画白書」，総務省「労働力調査特別調査」，総務省「労働力調査（詳細集計）」）

の家族は，夫は職場に通い，妻は主婦として家庭で家事と子育てに専念するという性別役割分業を体現した．こうした新中間層における性別役割分業の成立と主婦の誕生をもって，日本における近代家族の誕生とする見方が有力である．

戦後，高度経済成長に伴う産業構造の転換により雇用労働者を中心とする社会が出現した．女性の就業率は低下し主婦化が進行するとともに，誰もが一定の年齢で結婚し2，3人の子どもを持つという家族の画一化が進行した．この時期の家族形成の主役は人口転換の移行期世代にあたる1925年から50年生まれである．彼らによって大正期にはその社会にいくつかある家族類型の1つに過ぎなかった近代家族は大衆化し，「家族の戦後体制」（落合1994）も完成した．

●**現代家族と脱・近代家族**　近代家族の支配する社会システムから外れる存在として登場したのが現代家族である．現代家族は現在の家族の平均像というよりも，出生率の低下や離婚率の上昇，婚姻率の低下，あるいは家族の個人化，多様化といった変化の側面を指して使われることが多い（山田1994）．日本では1970年代後半，「家族の戦後体制」の完成と同時にそうした変化が始まった．既婚女性の労働力率は上昇し，今日，共働き世帯数は専業主婦世帯数をはるかに凌ぐ（図1）．これらを「脱・近代家族」の文脈で捉える場合，そこに描出されるのは制度としての結婚や家族の持つ抑圧性から解放された個人である．「脱・近代家族」の用語には，近代家族を基礎単位とする従来の社会に代わる新たな枠組みの構築と，新しい家族的関係の形成への志向が含意されている．

［佐藤裕紀子］

【引用・参考文献】犬塚都子（1989），上野千鶴子（1994），落合恵美子（1989，1994），ショーター，E.（1975=1987），内閣府（2017），西川祐子（2000），宮坂靖子（1985），牟田和恵（1996），山田昌弘（1994）

インセスト・タブー（近親性交の禁忌）について

　インセスト・タブー（incest taboo）は，近親との性的結合を禁止する規則である．多様な性のあり方が認められつつある現代にあっても，近親性交を容認する動きは見られない．近親性交については，「少年の最初の性的対象選択は近親性交的なもの」であるというフロイト（1913=1965）の説もあるが，霊長類学者の山極（2001）によれば，そもそも，動物は近親との交尾を回避する傾向があるという．両生類，鳥類，齧歯類は，お互いの形，声，臭いを手掛かりに近親者を識別でき，この認知能力で近親者との交尾を回避できる．霊長類の場合はそうした識別する能力が欠落しているが，生まれてからの社会的経験が血縁を認知させ，交尾回避を引き起こしている．人間も類人猿から受け継いだ近親性交を回避する傾向を持っているとされる．

　では，なぜ，回避する傾向があるのにもかかわらず，近親性交を規則で禁止をする必要があったのだろうか．山極は，インセストの回避を規範にすることによって，異性との複合的な関係（自分の娘で他者の妻）が生まれ，他者や他集団との共存が可能になる．インセスト・タブーは異性の交換を通じて集団同士を結びつける文化的な装置であるとしている．山極のこのような理論の根拠となる理論を構築したのが，人類学者レヴィ=ストロースである．

　レヴィ=ストロース（1949=2001）によれば，インセスト・タブーは自然の持つ，性向であり本能であるという普遍性も，法であり，制度であるという性格も併せ持つとされる．家族が存続するためには，他者の姉妹や娘を迎え入れ，他の家族と縁組（外婚）をしなければならない．反対に，他者に姉妹や娘を与えなければならない．レヴィ=ストロースは，インセスト・タブーは姉妹，娘との結婚を禁ずる規則というよりも，姉妹，娘を他者に与えることを義務づける規則であるとする．外婚のためにインセスト（内婚）が禁じられるのである．

　また，レヴィ=ストロース（1956=1968）は，人口規模が小さく，社会の流動性が低い社会では，インセスト・タブーにより家族間の通婚関係を整然と規制し，その規制により誰と結婚でき，また結婚できないということが規定でき，親族間の交換が保たれるとした．インセスト・タブーの一般的な見解は，遺伝学・生物学的側面から語られることが多いが，レヴィ=ストロースの見解のように，社会的側面からも語ることができる．　　　［久保桂子］

【引用・参考文献】フロイト, S.（1913=1965），山極寿一（2001），レヴィ=ストロース，C.（1949=2001，1956=1968）．

第 **2** 章

家族と法

1. 家族法とは何か　14
2. 夫婦関係についての法律　16
3. 親子関係についての法律　18
4. 子の親権・監護をめぐる問題　20
5. 家族構成員の保護　22
6. 家族法改正の課題と展望　24
コラム「夫婦間に生じる権利義務」　26

　本章では，夫婦や親子などの家族関係を，法がどのように規律しているかを紹介する．具体的には，婚姻や離婚，親権，扶養，相続などにかかわる法を概説する．また，家族のあり方の多様化に関する最新の議論の動向に触れながら，家族法の改正をめぐる課題と展望を取り上げる．

[マルセロ デ アウカンタラ]

1. 家族法とは何か

●**位置づけ**　家族法は，主に民法という法律の親族編と相続編において規定されている．民法は1条から1050条まであり，5編から構成されている．民法の中の第1編「総則」，第2編「物権」，第3編「債権」は財産法と呼ばれ，第4編「親族」と第5編「相続」は家族法と呼ばれる．第4編「親族」は夫婦や親子を中心とする身分関係を定めており，第5編「相続」は人の死による財産の移転を中心とする財産関係を定めている．日本では「相続法」を含めて「家族法」と呼ばれることが多いが，諸外国では「家族法」（Family Law）というときには「相続法」（Succession Law）を除外することが多い．

●**歴史的変遷**　日本の民法は明治時代に編纂されたものである．最初の近代的法典であるフランス民法典（ナポレオン法典）は1804年に制定され，諸外国の立法に大きな影響を与えた．日本政府は，パリ大学の教授であったボアソナード（Gustave Émile Boissonade de Fontarabie：1825-1910）を招き，彼（と日本人委員）によって民法草案が起草され，1890（明治23）年に公布された．これは「旧民法」と呼ばれる．フランス民法典を範としていた旧民法は1893年より施行する予定であったが，さまざまな批判が起こり，予定通りの実施を主張する派（断行派）と延期を主張する派（延期派）に分かれて対立した（民法典論争）．この論争の故に旧民法は施行されなかったのである．新たな民法編纂のために，1893（明治26）年に内閣直属の法典調査会が設置された．穂積陳重（1855-1926），富井政章（1858-1935），梅謙次郎（1860-1910）の3名が民法典の起草委員となって編纂を担当し，旧民法の修正作業を行った．法典調査会の審議の後，民法の総則編，物権編，債権編（財産法）については，1896（明治29）年の帝国議会で審議され，成立した（法律第89号）．また，親族編と相続編（家族法）は1898（明治31）年に帝国議会で審議され，成立した（法律第9号）．この2つの法律は，同年7月16日に施行された（明治民法）．現行の民法は1898（明治31）年のものであるが，家族法の部分（第4編と第5編）は，第二次世界大戦後（1947年）に日本国憲法のもとで，全面的に改正された（法律第222号）．法の下の平等や個人の尊厳，両性の本質的平等を保障する新憲法の理念に反する家制度が廃止され，家督相続も廃止された．この経緯から，改正前のもの（明治民法の親族編，相続編）は「旧法」と呼ばれる．1947年の全面改正以降，民法の基本的な部分は変わっていないが，これまでにいくつかの部分的な改正が行われてきた．例えば，婚氏続称制度の創設（1976年施行）や配偶者の相続分の引上げ

（1981年施行），特別養子制度の創設（1988年施行），成年後見制度の導入（2000年施行），親権停止制度の創設（2012年施行），非嫡出子の相続分差別の撤廃（2013年施行），婚姻適齢の男女統一（2022年施行予定）等が挙げられる．

●**家族法の対象**　民法第4編「親族」は全7章（総則，婚姻，親子，親権，後見，保佐及び補助，扶養）から構成され，第5編「相続」は全10章（総則，相続人，相続の効力，相続の承認及び放棄，財産分離，相続人の不存在，遺言，配偶者の居住の権利，遺留分，特別の寄与）から構成されている．これらの分野では，時代の変化とともに，取り組むべき新たな課題が数多く生まれている．例えば，21世紀の家族形態やライフスタイルの多様化に伴い，同性婚やパートナーシップ制度といった新しい結婚のあり方や同性カップルによる家族形成（里親制度や養子縁組，生殖補助医療へのアクセス）のあり方に注目が集まっている．また，科学技術の進歩によって可能となった人工授精や体外受精，精子・卵子の提供，死後生殖，代理懐胎等で生まれてきた子の親子関係についての混乱も生じている．これに加えて，離婚件数の増加に伴い面会交流に関する紛争や養育費の未払い問題，無戸籍問題も増え，グローバル化の影響で増えた国際結婚・離婚と子の連れ去り問題もある．さらに，女性の社会進出による選択的夫婦別姓のニーズの高まりや旧姓使用の拡大，そして，高齢社会における責任無能力者による不法行為と家族の責任問題，成年後見制度の改善等にも注目が集まっている．

●**家庭裁判所と家事事件**　離婚や親権，養育費，面会交流といった家庭に関する事件（家事事件）の審判および調停を取り扱うのは家庭裁判所である．1949（昭和24）年に設置された家庭裁判所は全国に50か所あり，家事事件だけではなく，非行少年の問題に関する少年事件も取り扱っている．家庭裁判所では，裁判官のほかに，家庭裁判所調査官や民間の有識者の中から選ばれる参与員，調停委員がおり，家庭に関する事件を解決するに当たって重要な役割を果たしている．家事事件は，主に2013年に施行された「家事事件手続法」という法律によって規定されている．家事事件の手続は原則として非公開で行われ，関係者のプライバシーが保護されている．また，家事事件について訴えを提起しようとする場合には，まず家庭裁判所に家事調停の申立てをしなければならないとなっており（調停前置主義），当事者間で話合いをすることが求められている．

［マルセロ デ アウカンタラ］

【引用・参考文献】池田真朗（2011），高橋朋子ほか（2017），松川正毅（2018）

2. 夫婦関係についての法律

●**法律上の夫婦**　民法にいう「夫婦」とは，婚姻をした男女のことを指す．婚姻するとは，互いに婚姻意思をもって婚姻届を提出し，それが受理されるということである（届出婚主義）．婚姻意思のない婚姻——例えば偽装結婚——は無効であるし（民742条1項），いくら夫婦らしい生活をしていても，婚姻届を提出していなければ，民法にいう婚姻は成立していない（民739条1項）．また，婚姻適齢（男18歳，女16歳．ただし2022年4月からは男女とも18歳）に達していないとか，重婚や近親婚に当たるとか，女性については再婚禁止期間（100日）に当たる等の場合には，婚姻届は受理されない（民731条〜736条，740条）．

　夫婦に関する民法の規定は，婚姻と離婚を中心に定められている．婚姻を法律上の制度とし，この制度に入った男女に一定の権利と義務を設定することで，家族（の一形態）の安定化を図っているのである．逆にいえば，婚姻をしていないカップルについては，基本的には法律は関与しないという態度を表している．

●**同性婚**　婚姻は異性のためだけのものであろうか．学説は分かれている．一方で，憲法24条は，「婚姻は，両性の合意のみに基づいて成立」すると定めており，また民法でも「夫婦」という表現を用いていることを理由に，同性婚は認められていないと考える立場がある．他方で，憲法24条の規定は，家制度を基礎とする婚姻制度からの解放と婚姻の自由の確立を目的としたのであって，同性婚を認めない趣旨ではないと考える立場がある．欧米諸国では，2000年代に入ってから同性婚の立法化が相次いでいる．

●**離婚制度**　離婚制度の目的は，①不当な離婚の防止，②形骸化した婚姻からの解放，③夫婦と親子の人間関係の調整と生活保障——そのための離婚紛争の一括・適切な処理——にあるとされる．日本では，離婚の手続方法として，協議・調停・審判・和解・請求の認諾・裁判の6つが用意されている．このうち，協議離婚がその大半を占める（2015年は87.6％）．夫婦の合意だけで離婚が成立するこの協議離婚制度は，比較法的に見ると，特異——欧米の主要諸国では離婚はすべて裁判離婚——である．

　協議離婚は手続が簡便で，一見魅力的かもしれない．しかし，離婚をすると，夫婦の財産関係の調整や子の監護の問題が必然的に生じるにもかかわらず，その取決めをしなくても離婚が成立してしまう．そのことが，例えば財産分与が適切に行われなかったり，子の養育費請求権の確保ができなかったり，事後的

な子の奪い合い紛争等の問題を招いているとも指摘されている.

　夫婦だけでは協議の調整ができない場合,家庭裁判所での調停,調停も成立しなければ審判,いずれも成立しない場合には裁判離婚を申し立てる(離婚訴訟).離婚訴訟となった場合,裁判官は,民法770条に定められた離婚原因があるかどうかを判断する.かつて判例(最判昭27・2・19)は,婚姻関係の破綻をもたらしたことにつき有責な配偶者からの離婚請求を認めない立場(消極的破綻主義)を採っていた.しかしその後,すでに破綻し形骸化した婚姻関係に閉じ込めておくことの不合理さが指摘され,最大判昭62・9・2で判例変更に至る.有責配偶者からの離婚請求であっても,ア)長期間の別居があり,イ)未成熟子がおらず,ウ)相手方配偶者が離婚によって苛酷な状況に置かれないという事情があれば,離婚を認め得るとしたのである(積極的破綻主義).その後,ア)～ウ)の基準が個別の事案をとおして検討され,例えばア)は,現在では5～8年間程度と考えられている.

●離婚の基本的効果　離婚する場合,財産分与を行うことと,子の親権者を決定することが主な課題となる.財産分与は,夫婦の婚姻中の財産関係を調整するために,夫婦の一方が他方に対して請求することができる(民768条).離婚後2年以内の請求が必要である.財産分与の方法についても,原則として夫婦の協議に任されている.

　調整がつかず審判にまで発展した場合,裁判所はどのような基準で判断するのか.この点は民法には明確に定められていないため,学説でもさまざまな考え方が示された.特に,妻が専業主婦であった夫婦が離婚する場合には,妻への財産分与は低額となりやすいという問題があったため,これを克服する理論構築に向けて努力がなされてきた.

　現在では,財産分与とは,第一に,夫婦共有財産の「清算」,第二に,離婚の余後効としての「扶養」,あるいは,婚姻により減少した所得能力の「補償」のための制度であると理解されている.実務では,清算の割合＝夫婦の財産形成の寄与率を原則2分の1とする,いわゆる「2分の1ルール」が定着しているとされる.その後,個別の事案に応じて寄与の程度を検証し,修正することで,実質的に平等な分配が目指されている.　　　　　　　　　　　[白須真理子]

【引用・参考文献】窪田充見(2017),最判昭27・2・19,最大判昭62・9・2,最判平8・3・26,最大判平27・12・16①,利谷信義(2010),二宮周平(2013),増本敏子・井戸田博史・久武綾子(1999)

3. 親子関係についての法律

●**実子と養子**　法律上の親子関係は民法が定める方法により成立する．民法では，実子（実親子関係）と養子（養親子関係）を分けて規定している．また，実子については，婚姻関係にある男女の間に生まれた子（嫡出子）と婚姻関係にない男女の間に生まれた子（嫡出でない子・非嫡出子）という区別がなされている．一方，日本と異なり，多くの国では，子の権利の保護の観点から嫡出子と嫡出でない子という表現が廃止されており，平等化が進んでいる．

●**実親子関係の基本的な枠組み**　母子関係の成立方法については，民法に明文の規定が置かれていない．しかし，判例では，母子関係が原則として出産という客観的な事実により当然に成立すると解されている．すなわち，子を出産した女性が母となり，母が婚姻関係にあるか否かを問わず，母とその嫡出子または非嫡出子との間の母子関係は子の出生時に成立する．これに対して父子関係については，父母が婚姻関係にあるか否かで成立方法が異なる．父母が婚姻関係にある場合，民法が定める嫡出の推定がある（民772条）．これにより，妻が婚姻中に懐胎した子は夫の子と推定するため，夫とその嫡出子との間の父子関係は子の出生時に成立する．しかし，夫はこの推定を覆すことができる（嫡出否認）．すなわち，夫が子の出生を知ったときから1年以内に自分の子ではないと争えば，嫡出否認の訴えによって父子関係を否定することができる（民774条）．父母が婚姻関係にない場合，民法が定める認知制度がある（民779条）．そのため，父とその非嫡出子との間の父子関係が成立するためには，父が認知する必要がある．父が任意に認知しないときは，子や母が裁判によって認知を請求することができる（民787条）．また，認知をした父は後からその認知を取り消すことができない（民785条）が，認知が真実に反するときは，子や母は認知の無効を主張することができる（民786条）．

●**血縁と生活の実体**　法律上の親子関係は生物学上の親子関係や社会生活上の親子関係と必ずしも一致するとは限らない．近年では，DNA鑑定の普及等により，法律上の実親子関係と生物学上の親子関係の不一致が明らかになった場合に，さまざまな混乱が生じている．例えば，長期間親子として共同生活をしていたにもかかわらず，後になって血縁関係がないことを理由にその親子関係が覆されることは許されるのか（虚偽の嫡出子出生届，新生児の取り違え）という問題，自分と血縁関係がないことを知りながら認知した父が後になって無効の主張をすることが許されるのか（不実認知）という問題，また，子の血縁上

の父が夫とは別の男性である場合に嫡出推定を避けるために，母が子の出生の届出をしないことによって，子が戸籍に記載されず無戸籍になっているという問題（離婚後300日問題，無戸籍問題）もある．判例ではこれらの問題について，血縁関係を重視するものもあれば，子の身分の法的安定性（嫡出推定）を重視するものもあり，議論の余地が残されている．

●**養親子関係の基本的な枠組み**　民法では，普通養子縁組と特別養子縁組に分類されている．普通養子縁組は当事者の縁組意思と届出によって成立する．成年者と異なり，未成年者を養子とするには，子の福祉の観点から家庭裁判所の許可が必要である．ただし，孫や再婚相手の連れ子等を養子とする場合は，家庭裁判所の許可は不要である（民798条）．普通養子縁組が成立すると，養子は養親の嫡出子の身分を取得する（民809条）が，実親との親子関係は終了せず，養親子と実親子の二重の親子関係が発生する．特別養子縁組は家庭裁判所の審判によって成立する．家庭裁判所は，養子が原則として6歳未満であることや養親が25歳以上で配偶者のいること等の要件を考慮して可否を総合的に判断する．特別養子縁組が成立すると，養子と実親との親子関係は終了し（民817条の9），養子は養親の嫡出子の身分を取得する（民809条）．

●**生殖補助医療と親子関係**　日本には，生殖補助医療を規制する法律は存在しない．そのため，誰がどこまで生殖補助医療を利用できるかが大きな問題となっている．日本産科婦人科学会は会告により自主規制を行っているが，会告には強制力がない．この生殖補助医療の規制をめぐる問題に加えて，生殖補助医療により生まれた子の親子関係に関して，民法の制定当時には想定されていなかったさまざまな法律問題も生じている．例えば，夫の生前に採取して凍結保存した精子を用いることによって，夫の死後に妻の卵子との間で行われた体外受精により生まれた子と夫との間の父子関係の成否問題がその1つであり，戸籍上女性から男性に性別を変更した性同一性障害者の妻が精子の提供を受けて出産した子が嫡出推定により夫の子と推定されるか否かの問題，夫と妻の精子と卵子を用いた生殖補助医療により代理母が出産した子とその子を出産していない妻との間の母子関係の成否問題等がある．このような技術の進歩に伴って生ずる死後生殖や非配偶者間人工授精，代理懐胎等をめぐる問題については，自然懐胎のみを想定して制定された現行民法の規定の解釈によって対応しているのが現状である．しかし，これまでの判例では合理的かつ明確な判断基準が示されておらず，法整備が必要とされている．　　　　［マルセロ デアウカンタラ］

【引用・参考文献】窪田充見（2017），最判昭37・4・27，最判平18・9・4，最決平19・3・23，最決平25・12・10，松川正毅（2018）

4. 子の親権・監護をめぐる問題

●**親権制度の概要**　未成年の子は，その父母の親権に服する（民818条1項）．日本の場合，父母の婚姻中は父母が共同で親権を行使するが，離婚後や，父母が婚姻していない場合には，どちらか一方のみが行使する（民818条3項，819条）．立法者が離婚後の共同行使を認めなかったのは，ふつう離婚後には父母は居住を別にするため，現実には共同で意思決定することが難しいと考えたからである．離婚の際には，父母〔夫婦〕2人の協議によって，どちらが親権者となるのかを決め，離婚届に記載しなければならない．協議では決まらない場合には，家庭裁判所で調停または審判によって決められることとなる．離婚に際して父母ともに親権者とすることはできないが，親権者とは別に監護権者〔後述する身上監護権を持つ者〕を定めることはできる（民766条）．それぞれが親権の全部を受け持つわけではないが，役割分担をするということである．

●**子の奪い合い紛争**　A・Bの婚姻中に，Aが子を連れて家を出て，そのまま別居に至ることがある．急に子を奪われたBは必死に子を探し出し，登校中や塾帰りの子を連れ帰る．このような事態は，子の人生を無闇に振り回すことになり，子の保護の観点からは避けなければならない．実は，このような子の連れ去り〔奪い合い〕紛争は，別居中の夫婦間だけでなく，離婚後または非婚の親権者と非親権者との間や，親権者と第三者との間等，さまざまな類型で生じている．どのような手続や基準によって解決されるかは，紛争類型によって異なり，複雑化している．上記のような別居中の夫婦間の例の場合に，BがAから子を取り戻すための手段の1つとして，人身保護請求という訴えがなされることがある．判例によれば，AがBの同意なく子を連れ出し（いわゆる「子連れ別居」），Aが監護しているという状況には，人身保護請求を認める要件の1つである「顕著な違法性」は，原則としてない．したがって，Bが子を自分のもとへ戻すように請求しても認められないことになる．Bは，離婚の手続等において，自らを親権者または監護権者と指定するよう求めていくことになろう．日本は，2013年にハーグ条約を締結し，その国内での手続を定めた法律も成立，2014年から施行されている．ハーグ条約とは，国際結婚の増加を背景に，国際的な子の連れ去りの問題に関するルールを定めた条約である．ハーグ条約は，子の監護権者を決めていない段階で連れ去りがあった場合には，子を元の居住国へ返還することを原則としている．仮にAとBが日本とオランダの国際結婚で，子とともにオランダに住んでいたとすれば，AがBの同意なく子を日本へ

連れ出した場合には，子は原則としてオランダへ返還されることとなる．

●**親権の制限**　不適切な親権行使があった場合には，親権は制限される．親権制限に関する日本の法制度は，長らくその不十分さが指摘されていたが，児童虐待への対応のために行われた2011（平成23）年6月2日の民法改正（法律第61号）により，一定程度解消された．現在の親権制限の仕組みは，「親権の喪失」（民834条）と，「親権の停止」（民834条の2）の2つが用意されている．親権喪失は，児童虐待等により子の利益を著しく害する場合に宣告される．親権停止は，親権を喪失させるほどではないが，親権行使が不適切である場合等に，2年以下の期間を定めて宣告される．いずれも，子自身やその親族，検察官等の請求により，家庭裁判所が審判をして，宣告する．

●**親権の内容**　親権は，身上監護権と財産管理権とに分けられる．身上監護権については，一般原則として，親権者は，子の利益のために子の監護・教育をする権利を有し義務を負うと定められている（民820条）．財産管理権について，親権者は子の財産を管理し，かつ，その財産に関する取引等の代理権を持つ（民824条）．比較法的に見ても，包括的な財産管理権が与えられている点に特徴がある．もっとも，例えば，親権者が自ら所有する土地を子に買わせる行為のように，親権者と子の利益が相反する場合には，特別代理人を選任しなければならない（民826条）．

　日本民法には，共同親権者間の意見が対立した場合の調整規定がほとんど定められていない．そのため，（共同親権者たる）父母いずれの意見にも理由がある場合に，最終的な決定権限が誰にあるのかが問題となる．同様の問題は，離婚により，親権者と監護権者が別に定められた場合にも生じる．例えば，子がどの学校に入るかを（子に代わって）決める権利や，医療——子が治療を受けるかどうか，どのような治療を受けるか等——の同意権については，親権（マイナス監護権）者と監護権者のいずれが持っているものであるのか，不明確である．学説の解釈も分かれる．もっとも，例えば子に必要な治療を受けさせない，いわゆる「医療ネグレクト」の場合には，親権停止制度を使って，裁判所の判断で治療を受けさせる対応がなされている．

●**面会交流**　父母〔夫婦〕は，離婚の際，子が別居親と会ったり連絡をとったりする頻度や方法を決める（民766条）．父母間の協議で決まらない場合には，家庭裁判所に申し立てて，調停や審判で決められる．その頻度や内容は，子の発育状況や子自身の意思を尊重して，あくまで子の利益のために決定されなければならない．　　　　　　　　　　　　　　　　　　　　　　　　　　　　［白須真理子］

【**引用・参考文献**】石川稔（1999），大村敦志（2010），最判平5・10・19，田中通裕（1993）

5. 家族構成員の保護

●**未成年後見**　親権者の死亡や行方不明，親権喪失，親権停止等で未成年者に対して親権を行使する者がいない場合は，未成年者の権利を保護するために未成年後見が開始され（民838条），未成年後見人が選任される．その選任方法としては，まず未成年者の最後の親権者が遺言によって後見人を指定することができる（指定未成年後見人，民839条）．指定がなされなかったとき，家庭裁判所が後見人を選任する（選定未成年後見人，民840条）．未成年後見人は，親権者と同一の権利義務を有し，未成年者（未成年被後見人）の身上監護と財産の管理を行う（民857条，859条）．未成年後見人の事務を監督するために，未成年後見監督人を選任することができる．未成年後見監督人には，指定未成年後見監督人（民848条）と選定未成年後見監督人がある（民849条）．一方で，未成年後見監督人が選任されない場合でも，家庭裁判所が監督権限を有している（民863条）．未成年後見人が未成年者の財産を着服する等の不正な行為を行った場合は，家庭裁判所に解任されたり（民846条），民事上および刑事上の責任が追及されたりすることもある．未成年者の成人や婚姻，死亡により未成年後見は終了する．後見人の任務が終了したときは，後見人がその管理の計算をする義務がある（民870条）．

●**成年後見**　認知症等の精神障害により判断能力が十分でない者の意思を尊重しつつ，その生活と財産を保護することを目的とする成年後見制度が2000年4月から始まり，任意後見制度と法定後見制度の2つに分かれている．「任意後見契約に関する法律」によって規定されている任意後見制度は，本人に判断能力のある間に，将来判断能力が不十分な状態になった場合に備え，公正証書による任意後見契約によって後見人を選任しておき，療養看護および財産の管理に関する事務を委託し，その委託に係る事務について代理権を付与する制度である．本人の判断能力が不十分な状態になると，家庭裁判所は本人や配偶者等の請求により任意後見監督人を選任し，任意後見契約の効力が発生する．

　これに対して，民法によって規定されている法定後見制度は，本人の判断能力の程度に応じて，後見（重度），保佐（中等度）および補助（軽度）の3種類に分かれる．本人の判断能力が不十分な状態になった後，家庭裁判所は本人や配偶者等の請求により後見・保佐・補助開始の審判をし，本人を援助する人として成年後見人（民8条）・保佐人（民12条）・補助人（民16条）を選任する．成年被後見人，被保佐人になった人は，弁護士や医師等の国家資格が制限され

る．また，「公職選挙法」において成年被後見人は選挙権および被選挙権を有しないとする規定（11条1項1号）があった．しかし，2013年にはこの規定について違憲判決が言い渡され，その後，法改正により同号が削除され，成年被後見人は選挙権および被選挙権を有することとなった．成年後見制度の利用者数は増加傾向にあり，認知症高齢者の増加も見込まれるため，制度利用の促進を目指して2016年に「成年後見制度の利用の促進に関する法律」が成立した．

●**扶養**　夫婦間の扶養義務（民752条，760条）と親の未成年の子に対する扶養義務（民760条，766条，820条）は，相手方の生活を自己の生活の一部として自己と同程度の水準の生活を保持すべき義務である（生活保持義務）．一方，子の老親に対する扶養義務や兄弟姉妹の扶養義務（民877条1項）は，自己に余力がある限りで相手方を援助すべき義務である（生活扶助義務）．直系血族および兄弟姉妹以外の3親等内の親族においても，特別な事情がある場合に家庭裁判所の審判によって扶養義務を負わせることができる（民877条2項）．扶養義務者または扶養権利者が複数いる場合の扶養義務者間の順位または扶養権利者間の順序については，当事者の協議に委ねられ，協議が調わないときは，家庭裁判所に扶養請求の調停または審判を申し立てることができる（民878条）．また，扶養の方法や扶養料の支払い等についても，当事者の協議に委ねられ，協議が調わないときは，家庭裁判所に調停または審判を申し立てることができる（民879条）．

●**私的扶養と公的扶助**　前述のように，民法では，一定の親族関係にある者の間で互いに扶養する義務がある（私的扶養）．これに加えて，国が生活に困窮する者に対して最低限の生活を保障する義務がある（公的扶助）．日本国憲法25条が保障する生存権を実現するために，「生活保護法」が制定された．同法4条2項によれば，民法に定める扶養義務者の扶養および他の法律に定める扶助はすべて生活保護法による保護に優先して行われる．すなわち，私的扶養が公的扶助よりも優先するのである（私的扶養優先の原則）．しかし，これまで，生活に困窮する者と扶養義務者の関係で考慮が必要な特段の事情がなく，扶養が明らかに可能であるにもかかわらず，扶養を拒否しているといったケースもあり，法改正が求められた．2014年7月に施行された改正生活保護法では，不正受給対策の強化等を目的として，扶養義務者から報告を求めることができる規定や扶養義務者から費用を徴収することができる規定が新設された．

［マルセロ デアウカンタラ］

【引用・参考文献】東京地判平 25・3・14，利谷信義（2010），二宮周平（2013），松川正毅（2018）

6. 家族法改正の課題と展望

●**家族のあり方と法律**　家族法の改正には，家族に対する一定の理念・価値判断を伴う点での難しさがある．現行法は，婚姻した夫婦とその間の子からなる家族を1つのモデルとして想定して，男女関係や親子関係に関するルール作りをしている．しかし，いまや，どのような家族をモデルとすべきなのか，単一モデルか複数モデルか，あるいはモデルは示すべきでないのかは，問い直されなければならない．それは，一方で，とりわけ男女関係の面で，ライフスタイル選択の自由という文脈において婚姻の意義が相対化されつつあるからである．他方で，とりわけ親子関係の面で，婚姻という制度を通じて実現されてきた「（婚姻）家族」の安定化という意義は失われていないといえるからである．さらに，親族関係が希薄化しているとすれば，「親族」を設定する意義が問われなければならないし，高齢者〔老親や親族〕に対する扶養は，社会保障に取って代わられるべきなのかもしれない．家族法を改正するということは，家族の私的領域と公的領域との境目を新たに線引きするということでもある．個人は自由な存在であることを前提として，家族法は何を守るためにどこまで介入すべきなのかが，常に考えられなければならない．

●**婚姻・離婚制度に内在する課題**　さまざまな家族のあり方が認められるべきであるとすれば，婚姻も所与のものではないのかもしれない．選択的夫婦別姓〔氏〕をめぐる議論も，夫婦同氏，親子同氏を原則とする現行規定が疑問視されているのであり，婚姻の効果としての夫婦同氏制の廃止，換言すれば夫婦同氏でない婚姻の形が提案されているといえる．選択的夫婦別姓については，1996年の民法改正要綱において提案されたものの，現在まで実現には至っていない．比較法的には特異である協議離婚制度については，例えば，司法介入の要否，当事者の真の離婚意思の確保，財産分与の適正さ等が検討されるべきであろう．また，同時に，財産分与や慰謝料等の履行の確保も問題となる．

●**子の監護をめぐる課題**　子の親権や監護権をめぐって，離婚時に争いが生じることは少なくない．その一因は，離婚後は単独親権となる現行規定にあるともいわれている．また，婚姻をしていないカップルには，その間の子〔非嫡出子〕について共同親権が認められていない．カップルが同居をしていたとしても，どちらかの単独親権となるということである．そのため，離婚後にも，非嫡出子についても，共同親権の実現が主張されている．もっとも，共同親権を考える場合には，両者の意見が対立した場合の調整規定を定める必要がある．この

点は婚姻中の共同親権にあっても未解決の課題である．さらに，離婚後の面会交流については，その方法や頻度について合意ができないことも少なくなく，その場合の支援方法や，合意内容の履行確保等について，その解決のための議論がなされている．

●**家族のあり方の多様化に伴う課題**　家族のあり方は多様化し，婚姻を前提としたものではなくなっている．家族法改正の方向性はさまざまにあり得るが，その多様性を受け入れる制度設計が必要なことは明らかである．家族のあり方・ライフスタイルの多様化という文脈では，例えば同性カップルへの手当や，再婚家庭における連れ子の法的位置づけ等が課題として挙げられる．同性カップルへの手当については，同性婚導入の検討だけでなく，欧米諸国で見られるようなパートナーシップ制度——婚姻同様の権利義務を設定しつつ，婚姻とは区別する仕組み——の導入についても検討が必要である．同時に，同性カップルが親として家族を形成する可能性についても，考えなければならない．生殖補助医療技術や養子縁組制度，里親制度のあり方が問題となる．再婚件数が増加傾向にある中で，再婚家庭においても子が心身ともに健全に暮すための制度作りも必要である．その際には，一方で，再婚家庭で子が安定的に暮らせることという要請があり，他方で，別居親と子との関係の維持という要請があることを念頭に置かなければならない．

●**高齢社会の中で**　2018年，相続法が改正された（法律第72号）．家族，とりわけ高齢の生存配偶者の生活保障を意識して，配偶者の居住権を保護する等の改正がなされた．高齢化が進んだことで，相続開始（＝死亡）時点では，子の生活保障よりも，高齢の配偶者の生活保障の必要性のほうが相対的に高くなっていることが指摘されていたからである．もっとも，居住権の保護を必要とする高齢者は生存配偶者にかぎられず，課題として残されている．

●**今後の展望**　選択的夫婦別氏制度の導入や，破綻主義離婚の明文化を定めた1996年の民法改正要綱は，法制審議会総会での決定・法務大臣への答申に至りながらも，未だに改正が実現していない．また，生殖補助医療関連親子法部会は，2003年9月以降，休止状態である．価値観の相違に由来する意見の対立も多く，家族法改正の難しさを示している．それでも，近時，児童虐待に対応した法改正や，違憲判決を端緒として，嫡出子と非嫡出子の相続分の同等化や，再婚禁止期間の短縮も改正が実現している．今後も，対立の原因を丁寧に分析しつつ，時代に応じた家族法の設計とそのための議論が望まれる．　　　　　［白須真理子］

【引用・参考文献】大村敦志ほか（2012），最大決平25・9・4，最大判平27・12・16①，中田裕康（2010）

夫婦間に生じる権利義務

人格面

	内容	補足説明	参照条文*・判例
①	夫婦同氏〔姓〕	夫婦の協議で夫か妻のどちらかの氏を決める．夫婦別氏は認められていない．	750条．最大判平27・12・16②
②	同居義務	単身赴任等の正当理由があれば義務違反ではない．	752条
③	協力・扶助義務	自己と同程度の生活レベルを保持する義務	752条
④	貞操義務	義務違反の場合 ⅰ）離婚原因となる． ⅱ）判例は不倫相手への慰謝料請求を認める．学説は立場分かれる．	明文規定なし．ただし，770条1項1号．最判平8・3・26
⑤	子の嫡出性	夫婦の間に生まれた子は嫡出子となる．	772条，789条
⑥	姻族関係の発生	配偶者の3親等内の血族と姻族の関係となり，親族としての生活扶助義務が生じる．	725条，730条，877条

財産面

	内容	補足説明	参照条文*・判例
⑦	（法定）夫婦財産制	原則：夫婦別産・別管理制〔夫の物は夫の物，妻の物は妻の物〕．例外：⑧，⑨.	762条
⑧	婚姻費用分担義務	婚姻費用（衣食住の費用，医療費，未成熟子の養育・教育費等）は，資産・収入等に応じて分担．	760条
⑨	日常家事債務の連帯責任	日常家事〔衣食住の資材の購入，医療費，未成熟子の養育・教育費等〕については，取引相手との関係で夫婦が連帯責任．	761条
⑩	相続権	原則：配偶者が死亡した場合，常に相続人となる．例外：相続欠格・廃除等の場合．	890条，891条，892条

＊条文はいずれも民法

　婚姻し，夫婦になると，①〜⑩のような権利義務が発生する．婚姻は，離婚か死別により解消する．どちらの場合にも，①〜④・⑥〜⑨の効果は基本的に解消される．財産面では，離婚と死別では扱いが大きく異なる．離婚の場合，財産分与を行うことと，子の親権者を決定することが主な課題となる．⑩の相続権はなくなる．死別の場合，配偶者として，死亡した一方の財産を承継する（⑩）．その割合は，遺言の有無，他の相続人の有無等により異なる．

[白須真理子]

子ども・若者と家族

1. 子ども期とは　28
2. 子どもの権利条約と家族　30
3. 児童虐待と子どもの保護　32
4. 子どもの貧困　34
5. 子どもの発達と家族・社会　36
6. 青年期・若者期とは　38
7. 青年期の自立の課題　40
8. 若者と職業　42
9. 若者の家族形成の課題　44
コラム「貧困ラインと相対的貧困率」　46

　本章は，子ども観の変化，子どもの権利と子どもの保護，児童虐待や子どもの貧困など，家族や社会との関わりから子どもの問題を取り上げる．さらに，青年期・若者期の自立の課題，ニートやフリーターといった若者の就労状況，若者の恋愛離れに見られる家族形成の課題などについて概説する．　　　　　　　　　　　　　　　　　　[山下美紀]

1. 子ども期とは

●子どもとは何だろう 「子ども」という用語は日常的に使われている．例えば，親子関係の中での子どもは，親にとってはいくつになっても「子ども」である．一方，幼い者を指す用語としても使われている．公的な分野の各種法令において子どもを表す用語としては児童，少年，学童などの表記が見られ，これまで統一されてこなかった．そうした中，内閣府は2009年に「子ども・若者育成支援推進法」を施行し，「青少年白書」から「子供・若者白書」へと名称を変え，初めて子どもという用語が使用されるようになった．白書において，子どもは「乳幼児期から学童期・思春期の者」，若者は「思春期・青年期の者．施策によっては40歳未満までのポスト青年期の者も対象とする」と示されている．1989年には「子どもの権利条約」が国連で採択され，この条約において子どもは「18歳未満のすべての者」となっている．いずれにしても乳幼児期，学童期，青年期，ポスト青年期とそれぞれの年齢，発達段階において，抱える問題や直面する課題は異なり，子どもを一義的に捉えることは非常に難しい．

●子ども期の発見 それでは子どもはどのように捉えられてきたのだろうか．心性史研究は，子どもに対して構築されてきた認識や表象を解き明かし，各時代において人々が共有してきた価値観や観念のあり方を描き出して見せた．なかでもP.アリエス（1960=1980）は「子ども」観が，近代化の中で観念化されるようになってきた比較的新しい表象であることを明らかにした．乳幼児死亡率が高く，子どもが育ちあがるかどうかが不安定な中で，人々は子どもに対して特別な感情を持っていなかった．それが近代化に伴い特別な配慮を必要とする存在へと変わってくる．乳児でも大人でもない「子ども期」の登場である．このようなアリエスの主張に対して，子どもに対する親密な感情は中世にもあったとするポロク（1983=1988）らの批判もあるが，子ども期の発見は，子ども観を相対化する視点を提示してくれるものであり，その後の研究に影響を与えている．河原（1998）は，児童雑誌『赤い鳥』を対象に知識社会学的分析によって，日本における子ども観の形成過程を明らかにしている．

●配慮される子ども 子ども観が変化する中で，次の2つの性格が鮮明になってきた．1つ目は，子どもは大人とは明確に区別された存在であり，特別な教育的な配慮や気遣いを必要とする存在であること，2つ目は，教育的配慮や気遣いといった大人になるための訓練を施す，教育する役割が家族や学校に付与されたということである（小山2002）．

現在，いじめ，不登校，児童虐待，貧困，情報化の進展による有害情報などの問題状況を背景に，子どもの健全育成が重要な政策課題となっている．健全育成に関わる主体を見てみると，家族であることがうかがえる．家族，厳密にいえば親にとって，子どもの安全や健康状態や教育が重要な関心事となり，子どもは濃密な愛情とお金を注ぎ込む対象になっている．

●子どもをめぐる諸問題　子どもの問題行動の概況を示すと，刑法犯少年，触法少年，ぐ犯少年の検挙・補導の人数はここ10年減少傾向にある．しかし，いじめ，校内暴力，家庭内暴力といった問題行動は依然として大きな課題となっている．数の上ではまだ少ないものの，小学生の問題行動が急増している点に注意が必要である．子どもたちの問題行動は，不特定の他者や物に対してではなく，対親，教師，級友など身近な生活圏内で発生している様子がうかがえる．子どもに対する配慮の主体が家族や学校であることを考えると，その閉ざされた関係性が問題の温床となっていると見ることもできよう．

　さらに，情報化の進展は，遠慮なく子どもの生活にも流れ込み，知識や情報は親や大人からではなく，各自が簡単に取り込めるようになる．情報の入手経路は変化し，親や大人の権威が薄れ大人と子どもの関係性も変わってくる．テレビや新しいメディアの台頭によって子どもが消滅していくというポストマン（1982＝1985）の指摘は，現代日本において非常に示唆的である．

　友人関係についても，いまの子どもたちの人間関係の特徴が見出される．スマホなどの情報機器の利用によって，級友との関わりが絶えることなく続くこと，常に他者の視線を気遣い，お互いに対立の要素を排除しながら緊張に満ちた配慮の上に人間関係を成り立たせているという特徴である（土井2014）．

　その他，虐待や貧困などの問題も見逃せない．子どもの育つ家庭の経済資源や文化資本などの環境が子どもの学力に及ぼす影響なども指摘されており（苅谷2012ほか），貧困の連鎖を食い止める方策が求められる．

　「子どもの権利条約」に規定されているように，子どもが決定権を持つ権利の主体的側面が強調されるような方向が示されているものの，親の影響を強く受ける存在でもある．親の所有物としての子ども観から脱却し，家族を超えた社会のサポートシステムの模索が必要であろう．確かに子どもの育つ家庭環境は重要である．しかし，子どもの問題を家庭や学校だけの責任にせずに，地域社会をも含んだ連携による，子どもの健やかな成長を保障する体制づくりを推進させる必要がある．　　　　　　　　　　　　　　　　　　　　　　　[山下美紀]

【引用・参考文献】アリエス，P.（1960＝1980），苅谷剛彦（2012），河原和枝（1998），小山静子（2002），土井隆義（2014），ポストマン，N.（1982＝1985），ボロク，L. A.（1983＝1988）

2. 子どもの権利条約と家族

●**子どもの権利条約** 子どもの権利条約は，第一次世界大戦後の国際連盟による児童の権利に関するジュネーブ宣言をきっかけとし，第二次世界大戦後の1948年の国際連合（以下国連）による世界人権宣言を踏まえた「児童の権利に関する宣言」（1959年）が基本となっている．さらにその後，1978年に子どもの主体的な権利を認める「児童の権利に関する条約」の草案がポーランドから提出され，1979年「国際児童年」，1980年「国際的な児童の奪取の民事上の側面に関する協定」（ハーグ条約），1985年「少年司法の運用のための国際連合最低基準規則」（北京規則），1986年「国内の又は国際的な里親委託及び養子縁組を特に考慮した児童の保護及び福祉についての社会的及び法的な原則に関する宣言」の採択を経て，「児童の権利に関する宣言」から30周年となった記念日の1989年11月20日に，「子どもの権利条約（政府訳：児童の権利に関する条約）（Convention on the Rights of the Child）」が採択された．条約は前文と本文54条からなり，国際人権規約において定められている権利を18歳未満の子どもについても保障し，子どもの人権の尊重および確保の観点から必要となる詳細かつ具体的な事項を規定している．また「子どもの最善の利益（The best interest of the child）の尊重」を理念に，生存・保護・発達・参加・自由という包括的権利を保障している．子どもの福祉や幸福（Well-being）のために，愛護や保護といった受動的な権利だけでなく，意見を表明する権利や社会に参加する権利など，子どもの主体的な権利の保障に言及している．

●**日本における子どもの権利条約** 日本は子どもの権利条約を1994年に158番目に批准した（2017年現在196の国と地域が締結）．批准に要した時間が示しているように，日本の子どもの権利に対する問題意識は十分とはいえず，批准後も国連子どもの権利委員会から幾度も懸念が示されている（望月 2014，日本弁護士会編 2011）．そして2016年にようやく，児童福祉法が「子どもの権利条約」を基本理念としたものに改正された．条約の精神に則り，子どもたちは生活を保障されるだけでなく，意見が尊重されること，家族や社会などあらゆる生活環境において最善の利益が優先されること，さらに子どもたちが「家庭」で養育されることの重要性が明記されることとなった．

●**子どもの権利条約と家族** 子どもの権利条約では，家族は社会の基礎的な集団であり，子どもの健やかな育ち（well-being）のための自然な環境として重視され［前文］，父母が子どもの育ちを保障する第一義的責任を共同に負うこと

が明記されている［第5条］．また同時に家族（父母）が子どもの最善の利益を保障する場として機能するために，国は必要な支援，社会的養育（保育・子ども家庭支援・保護・養護・養子縁組）を準備する責任があるとしている［第18条・第20条］．これまで家族における子どもの権利の問題は，離婚，児童虐待，不登校，貧困，社会的養護など社会的な困難を抱える子どもたちの問題を中心に研究や活動が積み重ねられてきた．さらに今後はすべての子どもたちの日常のありふれた生活場面で「子どもの最善の利益の尊重」が実現されるよう進めていかなければならない．この文脈において日本における家族と子どもの権利については，課題が残されている．それは親と子の関係を規定する家族法（主には民法親族編）等が「親権」をはじめ「親」「大人」を中心に規定されている一方，子どもの権利条約が保障する子どもの最善の利益の尊重は，「子ども」を中心に子どもの権利の保障を最優先するべきであると示しており（片岡2010，許 1994），18歳未満の子どものいる家族は，子どもの健やかな育ちのために子どもを中心に家庭生活を営むことが求められている．家族内における子どもの権利は，親子関係，家族関係など関係性の中で「子どもの権利」を捉える必要がある．

●関係性の中で「子どもの権利」を捉える　家庭の中で具体的にどのように権利を子どもに認めていけばよいのかをマニュアル化し，あらかじめ決めることはできない．それはある子どもにとっての「最善の利益」が，他の家庭で暮らす子どもの「最善の利益」になるとは限らないからである．すなわち健康で安心して生活できる環境の下，自分の持っている力を十分に発揮し生き生きと生きていく子どもの権利を尊重するためには，一人ひとりの子どもが成長し自立していく過程に家族や大人が伴走し，大人と子どもの誠実なコミュニケーションの繰返しによって関係性が構築され，その関係性の中に権利を見出していくことが必須である．子どもの権利は，大人と子どものどちらか一方の考えるあるべき姿や望む姿を押しつけたり，一方の価値に偏ったりするものではない．子どもの権利の実現には，子どもと大人が誠実なコミュニケーションを展開し，お互いを理解するところから始まる．子どもにとって最善の生活は社会が準備し与えるものだという価値ではなく，健康で安全な生活環境を，一つ一つの家族が子どもの最善を考えながら，子どもとともに形成し，その主体的な家族の実現を地域や社会が援助していくものだという意識改革が重要である．

［木村直子］

【引用・参考文献】片岡佳美（2010），木村直子（2010），許末恵（1994），日本弁護士会編（2011），望月彰（2014）

3. 児童虐待と子どもの保護

●**児童虐待について** 児童虐待は，子どもの健全な成長や発達を阻害する人権侵害の行為として社会問題化している．児童虐待は，「児童虐待の防止等に関する法律」（2000年）第2条において，①身体的虐待：児童の身体に外傷が生じ，または生じるおそれのある暴行を加えること，②性的虐待：児童にわいせつな行為をすること，または児童をしてわいせつな行為をさせること，③ネグレクト（養育の怠慢・放棄）：児童の心身の正常な発達を妨げるような著しい減食，または長時間の放棄，その他の保護者としての監護を著しく怠ること（病気やけがをしても適切な処置を施さない，乳幼児を家に置いたままたびたび外出する，極端に不潔な環境で生活させる，同居人による虐待を黙認する，など）．④心理的虐待：児童に対する著しい暴言または著しく拒絶的な対応，その他児童に著しい心理的外傷を与える言動（子どもの心を傷つけることを繰返し言う，無視する，きょうだいと著しく差別的な扱いをする，など）と定義されている．

「児童相談所での児童虐待相談件数は増加の一途をたどっており，2015年（平成27年度）には，10万3,286件となった（図1）．

●**児童虐待が起こる背景** 児童虐待は，虐待者別構成割合（図2）を見ると，実母の割合が50.8％と高い．実母の割合が高いことは日本の虐待の特徴であり，

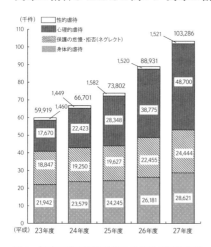

図1 児童虐待の相談種別対応件数の年次推移
(出典：厚生労働省「子ども虐待対応の手引き」(2016))

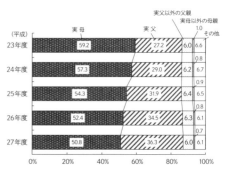

図2 児童虐待相談における主な虐待者別構成割合の年次推移
(出典：厚生労働省「子ども虐待対応の手引き」(2016))

母子の置かれる閉鎖的環境，母親が孤立した状況下で育児していること，育児不安の高まり，経済的困難，虐待の世代間連鎖，子ども自身の持つ育てにくさなどが複合的に要因となっている．

●**子どもの保護に関する法律**　子どもの保護に関する法律には，「児童福祉法」「母子及び父子並びに寡婦福祉法」「児童手当」「児童扶養手当」「特別児童扶養手当等の支給に関する法律」「母子保健法」など児童福祉6法がある．児童虐待を受けている子どもの保護については，「児童福祉法」「児童虐待の防止等に関する法律（児童虐待防止法）」に基づいて行われる．2004年の「児童福祉法」の一部改正では，児童虐待の定義の見直しがなされた．主な改正点は，①保護者以外の同居人による虐待行為をネグレクトに追加したこと，②児童の目前でのドメスティック・バイオレンス（DV）など児童が受ける間接的被害について，心理的虐待に追加したこと，③児童虐待にかかる通告義務の拡大，④児童虐待とその保護に関する関連諸機関が情報交換や検討会を行い，市町村における児童家庭相談体制を目指す「要保護児童対策地域協議会」を設置したことなどである．2010年の「児童福祉法」の一部改正では，親権の停止や里親委託中で親権者がいない子どもの親権代行を児童相談所長が行うことを目的とし，「民法」および「児童福祉法」等の一部を改正する法律として「民法等の一部を改正する法律（平成23年法律第61号）」が成立した．そして，2012年には民法改正ならびに児童福祉法改正がなされ，親権を最長2年間停止することができるようになった．家庭裁判所に親権喪失の宣告を請求できるのは，これまでの子の親族，検察官，児童相談所長に加え，2012年の法改正から虐待されている子ども本人や未成年後見人でも可能となったのは特筆するべき点である．2015年4月には「子ども・子育て関連3法」が施行され，地域の子ども・子育て支援の充実が目指されている．

●**児童虐待の早期発見に向けて**　児童虐待の支援には，予防の観点からの虐待の早期発見と早期対応が重要である．子どもと親双方への支援の早期取組みが重要となる．2008年の児童福祉法改正により「養育支援訪問事業」が法定化された．また，虐待で死亡する子どもの約40％が0歳児であることから，生後4か月未満の乳幼児のいるすべての家庭に対し保育士が家庭訪問を行う「こんにちは赤ちゃん」事業が，2008年の児童福祉法改正により「乳児家庭全戸訪問事業」として法定化された．虐待の予防の観点から，専門職間の連携をとりつつ，早期にリーチアウトしてことが求められている．　　　　　　　　[栗山直子]

【引用・参考文献】栗山直子(2014)，厚生労働省(2017)，厚生労働省大臣官房統計情報部(2016)，社会福祉士養成講座編集委員会編（2016)

4. 子どもの貧困

●**子どもの貧困の定義**　貧困には2つの定義がある．1つは，生きていくのに最低限必要と考えられる食料や生活必需品を購入するためのお金がない状況と説明される「絶対的貧困」である．もう1つはある基準によって定められる「相対的貧困」である．相対的貧困率は，「可処分所得」（等価可処分所得）をもとに貧困基準（貧困ライン）を割出して算出する（詳しくはコラム「貧困ラインと相対的貧困率」参照）．これは最も一般的な貧困の指標で，多くの先進国が公的な貧困基準として採用している．わが国においても子どもの貧困が議論される時は，相対的貧困を指している．「子どもの貧困率」は，所得が貧困基準以下の世帯に属する18歳未満の子どもが子ども全体に占める割合をいう．

●**子どもの貧困への注目**　日本の子どもの貧困率は相当なレベルにあることがマスメディアを通して広く報道されたのは，2008年である．当時，この報道に驚いた人々は少なくなかった．というのは，国の経済的指標で見れば物質的豊かさを何十年も前に実現したわが国において，子どもの貧困率が日本の生活水準の実感とそぐわないと感じたからである．しかし，子どもの貧困がその年に急に始まったわけではなかった．阿部（2014）によると子どもの貧困率は，バブル経済絶頂期の1980年代半ばから上昇し続けており，2008年は，その意味で「子どもの貧困の発見の年」といわれている．

●**子どもの貧困の現状**　平成28年版「国民生活基礎調査の概況」によると，子どもの貧困率（2015年）は前回調査（2012年時点）の16.3％から13.9％へ低下したものの，約7人に1人の子どもが貧困状態にある．一方，全体の相対的貧困率は15.6％（前回16.1％）であった．特に大人が1人の世帯では相対的貧困率が50.8％（前回54.6％）に達している．とりわけ，ひとり親世帯の約85％を占める母子世帯では，全世帯の平均総所得が545.8万円であるのに対して270.3万円であった．可処分所得の中央値が245万円，貧困ラインは122万円であったことから，母子世帯の生活の厳しさがうかがえる．

　現状を国際的に見ると，経済協力開発機構（OECD）が2014年にまとめた加盟国36か国の子ども貧困率の平均は13.3％で，改善されたとはいえ依然としてOECD平均を上回っている．大人が1人の世帯の相対的貧困率もOECD加盟国の中では高水準である．

●**子ども期の貧困の影響**　子ども期の貧困は，その後の人生にさまざまな影響を及ぼすことが研究によりわかってきている．すなわち，貧困状態に育った子

どもは学力や学歴が低い教育的影響，健康状態が悪い身体的影響，大人になってからも貧困状態にある経済的影響，自己肯定感や自尊感情が低く将来の希望を持てない精神的影響を受けると指摘されている．

●**貧困の世代間連鎖**　貧困状態によって教育や健康などさまざまな不利を背負って育った子どもが，大人になってからも貧困から抜け出せず，次の世代の子どもに貧困が受け継がれることを貧困の世代間連鎖という．なぜ貧困の連鎖が起こるのか，さまざまな要因が指摘されている．経済状況，家庭環境（特に親のストレス，親の病気），親の職業，本人の健康，親と子の意識等が要因と考えられるが，これらの要因は複雑に絡みあって存在していることが多い．よって，1つの要因に対処すれば問題が解決し，状況が大きく改善するといえるほど単純ではなく，そこが貧困の連鎖を断ち切る難しさである．

●**解決に向けた動き**　2013年6月に「子どもの貧困対策の推進に関する法律」（子どもの貧困対策法）が成立し，2014年1月に施行された．これを受け，同年8月に「子供の貧困対策に関する大綱」が策定された．その内容は，子どもの貧困対策に関する基本的な方針，子ども貧困に関する指標，指標の改善に向けた当面の重点施策，子どもの貧困に関する調査研究等及び施策の推進体制等を定めるものである．2015年12月には「ひとり親家庭・多子世帯等自立応援プロジェクト」が策定され，就業による自立に向けた支援を基本にしつつ，子育て・生活支援，学習支援などの総合的な支援を実施することとした．また，2016年6月に策定された「ニッポン一億総活躍プラン」においても，希望する教育を阻む制約の克服や子育てが困難な状況にある家族・子ども等への配慮・対策等の強化のための施策などについて，今後を見据えてどのように展開していくかが示された．これらは教育，生活，保護者に対する就労，住宅，経済的な各支援となっている．また，官公民の連携・協働プロジェクトとしては「子供の未来応援国民運動」が推進されており，子ども食堂，フードバンク等の活動を支援している．

　子どもの貧困対策に重要なのは，貧困の連鎖を確実に断ち切るための多様かつ長期継続的な支援対策である．貧困の連鎖が継続すれば，個人や家族のウェルビーイングが損なわれるだけでなく，ひいては人的資源の損失等，社会的損失にもつながるからである．子どもの将来がその生まれ育った環境によって左右されることのない社会を実現することが緊要であり，社会全体の責任として対策が急がれる．　　　　　　　　　　　　　　　　　　　　　　　［黒川衣代］

【引用・参考文献】阿部彩（2014），厚生労働省（2016），内閣府（2017）

5. 子どもの発達と家族・社会

●**子どもの発達と養育者との関係**　ボウルビイ（Bowlby, J.）は乳幼児期における特定の養育者との関係が子どもの発達に及ぼす重要性を「アタッチメント」という概念を用いて説明している．乳児は大人との接触を求める生物学的特性を持ち，「危機」に遭遇したり，ネガティブな感情が生じた時，大人との近接を求め，それによって「安全の感覚」を得ようとする．乳児は特定の養育者に世話される中でアタッチメント（心理的に深いつながり）を形成し，「安全の感覚」はそのアタッチメント対象と実際につながる「物理的近接」によって得られる状態から，イメージとしてつながる「表象的近接」によって得られるように移行していく．乳幼児期にある子どもにとって，望む時にはいつでもアタッチメント対象から「安全の感覚」を得られるという確信を抱けることが人格形成において重要である．子どもはアタッチメント対象との関係において，対人関係に関する心的な表象モデル，すなわち「内的作業モデル」を構築し，それが生涯の対人関係の枠組みとして機能し続けるというのである．

●**母子関係モデルからソーシャル・ネットワーク・モデルへ**　このようなボウルビィによるアタッチメント理論では，子どもの発達における母親的人物との関係を特別視する二者関係モデルを提唱している．しかし，子どもは多様なネットワークの中で生まれ，育つ存在であるとの認識に立つと，子どもにとってアタッチメント対象は母親や父親，きょうだい，祖父母，先生など複数の人物に広がると考えられる．ルイス（Lewis, M.）は，子どもの発達に及ぼすサポート・ネットワークを重視する「ソーシャル・ネットワーク・モデル」を提唱している．このモデルでは，子どもを取り巻く多数の人物が社会的機能（保護，世話，養護，遊び，学習等）を果たし，子どもの発達に貢献しているとみなす．家族の形態や機能が変化しつつある現在，初期における母親的人物との関係性が長期にわたって子どもの発達に影響を及ぼすと見る「母子関係モデル」には限界が指摘されており，それを超える「ソーシャル・ネットワーク・モデル」はより説得力のあるモデルといえるであろう．

●**子どもの生態学的環境**　子どもの発達に影響を及ぼすのは，家族などの身近な人間関係以外にもあることを示しているのが，ブロンフェンブレンナー（Bronfenbrenner, U.）による「生態学的環境の構造」である．それによると，子どもを取り巻く環境は4つのレベルからなり，同心円状の内側からミクロシステム，メゾシステム，エクソシステム，マクロシステムと呼び，子どもを取

表1 世帯構造別に見た子どものいる世帯数の年次推移 （単位：千世帯・%）

年	子どものいる世帯数	（一般世帯に占める子どものいる世帯の割合）	計	割合				
				親族世帯				その他の世帯
				夫婦と未婚の子の世帯	女親と未婚の子の世帯	男親と未婚の子の世帯	核家族以外の親族世帯	
1980	17.600	（49.1）	100.0	66.5	3.9	0.6	28.8	0.2
1990	15,644	（38.5）	100.0	64.8	5.2	0.8	28.8	0.4
2000	13.051	（27.9）	100.0	66.8	6.8	0.8	25.4	0.2
2005	12.403	（25.3）	100.0	67.8	8.4	0.9	22.7	0.2
2010	11.990	（23.1）	100.0	69.4	9.5	1.0	19.4	0.7
2015	11.472	（21.5）	100.0	72.4	9.6	1.0	16.2	0.8

（出典：総務省『国勢調査』（各年）より作成）

り巻く環境を1つのシステムとして捉えている．

　子どもの発達に及ぼす環境をこのような4つのレベルから捉えると，子どもの発達は気質や遺伝などの個人的要因や家庭環境からの影響だけでなく，家族や家庭生活のあり方を規定する親の職場やネットワーク，地域の教育・福祉サービス，それらに影響を及ぼす制度や政策，社会通念としての子ども観や家族観も含めて総合的に捉える視点が必要であることを示している．

●子どもの発達環境の変化　国勢調査によると「子ども（18歳未満）のいる世帯」は1980年には一般世帯の49.1％を占めていたが，その後は減少し続け，2015年には21.5％である（表1）．このように，「子育て世帯」の減少は子育て中の親あるいは子ども同士のつながりにも影響を及ぼしている可能性がある．

　ベネッセ総合研究所による「幼児の生活アンケート」では，首都圏在住の就学前の子を持つ保護者を対象に「平日に幼稚園・保育園以外で遊ぶ時に誰と一緒に遊ぶのか」を尋ねている．1995年と2015年を比較したところ，20年間を通して平日に「母親」と一緒に遊ぶ比率が30％増加している．その一方，「友だち」と一緒に遊ぶ比率が約30％減少している．このことは，地域において子どもを取り巻く人間関係が狭くなり，母子関係がより強固になっていると考えられる．子どもは同年齢だけではなく，異年齢の子どもとかかわる中で喜びや楽しみを共有し，時にはいざこざを経験しながら自分の世界を広げていく．子どもの豊かな育ちを支える環境をどうつくるのか，「社会関係」を資源として捉えたソーシャル・キャピタルの構築が社会の課題である．　　　　　[冬木春子]

【引用・参考文献】遠藤利彦ほか（2011），ブロンフェンブレンナー，U.（1979=1996），ベネッセ教育総合研究所（2016），ルイス，M.（2005=2007）

6. 青年期・若者期とは

●**青年期・若者期の特徴**　青年期は，子どもから大人になる過程に存在するライフコースの移行段階を指す．青年期には，性的成熟を含む身体的発達が著しく，自己探索と自己表現の時期であると同時に，社会文化的な力が人間形成に大きな影響を及ぼす（クローセン 1986=1987）．このような特徴を持つ青年期は「第二の誕生」とも呼ばれる（栗原 1994）．

　ケニストンは，青年期が延長されていることを説明するために青年期と成人期の中間段階として若者期という概念を提唱した（ケニストン 1968=1973，Keniston 1970）．若者期は，知的・情緒的には成熟しているが，成人社会にはまだ参与していない，心理的には青年ではないが，社会的に成人ではない段階を意味する．この時期は脱青年期あるいはポスト青年期と言われることもある（ジョーンズ，ウォレス 1992=2002，宮本ほか 1997，宮本 2004）．

　青年期という概念は，発達課題について教育的な側面から捉えられる概念であるのに対して，若者期には独自の文化が存在し，社会が彼らとどのように関わるのかについて注目される際に用いられる傾向がある（小谷 1993）．

●**青年期・若者期の時代による変化**　近代以前の社会にも人生の半依存的な段階として，通過儀礼によって始まり，結婚によって終えられる青年期・若者期に近い民衆的な概念は存在したが（ギリス 1981=1985），これらは現在の青年期・若者期とはかなり異なるものであった．これに対して現在の私たちが考える青年期・若者期とは，19世紀以降，産業革命に伴う社会構造の変動の中で新たに登場したものと考えてよい．つまり社会の近代化の中で高度な技術に適合する労働者を育成するために教育機会が拡大され，労働市場への参入期間が延長されるようになった（クローセン 1986=1987，乾 2002）．その中で制度として保護・監督の対象とされ，一人前になるまでの時期を延長されたモラトリアムとしての青年期・若者期が出現したのである（エリクソン 1959=2011，小此木 1981）．近代以降の青年期・若者期という概念は，当初，高等教育を受けた中産階級の男性に限定される概念であったが，高等教育が女性にも広がることで，女性もそこに含まれるようになった．

　青年期・若者期の重要なテーマとして，アイデンティティと社会との緊張関係がある．例えば，1960〜70年代における日本の学生運動では，若者たちはアイデンティティの確立を目指す一方で，社会の矛盾を認識し，そうした社会に対抗したのである（小熊 2009）．さらにこの時期には，社会規範への抵抗と反

体制運動を基盤とした独自の若者文化が形成されていった．ところが70年代以降，政治運動は徐々に衰退し，80年代の消費社会の進展とともに青年期・若者期の課題は，対人関係をめぐる問題へと変化したのである（小谷1993）．一方，90年代に生じるバブル経済の崩壊後，若者の就職状況が厳しくなり，学卒無職者やフリーターなどが多く生み出され，青年期・若者期の課題は再度社会に対して彼らがどのように対峙するかということになった．

●**青年期・若者期の親子関係**　近年の青年期・若者期の特徴は，親世代の経済的豊かさと子世代の高学歴化による親への依存の長期化である．日本では「学卒後もなお，親と同居し，基礎的生活条件を親に依存している未婚者」がパラサイト・シングルと呼ばれ，若者の親との同居が未婚化・晩婚化につながると指摘された（宮本ほか1997，山田1999）．一方，子どもの教育に対する親の扶養責任の重さを指摘する議論もある（宮本2002，2004）．

ヨーロッパ社会では青年期・若者期の親への依存という現象は日本より早く生じていた．と同時に，親世代の経済的格差の拡大と親の保護や援助の不確実性という2つの理由によって，若者が日本以上にはっきりと二極化する結果となった．ふたり親の核家族モデルが健在であった時代では，子どもを社会化させ，独立させる標準的パターンが存在していた．しかし1970年代以降，教育期間の長期化により，若者への親の支援がますます重要になったにもかかわらず，すべての若者が支援を受けられるとは限らなくなった．それゆえヨーロッパ社会では，80年代以降，失業やホームレスを経験する若者が出現したのである（宮本2000）．

韓国社会でもまた，経済成長に伴う親世代の安定的な経済力と子世代の高学歴化によって，親への依存が長期化している．例えばモラトリアム期を延長させるために休学や復学を繰り返し，学校を卒業した後も就職できず親に依存している若者が存在し「カンガルー族」と呼ばれている（福島2006）．韓国の親は，成人への移行に関する子どものライフイベント（進学，就職，結婚）の意思決定に介入し，子どもは親の意思に従うという親子の権力関係が見られる．その内実は，孝規範のみならず，親は老後保障のために子どもの安定的な就職を望み，子どもは就職困難な状況の中で親の経済力に頼らざるを得ないという親子双方の家族戦略による選択の結果なのである．　　　　　　　　　　［尹　鈐喜］

【引用・参考文献】乾彰夫（2002），エリクソン, E.H.（1959=2011），小熊英二（2009），小此木啓吾（1981），ギリス, J.R.（1981=1985），栗原彬（1994），クローセン, J.A.（1986=1987），ケニストン, K.（1968=1973），小谷敏（1993），ジョーンズ, G., ウォレス, C（1992=2002），福島みのり（2006），宮本みち子（2000, 2002, 2004），宮本みち子ほか（1997），山田昌弘（1999），Keniston, K.（1970）

7. 青年期の自立の課題

●「青年期」と「自立」の定義をめぐって 「青年期の自立の課題」について論じるためには，青年期の自立とは何かを把握した上で，その達成にどのような課題があるのかを検討する必要がある．そして，2つの問いについて検討するにあたっては，ライフコースの多様化との関連性が無視できない．

　青年期および自立とは何かについて，明確で普遍的な定義が共有されているとは言い難い．まず青年期は，児童期と成人期の間に位置づけられ，操作的定義では10歳頃から30歳前後まで幅広い年齢区間が対象とされている．そして，自立の定義についても，複数分野において概念化の試みが積み重ねられてきたが，むしろその積み重ねを通して自立概念の複雑性が明らかにされてきたともいえる．

　そもそも青年期と自立のそれぞれの定義の難しさは，互いに独立ではない．青年期は青年が社会において大人としての役割を担えるようになるための準備期間であり，「自立すること」はいわば「大人になること」を意味すると考えられる（山田ほか 2007）．そして，「大人になること」の具体的指標は社会状況や時代によって異なる．すなわち，青年期とはいつまでかという問いは，自立とは何かという問いと表裏一体となり，双方の定義の複雑さや曖昧さを結果していると考えられる．

　よって，一律に普遍的・絶対的な定義を設定することの難しさを認識した上で，それぞれの社会において人々が「青年期の自立」に何を期待しているのかを探り，その期待と社会制度との対応関係について検討していくことが重要であろう．

●心理的自立と社会的自立 　青年期の自立をめぐる既存の議論を分野横断的に概観するため，ここでは便宜上，自立を大きく「心理的自立」と「社会的自立」の2つに分類して論を進めたい．2つの分類は，自立の程度を把握する指標が原則的に主観的なものか，それとも客観的なものかによる．主観的な指標を用いて，青年期の心理状態や精神発達を図る心理的自立と，経済的（職業）自立，身辺における生活自立（離家・家事行動など），結婚行動など客観的指標を用いて把握する社会的自立である．

　心理的自立の定義や概念化については国内外におけるレビュー論文も複数存在するため本節ではその詳細には触れないが，自立概念やその発達過程を多様な側面から把握しようとする試みが積み重ねられている（山田ほか 2007）．

心理的自立の発達度合いが問題視される場合，未婚化・晩婚化・非婚化，あるいはニートやひきこもりといった現象の要因や背景としての意義を指摘されることが多い．すなわち，経済的自立や結婚といった「社会的自立」との関連が指摘される．とはいえ，心理的自立と社会的自立は互いの概念を参照することはあるものの，両者の関連性については検討の余地が残されている．

●ライフコースの多様化と青年期の自立　先進諸国を中心とするライフコースの多様化は2つの意味で，青年期の自立の課題に影響を及ぼしている．まず，「大人になること」，言い換えれば青年が「自立すること」の自明性を揺るがせているという意味において．次に，既存の自立モデルにおいて「大人になることができない」という意味において．すなわち，ライフコースの多様化に社会制度が対応しきれない中で，生活上の困難など多様な葛藤を抱えている人々が存在している．具体的には，日本の経済システムや生活保障システムは，諸外国にまして強固な「男性稼ぎ主」型である（大沢 2002）といわれる．夫が一家の稼ぎ主であり，妻は家計補助的に労働に従事するという家族のあり方を前提とした社会システムである．そして，男性の稼得能力が重視される傾向は，雇用環境の急速な悪化にもかかわらず変化していない（佐々木 2012）．このような状況において，離家や職業的自立，結婚行動などの社会的自立の困難が問題視されているが，その対策のためには，多様なライフコースを支える社会制度や価値規範の変革が求められているといえる．

ライフコースの多様化とジェンダーの関連という観点から見ると，心理的自立と社会的自立の両面において，自立概念自体の再検討という課題と，人々の期待や希望をかなえる社会システムの構築という課題の双方が「青年期の自立の課題」としてあらわれてきているといえよう．

●青年期の自立と家族関係　青年期の自立の変容や問題性が指摘される時，家族関係との関連は重要な論点となってきた．特に親子関係は，青年期を含む若年世代の自立と深く結びつくものとして位置づけられ，心理的・社会的自立双方における関連性が検討されてきた．これまで，学校と就労，生殖家族の形成が密接に結合し，青年期から成人期への移行を枠づけていた（宮本 2012）．しかし，社会構造の変化はそうした結合を揺るがせ，青年期の自立と家族関係のありようを変容させつつあるといえる．社会における青年期の自立の現状と変容について論じる際には，家族関係との関連が看過できない視点といえる．

［中西泰子］

【引用・参考文献】岩上真珠（2013），大沢真理（2002），佐々木尚之（2012），宮本みち子（2012），山田裕子ほか（2007）

8. 若者と職業

●**子どもの職業への展望** 小学生・中学生のなりたい職業（内閣府 2014）は表1のとおり，1位はスポーツ選手（男子の1位），2位は幼稚園・保育園の先生（女子の1位）である．「わからない」と答えた子どもも多い．リクルート社による高校生調査では，上位は，教師・公務員・看護師など，対人有資格の職が多く見られる（表2）．日本の被雇用者全体の49%が今後数十年のうちに，人工知能やロボットにより技術的に自動化され得る職業に就いており，労働者の40%は複雑な社会的交流が必要か創造的作業を伴う自動化不可能とみなされる職に就いているという（野村総合研究所ほか 2017）．子どもたちの希望する上位に自動化不可能職が多いことは興味深い．学校のキャリア教育で交流・創造力を身につけ，先を見通す力の育成が望まれる．1999年の中央教育審議会答申において，キャリア教育の重要性が説かれ，2006年改正教育基本法や改正学校教育法では義務教育の目標の1つとして定められた（中央教育審議会 2011）．

●**若者の就職状況とキャリア意識** 2017年3月大学（学部）卒業者の就職率は，97.6%である（家事・手伝いを含む）（厚生労働省 2017a）．リクルートワークスの「大卒求人倍率調査」（求人倍率＝求人総数／民間企業就職望者数，$n=1,622$，院卒を含む）では，ここ20年での最低は2000年3月卒の0.99倍で，2017年度は1.78倍である（図1）．21世紀職業財団が勤務10年以内の若手社員を対象にした調査（2015）では，「就職を決める際に昇進や配置に男女差がないこと」を「重視またはやや重視した（以下「重視した」）」者は，男性が11.5%に対し，女性は46.4%である．反対に「特に考えていなかった」者が，男性が42.6%であるのに対し女性は16.8%にすぎない．また，女性の61.2%は結婚・出産後も就業継続することを希望しており，「子育てとの両立やワーク・ライフ・バランス」

表1　小・中学生の最も就きたい職業（n=1404）

スポーツ選手	14.0%
幼稚園・保育園の先生（保育士）	6.4%
看護師・介護福祉士	5.0%
医者・歯科医・薬剤師	4.9%
パン屋・ケーキ屋（ケーキ職人・パティシエ）・花屋	3.9%
わからない	16.7%

（出所：内閣府 2014）

表2　高校生の最も就きたい職業（n=992）

教師	8.6%
公務員	8.3%
看護師	7.3%
製造業（自動車・造船など）	6.5%
保育士・幼稚園教諭・幼児保育関連	5.9%
建築士・建築関連	4.3%

（出所：リクルート進学総研 2016）

を重視した者が男性は25.1％，女性は54.6％，「特に考えていなかった」者が男性は32.4％，女性は14.0％であることからも，女性の方が就活時から将来を見据えて就職先を選んでいる．一方で女性の7割近くは「今後のキャリアの道筋がイメージできない・あまりできない」と回答しており，懸命に

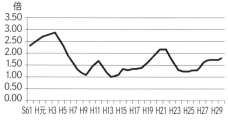

図1　求人倍率の推移（各年3月卒者）
（出所：リクルートワークス研究所（2018）より作成）

将来を考えて職に就いてもキャリアイメージは低い．内閣府の2016年調査では18〜29歳の41.5％は，"希望"としては「仕事と家庭生活をともに優先したい」と思っているが，"実際"は「仕事を優先している」（39.9％）がどの世代よりも多い（内閣府 2016）．

●**フリーター・ニートという選択**　2000年代前半には，若者政策の活発化とともにフリーターやニートと呼ばれる若者の実態把握が盛んに行われた．フリーターは「15〜34歳の在学中の者を除く男性及び未婚の女性でアルバイトやパートで働くことを希望している者」と定義されている（小杉 2010）．フリーターは働く意志があり，正社員並みに毎日働く者も少なくない．ニートは日本の調査では「若年無業者」（15歳から34歳の非労働力人口のうち，家事も通学もしていない者）として集計される．ニートよりフリーターの方が圧倒的に多い（太郎丸 2006）．2017年度労働経済白書によれば，フリーターは2014年以降減少を続けており，2016年は155万人，若年無業者は2016年は57万人となっており，長期的には横ばいで推移している（厚生労働省 2017b）．

●**若者の離職・転職**　2013年の15〜34歳の若者を対象とした「若年者雇用実態調査」（15〜34歳）によると，自己都合により退職した若年労働者がいた事業所は42.5％あり，正社員が26.5％，正社員以外が22.2％である．退職理由は，男性は「労働時間・休日・休暇の条件が良くなかった」が1位だが，女性は「人間関係が良くなかった」が最も多い．若者の離職率の高さは不安定雇用も一因である．そのため2015年に「青少年の雇用の促進等に関する法律」（若者雇用促進法）が制定され，おおむね35歳未満の若者の安定雇用に向けて動いている．

［室　雅子］

【引用・参考文献】厚生労働省（2014, 2017a, 2017b），小杉礼子（2010），太郎丸博編（2006），中央教育審議会（2011），内閣府（2014, 2016），21世紀職業財団（2015），野村総合研究所ほか（2017），リクルート進学総研（2016），リクルートワークス研究所（2018）

9. 若者の家族形成の課題

●**若者期最後の発達課題としての家族形成**　若者期は青年期と成人期の間にある脱青年期，エリクソンの発達区分では初期成年期にあたる（本章第7項）．若者期最後の発達課題が家族形成である．若者はこれを経て成人期に移行する．家族形成の前には，「愛」を中核に異性と親密な関係を形成する，すなわち恋愛関係を育むという課題がある（エリクソン，E.H. 1959＝2011）．さらに，より良い結婚のためにはR.A. ルイスが示した「婚前関係形成の6つの発達課題」（類似性認知，親密感達成，自己開示，役割取得，役割適応，関係結晶化）を達成する必要がある（森岡・望月 1983）．

●**家族を形成しない者の増加**　かつての日本は「皆婚社会」であったが，1970年代から晩婚化が進み，2015年の生涯未婚率（50歳時の未婚率）は，男性で23％，女性で14％になっている．では，この年齢集団の人たちが20代後半頃の結婚意思はどうであったのか．それを1992年実施の「第10回出生動向基本調査」で見ると，「一生結婚するつもりはない」と思っていた者は男性の3％，女性の6％であったので，この集団の男性の2割，女性の1割が，20代後半頃に考えていたのとは異なるライフコースを歩んでいたといえる．それはなぜだろうか．

●**恋愛結婚の一般化と非婚への許容度の高まり**　内閣府が2014年に20代から30代の男女を対象に実施した「結婚・家族形成に関する意識調査」によれば，未婚者の37％，既婚者でも29％が「生涯独身でもかまわない」と答えている．特に30代の未婚者では男性の49％，女性の42％がそう考えている．非婚への許容度が自他ともに高まっていることがうかがわれるが，その背景にあるのは何か．同調査によれば，未婚者が結婚していない理由で最も多いのは，「適当な相手にめぐり合わないから」（54％）である．特に30代では男女共それが約7割と高い．恋愛結婚へのこだわりが見えるが，これは，1990年代半ば以降の結婚の約9割を恋愛結婚が占めるようになっていること（各年の出生動向基本調査）とともに，日本における恋愛結婚の一般化を示している．それでは，恋愛結婚の前提である恋愛関係はうまく育まれているのか．

●**恋愛離れの進行**　表1は1987年と2015年の20代後半と30代前半の男女のパートナーシップ形成状況を示している（出生動向基本調査）．ここで注目されるのは，未婚者のうちの「交際異性がない」者の割合の増加とそれの多さである（表中（　）内の数値）．2015年は，未婚男性の約7割，女性でも6割前後に交際異性がない．2015年調査では交際異性がない者のうち「交際を望んでいな

表1 若者のパートナーシップ形成状況の年齢階層別・性別・調査年次別比較　　　　　　　　（割合%）

年齢階層	性別	調査年次	離死別	有配偶	婚約者あり	恋人あり	異性の友あり	交際異性なし（未婚者中の割合）【うち交際を望んでいない者の割合】		不詳	計
25〜29歳	男性	1987	0.6	37.3	3.6	12.3	12.5	30.4 (49.0)		3.3	100.0
		2015	0.9	26.3	2.3	15.7	3.2	49.7 (68.3)	【43.3%】	1.8	100.0
	女性	1987	1.7	64.4	3.2	8.5	7.7	13.1 (38.6)		1.5	100.0
		2015	2.3	36.5	4.0	17.1	4.4	34.4 (56.2)	【38.1%】	1.5	100.0
30〜34歳	男性	1987	1.5	68.8	0.9	2.5	6.4	18.0 (60.6)		1.9	100.0
		2015	2.1	50.8	1.1	7.8	3.8	32.8 (69.6)	【44.6%】	1.6	100.0
	女性	1987	3.3	85.1	0.4	2.3	2.5	5.3 (45.7)		1.0	100.0
		2015	4.4	61.0	1.1	6.9	3.1	22.4 (64.7)	【38.3%】	1.1	100.0

出所：厚生労働省「出生動向基本調査」を基に筆者が作成

い」者の割合も捉えているが（表中【　】内の数値），それが男女とも約4割ある．恋愛結婚をしたいが恋愛には消極的という，意識と行動のギャップが見える．
●恋愛に消極的な若者の特性と社会的背景　内閣府の前掲調査によれば，「収入」が低いほど，また，「社交性」や「自己効力感」が低いほど恋愛に消極的な傾向がある．同調査における「社交性」は対人関係への積極性，「自己効力感」は必要とされる行動を取れるかどうかについての自己評価である．若者が，伝統的な価値や絆から解放され，エリクソンのいう「愛」を中核にした結婚を志向するのなら，若者たちは自らの力でライフコースを選択し，他者との間に「親密性の領域」を組織しなければならない（ギデンズ，A. 1991=2005）．それには，「社交性」や「自己効力感」が求められる．ルイスが示した発達課題の達成についてもそれは同じである．しかし，日本の若者は諸外国の若者より社交性や自己効力感が低い傾向にある（総務庁青少年対策本部 1999，内閣府 2014）．「収入」は，1986年の派遣労働者法制定や1990年代以降の経済不況の中で，減少してきた．ここに挙げた日本人の特性や近年の政治・経済環境が若者の恋愛離れ・結婚離れを起こしていると考えられる．
●若者の家族形成を促進する環境　「社交性」や「自己効力感」は，幼児期からの親子関係や学校の教育様式，豊かな遊び経験の有無との関係が深い．子どもに自分の欲求や考えを表現させ，それを受容する親の養育態度や教育方法，社交性や自信を育む遊びを保障することが望まれる（川崎・吉野 2017）．「収入」に関しては，非正規雇用を抑制する政策や企業努力，収入増につながる経済政策のほか，若者がより良い職を獲得し，就業が安定するような職業教育も必要である．　　　　　　　　　　　　　　　　　　　　　　　　　　　[川崎末美]

【引用・参考文献】エリクソン，E.H.（1959=2011），川崎末美・吉野舞起子（2017），ギデンズ，A.（1991=2005），国立社会保障・人口問題研究所（2017），総務庁青少年対策本部（1999），内閣府（2014，2015），森岡清美・望月崇（1983）

貧困ラインと相対的貧困率

　最も一般的な貧困の指標であり，国際比較や子どもの貧困の議論で使用されるのは「相対的貧困」である．相対的貧困率は，OECD（経済協力開発機構）が示す作成基準に基づいて算出される．以下，図1を参照に算出方法を説明する．

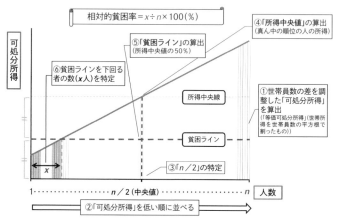

図1　相対的貧困率の算出方法
（出所：厚生労働省「国民生活基礎調査（貧困率）よくあるご質問」
http://www.mhlw.go.jp/toukei/list/dl/20-21a-01.pdf）

●世帯員数の差を調整した「可処分所得」（等価可処分所得）の算出　「可処分所得」は収入（就労所得，財産所得，公的年金，仕送り等，その他の現金給付．資産や現物給付は含まれない）から税金・社会保険料等を除いたいわゆる手取り収入を指す．「世帯員数の差の調整」は，「世帯の可処分所得÷世帯人員数」が最も簡単であるが，世帯人員数が少ない方が光熱水費等の世帯員共通の生活コストは割高になる傾向がある．そこで，「世帯人員数」の代わりに「世帯人員数の平方根」で割って「等価可処分所得」を算出する（①）．以下，文中と図では簡単に「可処分所得」と記す．

●貧困ラインの算出　「可処分所得」を低い順に並べる（②）．n は人数を表し，n 番目は最大の「可処分所得」を示す．n を2で割ることにより，真ん中に位置する値（中央値）を特定できる（③）．中央値が示す「可処分所得」（縦軸目盛）は真ん中の順位の人の可処分所得で，「所得中央値」である（④）．それを2で割った値，すなわち「所得中央値」の半分の額が貧困の基準となる「貧困ライン」を表す値である（⑤）．図では太い点線が貧困ラインである．

●相対的貧困率の算出　「可処分所得」が「貧困ライン」を下回る者の数は，図1の x である．相対的貧困率は，$x \div n \times 100$（%）で算出することができ，貧困ライン以下の可処分所得の人の割合を表す．　　　　　　　　　　　　　　　　　　　　　　　　　　　［黒川衣代］

第 **4** 章

ジェンダーと家族

1. フェミニズムと家族　48
2. ジェンダー平等とジェンダー主流化　50
3. ジェンダーと家庭科　52
4. 家族とジェンダーの地域間比較　54
5. 多様なセクシュアリティと, 同性間の結婚・子育て　56
6. セクシュアル・マイノリティからみた家族　58
7. ジェンダーと親密性　60
コラム「ジェンダーをどう捉えるか」　62

　本章は, ジェンダーの視点から家族を考える7節からなっている. フェミニズム, セクシュアル・マイノリティからの「新しい人権」の主張は, 近代家族のジェンダー秩序を問い直し, 性別分業と異性愛主義を超える家族的関係のあり方と, それを支える社会制度について, 議論と実践を重ねてきた. 本章では, それらの議論と実践の蓄積について紹介され, ジェンダー視点からみた「家族」の関係および社会制度における今日的論点と課題が示される.

[山根真理]

1. フェミニズムと家族

●**フェミニズムは家族をどのように問うたか**　フェミニズム（feminism）は「女性解放運動・思想」という意味である．歴史的に見るとフェミニズムには2つの波がある．第一波フェミニズムは19世紀末から20世紀初めにかけて高まりを見せた．近代社会における（男性）市民の人権から女性が排除されていることへの異議申立てが第一波フェミニズムの大きな主張であり，女性参政権獲得運動がその焦点となった．第二波フェミニズムは1960年代後半から1970年代にかけて先進産業諸国で同時多発的に高まりを見せた．第二波フェミニズムの特徴は女性たちが，日常生活の中に埋め込まれたジェンダー（社会的・文化的性別）を問い直したことにある．

　フェミニズムは家族を，不均等な力関係が働く女性抑圧の制度と捉えた．全米女性会議（NOW）を組織しアメリカの第二波フェミニズムを牽引したフリーダン（1963=2004）は，妻，母としてではなく「自分の人生」を生きたいとする主婦の切望を社会的問題として取り上げた．ラディカル・フェミニストとして知られるミレット（1970=1985）は家族を「父権制」の主要な制度と捉え，男性優位を維持し再生産する家族の機能を指摘した．フェミニズムはまた，個々の家庭で主婦が家事を担う空間とは異なるオルタナティブな生活の提案も行った．ジェンダー化された空間構成を問い直し，住宅と都市計画における公私再編成を提案したハイデン（1984=1991）の仕事は，生活科学の観点からも重要である．日本の第二波フェミニズムの先駆けである「ウーマン・リブ」においても家族は重要な焦点であり，性別分業，戸籍制度，婚外子差別，夫婦別姓，異性愛など，近代性と日本的文脈の両面から家族に関する問い直しと問題提起がなされた．

●**フェミニズムは家族研究に何をもたらしたか**　フェミニズムの家族研究に対する理論的貢献の基底にあるのは近代的公私二元論の問い直しである．フェミニズムの「家父長制」（patriarchy）概念は「男性支配」を中核に置くことで，近代的性別分業を批判的に検討することを可能にした．マルクス主義フェミニズムは家父長制と資本制の相互関係について考察し，家庭と市場における女性の不利な立場を説明し変革する理論の構築を目指した（ソコロフ 1980=1987，上野 1990）．フェミニズム家族研究はまた家族を権力作用の場と見る視角を提供した．コムター（1989）は，ジェンダー平等を妨げる権力過程分析を目指し，「隠れた権力」（hidden power）の概念提起を行った．

フェミニズムの影響も受けながら展開してきた家族の社会史研究は，性別分業，母性，家族の情緒性など，それまで自明視されてきた現象が近代的構築物であることを明らかにした（オークレー 1974＝1986，バタンテール 1980＝1991）．日本の家族研究において社会史研究はフェミニズムの問題関心と結びつき「近代家族論」という研究ジャンルを生み出した．（落合 1989，2004，山田 1994）

社会政策的志向性をもって家族的関係と社会制度のオルタナティブを提案する研究も，フェミニズム家族研究として重要である．目黒（1987），伊田（1998）らはカップル単位の社会制度を批判し，個人単位の社会政策を提案した．一方，他者に依存する時期が必ず存在する人間の条件を重視し，依存者とケアする人の単位を基礎に置いて正義や制度の再構築を提案するファインマン（2004＝2009），キティ（1999＝2010）の議論は2000年代以降日本にも導入され，「家族のオルタナティブ」論（牟田編 2009）と結びつけた展開がなされている．

●定着と課題　第二波フェミニズムの主張はその後国際的潮流となり，性別役割分業の克服，アンペイドワークの社会的再編成，リプロダクティブヘルス／ライツ，親密な関係における暴力などの論点は国際条約および国内法に規定され，政策的取組みが行われてきた．フェミニズムに関わる家族研究の今後の課題として3点を挙げる．第一に具体的な社会政策に即して上述の個人単位論，依存とケアの保障論を検討し，政策的示唆を与えることである．第二に欧米圏のフェミニズムが第二波フェミニズムの白人，中産階級中心性を批判し，人種，民族，階級などのカテゴリーとジェンダー・家族の関係を問い直し，さらにグローバル化の中での家族・ジェンダー問題へと思考を深化させた過程（Allen 2016）に学ぶことである．コロニアルな過去の家族・ジェンダー問題を再検討すること，現代の貧困や格差，グローバル化の中の家族・ジェンダー問題に取り組むことが課題である．第三に新自由主義的風潮の中で家族回帰的イデオロギーの強まりは世界各地域に見られるが，新自由主義と家族主義的言説および政策，それらとフェミニズムの関係について考える課題がある．英語圏で1980年代から積み重ねられている議論（例えばStacey 1986）と対話しながら，家族主義的言説と政策の日本的特質を明らかにし，学術的，実践的な対抗軸を提案することも重要な課題である．　　　　　　　　　　　　　　　　　　　　　　　　［山根真理］

【引用・参考文献】伊田広行（1998），上野千鶴子（1990），オークレー，A.（1974＝1986），落合恵美子（1989，2004），キティ，E.F.（1999＝2010），ソコロフ，N.J.（1980＝1987），ハイデン，D.（1984＝1991），バタンテール，E.（1980＝1991），ファインマン，M.（2004＝2009），フリーダン，B.（1963＝2004），ミレット，K.（1970＝1985），牟田和恵編（2009），目黒依子（1987），山田昌弘（1994），Allen, K.R.（2016），Komter, A.（1989），Stacey, J.（1986）．

2. ジェンダー平等とジェンダー主流化

●**国連を中心とする世界の動き**　国際社会において，ジェンダー平等と女性の権利保障が強く求められるようになったのは，第二次世界大戦の終結後であり，国際連合による強いイニシアチブが女性差別撤廃の動きを促進した．国連憲章（1945年）は，男女平等を推進する国連の立場を明示し，いち早く女性の地位委員会を発足させた（1946年）．その後，女性差別撤廃宣言（1967年），女性差別撤廃条約（1979年）の締結を経て，ジェンダー平等に向けた取組みは，慣習や慣行に基づく差別の撤廃を含む，より普遍的で実効性のある内容へと進展した．国際婦人年（1975年）を起点とする「国連女性の10年」では，各国政府の取組みを促進し，女性に対する差別は緊急に解決されるべき政治的課題となった．

　そのような中で，1970年代初頭に世界的な盛り上がりを見せたフェミニズムは，「個人的なことは政治的（The Personal is Political.）」という標語を掲げて女性の周縁性を明らかにし，女性差別の構造性と政治性を訴えた．女性たちの運動は，国連の活動と連動しながら，ジェンダー平等実現を目標とする数多くのNGOを活性化させた．国連主催の世界女性会議では，政府代表会議と並行してNGOフォーラムが開催されている．第1回メキシコ会議（1970年）から，第2回コペンハーゲン会議（1975年），第3回ナイロビ会議（1985年）を経て，初めてアジアで開催された第4回北京会議（1995年）には，190か国の政府代表と3万人余のNGOフォーラム参加者が集った．

　北京会議で採択された「北京行動綱領」は，女性が直面する貧困や武力紛争，暴力等をはじめとする多様な問題に切り込む方針を示し，その効果的な戦略として「ジェンダー主流化」を明記した．また，地球規模の人口問題に関しても，女性のエンパワーメントが鍵であることが議論されている．前年のカイロ国際人口開発会議（1994年）では，「リプロダクティブ・ヘルス／ライツ」という新しい概念を示して女性の基本的権利であることを確認した．

●**ジェンダー主流化**　ジェンダー主流化（Gender Mainstreaming）とは，ジェンダー平等を達成するために，あらゆる政策や事業の決定，実施，評価の場にジェンダー視点を導入する考え方のことである．社会のさまざまな場に内在するジェンダー格差を発見し，不平等の連鎖を断ち切るためには，政府や関係諸機関によるトップダウンの強力な関与が欠かせないが，それと同時に政府や民間の組織整備，女性のエンパワーメント，ジェンダー視点を持つ人材の育成等

も重要である．ジェンダー主流化の取組みは，法律，経済，教育，社会保障など，多様な領域で同時に推進されることで，大きな効果が期待できる．

　EU（欧州連合）は，ジェンダー平等推進の戦略として，ジェンダー主流化をいち早く取り入れ，加盟国に目標達成の努力を促してきている．欧州委員会では，「女性憲章」（2010年）を採択して，雇用や賃金，貧困，ワーク・ライフ・バランス等のあらゆる政策領域の課題に取り組んでいる．その背景には，「ジェンダー平等の実現が，経済発展と社会の持続的成長をもたらす」という確かな認識がある．

●**日本におけるジェンダー平等推進**　日本でも，1999年に男女共同参画社会基本法を制定し，「性別にかかわりなく，その個性と能力を十分に発揮できる社会」の実現を理想として掲げている．しかし，現実にはジェンダー平等達成に向けて課題が山積している．世界経済フォーラムによる各国のジェンダー・ギャップ指数（GGI）ランキングによれば，日本は145か国中111位（2016年）と低位である．指標として用いている政治・経済・教育・保健の4領域において，とりわけ経済・政治分野で意思決定の場における女性の参画が停滞しているためである．指導的地位に就く女性比率を高める取組みとして，北欧をはじめとするヨーロッパ諸国では，数値目標の設定（クオータ制）などのポジティブ・アクション（積極的差別是正措置）が導入されて久しい．日本国内でも法制化に向け，議論を活性化させていくことが課題である．

●**ジェンダー平等と家族**　人々が抱く性役割分業意識の根強さは，日本社会の特徴であるともいえる．今なお家庭生活に強く残る固定的な性役割分業は，女性の社会的な活躍を押し留めることにつながっている．総務省社会生活基本調査によれば，共働きであっても家事や育児の主たる担い手は女性である場合が多く，男性の育児休業取得率は，過去最高に達したとはいえ，3.16%（2016年）と低率である．ジェンダー平等の社会を実現するために，男性が果たす役割は極めて大きいが，背景にある長時間労働，男性を基幹労働力と見なす労働観や家族観の存在が，男性の地域や家庭での活躍を困難にしている．ジェンダー役割の柔軟化を推進し，「ジェンダー秩序」（江原 2001）を打ち崩すことで，人口減少社会においても，人的資産（カウフマン 2005＝2011）はより豊かなものになっていくはずである．　　　　　　　　　　　　　　　　　　　　　［魚住明代］

【引用・参考文献】江原由美子（2001），カウフマン，フランツ＝クザヴァー（2005＝2011），辻本みよ子（2016），原ひろ子（2007），ペーニング，ユテ（2001＝2003）

3. ジェンダーと家庭科

●**民主的な家族について学ぶ教科の誕生**　太平洋戦争終結後，日本の民主化が進められた．日本国憲法の制定，民法改正などの制度の改革とともに，将来の日本を担う子どもたちに民主主義について理解させるため，教育改革が行われた．教育改革の中で民主的な社会を学ぶ教科として「社会」，民主的な家族・家庭生活について学ぶ教科として「家庭」（以降「家庭科」^注）が誕生した．戦前の女子教育の中核として，性別による固定的役割分業観に根ざす裁縫科，家事科が存在したが，家庭科担当教員を対象とした講習会の中で民主的な家族について学ぶ家庭科の理念が示された．理念は①戦前の家事科，裁縫科を合わせて1つとした教科ではない，②単なる技能教科ではない，③したがって女子のみで学ぶ教科ではない，という3つの否定の文で示された．民主的な家族・家庭生活とは構成員である男女が平等で対等な立場で協力して築く家族・家庭生活といえる．家族構成員の人間関係や役割分担が民主的であるためには，男女がともに生活者として自立することが前提になる．家庭科において家庭生活のさまざまな技能を学ぶ意義は，単に技能を習得することを目的とするのではなく，民主的な家庭生活を実現することが最終的な目的とするところにある．

●**家庭科教育の変遷**　1947（昭和22）年発行の学習指導要領で，家庭科は男女でともに学ぶ教科として誕生したが，中学校・高等学校では女子のみで学ぶ教科へと姿を変えていった．中学校では職業・家庭科としてスタートし，農業，商業，工業，水産，家庭科が並列に位置づけられ，興味関心に応じて選択できたが，結果的に家庭科は女子のみが選択した．1956（昭和31）年のスプートニク1号打上げ成功を機に，世界的に科学技術教育を学校教育に導入する教育改革が行われた．日本においても職業・家庭科が廃止され，技術・家庭科が誕生した．教科の趣旨は科学技術教育すなわちものつくり教育にとってかわり，中学校の家庭科から家族に関する学習は削除された．高等学校の家庭科は選択教科としてスタートしたが履修率が低かったことから，経済界や教育界から男女平等の「いきすぎ」を危惧する声が上がり，女子の「特性」を生かす教育が必要であると唱えられ，1960（昭和35）年に女子のみ4単位必修となった．以降，小学校を除いて，家庭科は女子のみで学ぶ教科としての時代が続いた．このような中学校，高等学校における女子のみで学ぶという家庭科の履修形態がヒドゥン・カリキュラムとなり，ジェンダー・バイアスの形成に影響を与えた．

●**男女共通必修の背景**　女性の地位を高め，男女差別撤廃を目指し，国連女性

の 10 年（1976〜1985年）の中間年である1979年に「女性差別撤廃条約」が採択された．日本でも条約批准に向けて国籍法改正，男女雇用機会均等法制定など関係国内法の整備がなされる中で，学習指導要領における男女の差別も見直された．1989（平成元）年に小学校の家庭科，中学校の技術・家庭科および高等学校の家庭科については，「家庭を取り巻く環境や社会の変化等に対応し，男女が協力して家庭生活を築いていくこと」などの観点から学習内容と履修方法が改訂された．具体的には，家族に関する学習が重視されたとともに，中学校，高等学校においても男女共通必修の教科になった．

●共修世代の家族観と家庭生活　1989年に告示された学習指導要領は1994（平成6）年から全面実施された．1994年の高校1年生は小，中，高で男女共通の家庭科を学んだ最初の学年になった．1978年4月以降に生まれた世代は男女共通必修の家庭科を学んだ共修世代と呼ぶことができる．

　共修世代の男女は家族観や，家事分担において別修世代との違いが数多く報告されている．家庭科を学んだ高校生男女は，別修世代と比べて「男は仕事，女は家庭」といった固定的な性別役割分業観や「イエ」意識にとらわれることが少なくなり，多様な家族形態や結婚形態を受容するとともに，結婚相手の条件を考える際にはジェンダーに左右されることがなくなったり，男性の家事参加や女性の社会参加を受容するようになった（中西 2002a, b, c）．日本家庭科教育学会が行った全国調査でも，共修世代では家庭生活は男女が営むものと考えるようになり，家族のことを考えるようになった（家庭科教育学会家庭科教育問題研究委員会 2007）．また，共修世代の既婚男性は，別修世代の既婚男性と比べて「家事をするのは家族の一員として当たり前」という意識が強く，家事を実践している率が高い．特に，共修世代では専業主婦の夫においても家事の実施率が高い（花王 2015）．家事実践においては男女共修家庭科の成果が見られる一方，積極的に育児に関わる男性を「イクメン」と呼んで特別視したり，家事処理能力等を「女子力」と表現したりするなど，ジェンダー・バイアスに根づいた現象も生じている．　　　　　　　　　　　　　　　　[中西雪夫]

【引用・参考文献】花王株式会社（2015），家庭科教育学会家庭科教育問題研究委員会（2007），中西雪夫（2002a, b, c），中西雪夫ほか（2017），朴木佳緒留ほか（1990），文部省（1989a, b, c），柳昌子ほか（2000），柳昌子ほか（2009）

....

注）各種法律上の正式な教科名称は「家庭」「職業・家庭」「技術・家庭」であるが，集団を指す「家庭」との混乱を避けるため，本項では教科の「家庭」を指す箇所では「家庭科」という通称を用いる．

4. 家族とジェンダーの地域間比較

●家族とジェンダーの地域比較研究の始まり　家族とジェンダーを切り口にした地域比較研究は，主に文化人類学の領域で始まった．Whiting（1975）は"Children of Six Cultures"において，世界6か国の子どもの生育環境を心理・文化的に比較しており，そのフィールドの1つには沖縄県平良市が含まれている．原ひろ子は極北に住むヘアー・インディアンのフィールドワークにおいて，カップルの関係が一定せず，誰もが育ての親となり得る流動的な家族関係のありようを明らかにした（原 1989）．

　1960年代に行われたこれらの研究は，その研究枠組みにおいてジェンダー視点で分析することを意図されたものではなかった．しかしながら，世界各地における人々の暮らしの中にジェンダー多様性が見られることを発見した知見は先駆的である．

　地域研究方法論研究所は「人類が村を語りながらも人類全体を語ろうとしているのと同じように，地域研究も地域を語りながら世界全体を語ろうとしている」（同研究会ホームページ）と指摘する．ある特定地域を研究することでそこから固有と不変とを考察していくのが地域研究の特徴であるという．1980年代以降，ジェンダーの視点を持った地域間比較研究が家族社会学や家政学などの領域に広がる．

●北欧への注目から―家族とジェンダーの地域間比較研究　家族や福祉の分野では，ジェンダー平等が早くから進んだ北欧をフィールドとした研究が多く行われてきた．

　善積（1997）はスウェーデンの戸籍にこだわらない結婚と，高齢期の介護を紹介し，ケアの社会化と脱ジェンダー化について日本に大きな影響を与えた．湯沢は，デンマークにおける若者の家族形成と共働き家族の子育て・子育ち，老後の生活の実態から，デンマークが高水準の出生率を保っているのはジェンダー平等に支えられた共働き社会であると述べている（湯沢2001）．

　藤井・高橋はフィンランドの子育て支援の歩みをまとめ，子育ての脱家族化から父親休業による再家族化に至るステージを分析し，ジェンダー政策レジームのあり方について検討した（藤井・高橋2007）．

　これらの研究成果は，北欧型福祉国家といわれる社会が，人口が少ないために性別に関係なく働き，高い税負担とその再分配によって次世代を育てる仕組みを明らかにしたことである．北欧では女性のフルタイム労働や男性の家事育

児分担や子育て支援の整備が「当たり前」であることがわかる．そのことは同時に家事・育児・介護などケア労働におけるジェンダーバイアスと身内志向が極めて大きい日本の課題を明らかにした．近年，北欧では移民が増え，収入や税負担が少ない移民に社会保障費が偏るという新たな社会問題が起きている．今後の比較文化研究においては，家事労働者や移民など人の移動を取り込んだ研究がますます必要となるだろう（落合・赤枝 2012）．

●**ケア労働にみる家族とジェンダーの地域間比較**　家族とジェンダーの問題を考えるに当たり，子どもや高齢者，病人などの弱者を含む「家族」のケアをするのは誰なのかという普遍的なテーマにぶつからざるを得ない．ケア提供者が家族ではない実態も多く存在する．

家族社会学における国際比較研究はその歩を進めており，落合らは，アジア6か国における育児援助ネットワークの現地調査から，アジアの中に多様なケア労働のタイプがあることを明らかにした．そして共働き社会では多岐にわたる子育て支援が存在する一方で，男性稼ぎ手社会では子育て支援が公的にも私的にも立ち遅れていることを指摘した（落合ほか 2007）．

私たちはある特定の地域，あるいは国に生きていると，そこにある規範や現実を「当たり前」あるいは「しかたない」と考えてしまい，自らの立ち位置を客観的に捉えることが難しくなる．異文化を知りその比較をすることで，自国の文化が一般化，普遍化できないことに気づく．しかし，地域比較研究の最大の意味合いはまさに人々の視角の広がりにあるといえるだろう．

さらに，牧野ほか（2010）はアジア，米国，西欧，北欧6か国の家族と子育てについて詳細な比較調査を行った．ここでは，日本の父親の育児参加や家族が一緒の時間が他国よりも少なく，ワーク・ライフ・バランスが整っていないことをデータから読み取ることができる．これらは，今後の政策課題を示す地域比較間研究として貴重なデータであることはいうをまたない．

家族とジェンダーの地域比較を考える際に，歴史的時間軸や地域的な特色によって，家族の多様性やジェンダー役割が異なっていることはこれまでの研究によって明らかであるし，また今後も変化し続けるだろう．地域間比較研究は柔軟かつ広い視点から，時代のありようを誠実に拾い上げ記録していく姿勢がその基本となるだろう．なお，地域間比較研究の継続には時間，言語，費用などの資源の問題がある．これらの問題をどうクリアしていくかは，学会などで共有したい．　　　　　　　　　　　　　　　　　　　　　　　　［木脇奈智子］

【引用・参考文献】落合恵美子ほか（2007），落合恵美子・赤枝香奈子（2012），野々山久也（2008），原ひろ子（1989），藤井メヌエラみどり・高橋睦子（2007），地域研究方法論研究会HP，牧野カツコほか（2010），湯沢雍彦（2001），善積京子（1997），Whiting, B.&J.（1975）

5. 多様なセクシュアリティと，同性間の結婚・子育て

●セクシュアリティ　セクシュアリティは，性的であって，セックスやジェンダーの枠組みでは捉えきれないもの，すなわち，性に関する欲望や行動，意識などを含んだもので，その人の性のあり方全体を視野に入れた概念である．WHO（世界保健機関）では，セクシュアリティを，「生涯を通じての人間の存在において中心的な事柄であり，セックス，性自認，性役割，性指向，エロティシズム，快楽，親密さ，生殖を包含するもの」（Collumbien et al. 2012）と定義する．つまり，セクシュアリティは，すべての人にとって重要なものなのである．しかし，高齢者や子ども，障害者などのセクシュアリティは軽視されてきた．

　ところで，セクシュアリティの理解によく用いられるのは，次の4要素である．それは①生物学的な性別である「からだの性別」，②どの性別に属しているかという自己認識である「こころの性別」，すなわち「性自認」（gender identity），③服装や外見，ふるまいなどの女らしさ／男らしさの表現である「性表現」，そして④恋愛や性的欲望の対象が，性自認から見て，いずれの性別かを示す「性指向」（sexual orientation）である．4要素のうち，①～③は性別を理解するための概念で，④は性的欲求の方向性を理解するための概念である．②と④はまとめて，英語の頭文字から，SOGI ともいう．性指向は，性的な趣味，ファンタジーなどを意味する性的嗜好とは別の概念である．これら4要素の組合せは実にさまざまである．セクシュアリティは多様で，グラデーションをなしており，個人差も大きい．それに，セクシュアリティは変化したり，揺らいだりすることもある．また，SOGI は個人の意思で選ぶことはできない．なお，性自認は，3歳児でも，ある程度確立していると考えられる．

●性的少数者　性的少数者（セクシュアル・マイノリティ）とは，自分が自分であるために大切な，性的存在や行動，欲望に関する部分が，性的多数者（セクシュアル・マジョリティ）とは異なる人たちのことである．性的多数者とは，主に，セクシュアリティの典型的なパターンとされる，性別違和がない異性愛者のことである．性別違和とは，からだの性と性自認との間に何らかのずれがあることをいう．性別違和がある場合をトランスジェンダーと呼び，逆に性別違和がないとシスジェンダーという．性的少数者の代表が LGBT（Lesbian, Gay, Bisexual, Transgender）である．LGBT 以外にも，例えば，性分化疾患やアセクシュアル，クエスチョニング，クィアと呼ばれる人たちもいる．性分化疾患は，男女のいずれにも分化していない身体や両方の特徴を持つ人のことで，

インターセックスともいう．性分化疾患の存在は，からだの性別すらグラデーションであることを示している．性同一性障害はトランスジェンダーの一部で，同性愛者の大多数は性同一性障害者ではない．わが国では1998年に性別適合手術が公式に実施され，日本精神神経学会が「性同一性障害に関する診断と治療のガイドライン」を設けている．また，「性同一性障害者の性別の取扱いの特例に関する法律」（性同一性障害特例法）により，性別の変更も，条件つきながら，法的に可能である．このように，性的少数者は多様であり，そのありようやニーズは異なる．1990年，WHO は『国際疾病分類　第10版』（ICD-10）から同性愛を削除し，1995年，日本精神神経学会も治療の対象から除外した．また，性同一性障害についても，世界の趨勢は脱病理化に向かっている．現在，LGBT などは，異常でも変態でもなく，多様なセクシュアリティの1つである．しかし，性的少数者への差別や偏見は根深い．その背景にはヘテロセクシズムやフォビアがある．ヘテロセクシズム（異性愛主義）とは，異性愛のみを自然で正常なものとみなす考え方や言動のことである．フォビア（嫌悪）とは，この文脈では，性的少数者に対する嫌悪感をいう．家族研究にも，無意識のうちにヘテロセクシズムなどは忍び込む．留意する必要があろう．

●同性間の結婚　同性間の結婚（いわゆる「同性婚」），すなわち同性カップルの法的保護や婚姻の平等化が，欧米を中心に進んでいる．それらは①法律婚，②登録パートナーシップ，③法定同棲，④民事連帯契約（PACS），⑤ドメスティック・パートナーがある．同性間の法律婚は，2001年に世界で初めて，オランダで実現した．同性間の法律婚は婚姻の平等化によって，すなわち既存の婚姻法から性別規定を削除し，性中立（gender-neutral）にすることで達成している．②〜⑤は，法律婚に準ずる制度（DP 制度）である．その内容は，法律婚とそん色のないものも多く，異性間でも利用できる場合もある（大山 2012）．

●同性カップルと子ども　同性カップルによる子育てや，親としての権利・義務を，例えば，養子縁組や親権，監護権，生殖補助医療を認めることには，抵抗感，拒否感が強い．しかし，1970年代から蓄積のある欧米の研究によると，子育てにおいて，同性カップルが異性カップルに劣るという根拠はないという（シャッファー 1998=2001）．わが国でも，女性の同性カップルを中心に，同性カップルによる子育てはすでに行われている（有田ほか 2006）．今後は，同性カップルの子育ての是非でなく，子どもの最善利益のためにも，それらをどう支援するかという視点での議論や政策，施策などが必要であろう．　　　　［大山治彦］

【引用・参考文献】有田啓子ほか（2006），大山治彦（2012），シャッファー，H.R.（1998=2001），Collumbien, M. et al.（2012）

6. セクシュアル・マイノリティからみた家族

●**家族へのカミングアウト** 近代家族は男女間の性愛，すなわち性別二元制に基づく異性愛規範を前提としてきたが故に，セクシュアル・マイノリティに孤立をもたらしやすい．家族にカミングアウトした場合，家族から子に対し言語的・肉体的暴力が振るわれることもある．他方でカミングアウトされて，あるいは偶然に子がセクシュアル・マイノリティであることを知った親は混乱し，子に抱いていた期待が実現不能と感じ，とりわけ母親は自らの妊娠中のあり方や育て方によって子がセクシュアル・マイノリティになったと自責の念を持つことがある（三部2014）．とはいえ，すべての家族が，セクシュアル・マイノリティの子を持つことに「家族の危機」を感じるわけではなく，子を受容する親もいる．家族からの理解や支援の有無は，セクシュアル・マイノリティの精神状態や行動にも影響を及ぼす．アメリカでは，家族からの強い拒絶を経験した同性愛者や両性愛者は，そうでない者に比べ，自殺未遂が8.4倍，抑うつが6倍，無防備な性行為が3.4倍高い，との研究もある（Ryan et al. 2009）．また，カミングアウトされた親は，セクシュアル・マイノリティ当事者と近い関係にある者として，スティグマの対象となることがある（三部2014）．

●**同性パートナーシップ** セクシュアル・マイノリティはパートナーと親密な関係を持ち，家族をつくる際，困難に遭遇しやすい．法的な関係性が認められていないため同性カップルは，パートナーが亡くなったとき，事故や病気のとき，別れるとき，暴力を振るわれたとき，一緒に暮らすとき等を含め，さまざまな困難に直面する（永易2015，同性婚人権救済弁護団2016）．同性間の結婚を承認する国が増加している一方で，国内では同性パートナーシップは法律により承認されていない．とはいえ2015年の東京都渋谷区を嚆矢として，日本でも同性パートナー証明書類を発行する自治体が徐々に増えているが，その「証明」に法的効果はないに等しい．トランスジェンダーの場合，「性同一性障害者の性別の取扱いの特例に関する法律」に定められた要件を満たし性別変更した後は，同性パートナーとは結婚ができず，上記同性カップルが直面する問題に遭遇し得る．性別変更後，異性パートナーとの結婚は可能だが，性別変更しない場合は，法律上，同性カップルとなり，やはり上記の困難を経験する．

●**同性カップルと子の関係** セクシュアル・マイノリティは子を持たない存在として認識されることが多いが，さまざまな形で子を持ち，育てている．同性カップルが子育てをすることに対しては，これまで強い拒絶感が示されてきたが，

同性愛嫌悪を乗り越え，同性カップルによる子育ては広がっている．アメリカでは同性カップル約65万組のうち，約19％の同性カップルが18歳未満の子を育てている（Gates 2013）．日本でも，同性カップルが子育てを始めている．子育てをする同性カップルが直面する問題として，カップルへの法的承認がないため共同親権を得ることができないことが挙げられる．男性との結婚時に子を産んだレズビアンが，離婚して子の親権者となり，女性パートナーと子を養育する際に問題となるのは，パートナーと子の関係である．パートナーが異性の場合，再婚後，パートナーと子が養子縁組をすれば，その子は夫婦の子になる．だが，パートナーが同性の場合，婚姻が不可能なため，共同親権を持てない．近年では，男性からの精子提供により，出産・育児をする女性カップルも増加している．この場合も，出産しなかった女性と子の関係は法律上，他人となる．男性同士のカップルが，一方の精子と第三者の卵子を用い，代理母の出産によって子をもうけた場合も，生物学上の関係を持たないパートナーと子の関係は法律上，他人であり，共同親権は得られない（山下・服部2017）．

●**トランスジェンダーと子の関係**　トランスジェンダーが生殖補助医療を用いて子をもうける場合は婚姻していても，親子の生物学的つながりが前提とされることが親子関係の成立において障壁となり得る．性同一性障害特例法により女性から男性に性別を変更したトランス男性が子を持つときは，第三者精子提供による人工授精（AID）を用いることになる．AIDで子をもうけたトランス男性と女性の間の子に対し，男性に生殖能力がないことを理由に，父の欄を空白とする戸籍が自治体によって作成されたことがあったが，2013年，最高裁は男性を父と認める判断を示した．トランス女性が男性パートナーと結婚し，男性の精子と第三者の卵子で授精し代理母による出産を経て，子をもうける場合は，現行法では生物学的つながりがないことにより，その子を夫婦の実子とすることはできない（山下・服部2017，山下2017）．

●**同性カップルと里親**　セクシュアル・マイノリティが児童福祉法の定める養育里親となり，家庭を必要とする子のために「育てる役割」の担う途は開かれつつある．厚生労働省の基準に基づき養育里親は，都道府県や政令市によって主に婚姻している異性の夫婦が想定されてきたが，2017年，大阪市は男性カップルを養育里親として認定した（『東京新聞』2017年4月7日）．大阪市により，同性カップルの子を育む役割が認知されたといえる．　　　　　　　［風間　孝］

【引用・参考文献】三部倫子（2014），同性婚人権救済弁護団（2016），永易至文（2015），山下敏雅（2017），山下敏雅・服部咲（2017），Gates, G.（2013），Ryan, C. et al.（2009）

7. ジェンダーと親密性

●**ロマンティック・ラブ・イデオロギーと家族**　近代以前の結婚は恋愛とは異なるものとして捉えられていた．しかし，近代社会になると恋愛と結婚が結びつくものと考えられるようになり，それをつなぐものとして「ロマンティック・ラブ・イデオロギー」が普及していった．「ロマンティック・ラブ・イデオロギー」とは，愛・性・生殖とが結婚を介して一体化されたもので，このイデオロギーの広まりは，夫婦を親族関係から解放し，夫婦のきずなに特別な要因をもたらすようになった半面，性別役割分業に基づいた「近代家族」という制度をつくりあげていった（千田 2011）．このように，親密な関係としての家族は「愛」を基盤に成立するものと考えられ，「家族は愛情の場」であるというイデオロギーは近代社会が形成される中で生まれた（山田 1999）．

●**家族機能縮小論と愛情機能**　「愛の共同体」として形成された近代家族は，産業化に伴い家族機能が縮小してきたとする家族機能縮小論からも捉えることができる．パーソンズ（1956=1970）は，構造機能主義によって家族を社会システムの「潜在性」の領域に位置づけ，家族の果たす役割を子どもの一次的社会化と大人のパーソナリティの安定化の機能を果たすものとした．これらの機能は，夫が道具的役割，妻が表出的役割を担うという性別役割分業体制によって果たすことが社会システムに適合的であるとされ，この機能が果たされる前提として，家族の情緒的関係すなわち「愛情」が想定されている．

●**無償労働者となる発達プロセス**　愛情をもとに女性が無償で行う家事を「労働」と概念化したのはマルクス主義フェミニズムである．近代家族においては，資本制と家父長制が結びつくことにより女性は二流の賃労働者であるとともに，家庭責任を負う無償労働者となる（上野 1990）．しかも，無償労働は「愛情表現としての家事労働」という側面をもち（山田 1994），外圧的に課されるだけではなく自らの動機づけが形成される．女性がこれらを自ら引き受けていく発達プロセスについてはチョドロウやギリガンなどの研究がある．

　チョドロウ（1978=1981）によれば，男の子は独立した自己意識を確立するために母親への愛着を断たねばならないのに対し，女の子は母親と親密な関係を継続していくことが許される．このため女の子の感情は家族の中に閉じ込められ，母親が再生産されていくと説明している．つまり，家族における母親の子育てが，男性を公領域での賃労働者，女性を私領域での母親業という性別分業に適合的な主体を再生産するとしている．また，ギリガン（1982=1986）は

男女における道徳観の違いに注目し，インタビュー調査を通して女性の道徳観
や自己概念の発達について分析を行った．男性は何が正義かという観点から道
徳的ジレンマに対処しようとするが，女性は人間関係を保ち，強化するように，
道徳的ジレンマに対処しようとする．つまり，思いやりや気配りといった関係
性を重要視することにより，ケアを行うというものである．

●**家事労働における感情労働**　また，家事労働が物理的な仕事のみを指すもの
ではないということに重大な示唆を与えたのはホックシールド（1983=2000）
である．彼女は客室乗務員の仕事を調査研究することを通して，感情統制を要
求されるという実態を明らかにし，これを「感情労働」という概念で示した．
感情労働は公的な有償労働の領域にあり，「交換価値」をもつものとして捉えら
れているが，それに対して同じような行為を私的領域で女性が「感情管理」な
どを行う場合は無償労働として行われている．つまり，性別役割分業における
家事労働として，女性は夫や子どもに対して愛情表現や気遣い，慰めなどを行っ
ている．いわゆる炊事などの肉体的な労働だけではなく，私的領域において「使
用価値」があるものとして感情管理や感情作業は女性の役割とされてきた．

●**ケア労働の分配**　このように愛と性に基づく近代家族の親密な関係をもとに
女性が家事やケア労働を担うことについて，正義や平等の観点からも問われて
いる．キティ（1999=2010）は「みな誰かのお母さんの子どもである」ように
すべての人が依存者であり，ケア労働を担う女性の不平等を解消し得るような
社会政策が必要と指摘し，ファインマン（2004=2009）はケア労働を担う家族
への依存から，国家を含む集団的責任の必要を提言している．

●**近代家族における親密性の解体とその行方**　近代家族が持つロマンティッ
ク・ラブ・イデオロギーは，愛の名のもとに男女間の性別役割分業をつくり，
男女間の権力構造をつくりあげてきた．それに対し，ギデンズ（1992=1995）
は欧米での同棲や婚外出生，離婚などが増加する現象をふまえ，家族における
親密性の変容が生じているとみなした．新たな関係性は，両者の合意のみによっ
て成立し，その合意が継続する限り存続するような「純粋な関係性」を指し，
その典型は同性愛カップルに示されているとした．さらに牟田（2009）は「ジェ
ンダー家族」の機能不全を指摘し，近代家族からの解放として，家族を超える「家
族のオルタナティブ」を求めることが必要だと唱えている．　　　　［斧出節子］

【引用・参考文献】上野千鶴子（1990），キティ，E. F.（1999=2010），ギデンズ，A.（1992=1995），
ギリガン，C.（1982=1986），千田有紀（2011），チョドロウ，N.（1978=1981），パーソンズ，T. &
ベールズ，R.F.（1956=1970），ファインマン，M.A.（2004=2009），ホックシールド，A.R.（1983=
2000），牟田和恵（2009），山田昌弘（1994，1999）

ジェンダーをどう捉えるか

　ジェンダー（gender）は，元々は文法上の性別をあらわす言葉である．第二波フェミニズムの中で生まれた women's studies において「社会的・文化的性別」を表す語として使われるようになった．1970年代のジェンダーに関わる理論と主張において，生物学的性別である「セックス」と明確に区別し，性別の社会的次元をあらわす概念として「ジェンダー」を用いる使い方がなされた．このセックス／ジェンダー区分によって，「生物学的な性差はある．しかし性役割や女／男らしさは社会的に付け加わったものであり，したがって変更できる」という主張が可能になった．資本主義圏の先進産業社会で形成された近代的性別役割分業（特に「女役割」）を問題化し変更を求めるうえで，セックス／ジェンダー区分は有効であった．しかし一方でこの区分は，なぜ男性的なものにより高い価値が置かれるのかを説明できず，暴力やセクシュアリティなど身体性に関連するジェンダー問題の解明を難しくもした（コンネル 2002=2008）．

　1980年代には，性別を二分すること自体の社会的構築性を強調する議論が登場する．J.スコットは，ジェンダーとは「肉体的差異に意味を付与する知」とし，「ジェンダーとは両性間に認知された差異にもとづく社会関係の構成要素」「ジェンダーとは権力の関係を表す第一義的な方法」との命題を提示した（スコット 1988=1992）．さらに J.バトラーは「セックス」の不変性に疑問を呈し，「『セックス』と呼ばれるこの構築物こそ，ジェンダーと同様に社会的に構築されたもの」だとする．「セックスは，つねにすでにジェンダー」であり，その結果として「セックスとジェンダーの区別は，結局区別などではない」と考えるのだ（バトラー 1990=1999）．これらの議論を受けて今日では，何らかの身体的特徴の認識に基づいて性別を二分すること自体に権力作用があり，性別二分法は社会的構築の結果とする見方が一定程度，浸透してきている．

　このようなジェンダー概念の認識転換と並行し，セクシュアル・マイノリティにかかわる議論と主張をも反映して，ジェンダーに関連する事象を，多次元からなり，各次元を二分法ではなく連続的なものと捉える見方がなされるようになってきている．図1はジェンダーに関連する事象理解の一つの試みである．ジェンダーに関する概念と見方は深化しており，今後もジェンダーに関わる諸主体の主張や社会的制度化に伴い，変化する可能性がある．　　　　　　　　　　　　　　　　　　　　　　　　　　　　　　［山根真理］

身体（複数の要素で把握される．個人の身体は要素ごとに，「女性」型の極─「男性」型の極のどこかに位置する．）　性染色体,性ホルモン,内性器,外性器など,複数の要素で把握される　「女性」型　─　「男性」型

性自認（性別に関する自己認識）　女性　─　中性　男でも女でもある　女でも男でもない　など　─　男性

性指向（恋愛，性的欲望の対象）　女性　─　両性　─　男性

性表現（服装や外見などの表現）　「女性」的　─　「中性」的　─　「男性」的

女／男らしさ（社会において男／女らしいとされる特性．多様で可変的である．）　「女らしくない」─「女らしい」　「男らしくない」─「男らしい」

図1　ジェンダーに関連する諸次元

【引用・参考文献】伊藤公雄ほか（2011），コンネル, R.（2002=2008），スコット, J.（1988=1992），バトラー, J.（1990=1999）

結婚と離婚

1. 結婚とは何か 64
2. 未婚化・晩婚化の進行 66
3. 結婚とパートナー関係 68
4. 夫婦関係の諸相 70
5. ドメスティック・バイオレンス 72
6. 離婚・再婚の動向 74
7. ステップファミリー 76
コラム「婚外子の出生動向」 78

　本章は，結婚の定義などから結婚の意味を検討し，近年の未婚化・晩婚化の動向や離婚・再婚の動向など，結婚をめぐる現状について概説する．また，結婚とパートナー関係，夫婦関係の諸相，ドメスティック・バイオレンスの問題，離婚・再婚後の家族関係などを取り上げる．　［大石美佳］

1. 結婚とは何か

●**結婚の定義**　人間にとっての結婚は，単なる個人的な「愛の結実」や「性的結合」ではなく，1つの社会的制度（社会的な取決め）として存在している．結婚の通文化的研究を行ったスティーブンス（1963=1971）は，「結婚は永続的であるという観念をもって企図され，公に披露されることをもって始まる，社会的に適法な性的結合である．結婚は多かれ少なかれ明示的な結婚契約に基づいており，その契約は配偶者同士および配偶者と将来の子どもとの間の，交互の権利義務を明示するものである．」と定義した．つまり，結婚は，①社会的に承認された性的結合である，②儀式などの公的な披露によって結合が始まる，③配偶者同士およびその子どもの間の一定の権利と義務の取決め，という特徴を持つ（善積 2000）．しかし，結婚の詳細（具体的なあり方）は，個々の社会や文化によって異なり，同じ国や地域でも時代によって変化していくものである．

●**結婚の諸形態**　1人の男性と1人の女性が結ばれる結婚は単婚と呼ばれ，夫・妻どちらかが複数であることが認められる結婚は複婚と呼ばれる．現代の日本や欧米において法的に認められているのは単婚であり，一夫一婦制といわれる．それに対し，複婚には，一夫多妻制，一妻多夫制がある．一夫多妻制は，アフリカの諸部族や，イスラム教の文化圏に多い．世界の中では，一夫一婦制よりも，一夫多妻制を認める社会の方がはるかに多い．また，一妻多夫制を認める社会は，決して多くないが，チベットやインドの一部地域に存在している．

　現代では，先進国を中心に結婚の一形態として同性婚を認める国も増えている．

●**近代社会における結婚**　前近代社会においては，結婚は，共同体もしくは親族集団（イエ・部族等）の持続のために行われる集団間の取引きという性質が強かった．当事者の自由意思ではなく，親族同士の協定結婚として縁組がなされることが多かったのである．近代社会になって，産業化が進行すると，個人が共同体や親族集団の制約から自由になり，結婚の当事者が自分で結婚相手を選ぶことが一般化した．同時に，出会って恋に落ち，愛情関係を築いた者同士が結婚することを理想とするロマンティック・ラブが結婚のイデオロギーとなっていった．

●**結婚の機能**　民主的な社会においては，結婚の第一義的機能は個人の幸福追求にある．戦前のように国家や社会あるいはイエのために結婚が必要という価値観は，民主的な立場からは否定される．しかしながら理論的には，個人にとっての結婚は，結果として社会的な機能を果たすことになり，それは表裏一体の

表1 婚姻件数と夫妻の初婚・再婚の組合せ別婚姻割合，および普通婚姻率の推移

(単位：件・%・‰)

| 年 | 総数 | 計 | 夫妻とも初婚 | 夫妻とも再婚またはどちらか一方が再婚の割合 | | | 普通婚姻率 |
				夫妻とも再婚	夫再婚・妻初婚	夫初婚・妻再婚	（人口千人に対する割合）
1960	866,115	100.0	87.6	3.5	6.3	2.7	9.3
1970	1,029,405	100.0	88.9	3.2	5.1	2.8	10.0
1980	774,702	100.0	84.9	5.1	5.7	4.3	6.7
1990	722,138	100.0	81.7	6.8	6.6	4.9	5.9
2000	798,138	100.0	79.0	7.4	7.7	6	6.4
2010	700,214	100.0	74.4	9.1	9.4	7.1	5.5
2016	620,513	100.0	73.3	9.6	10.0	7.2	5.0

注：1970年以前は沖縄県を含まない．
(出所：厚生労働省「人口動態統計」より作成)

ものとして示すことができる（森岡・望月 1997）．対個人的機能としては，①情緒的欲求の充足，②経済的欲求の充足，③ケア欲求の充足，④性的欲求の充足，⑤生殖欲求の充足，⑥社会関係的欲求の充足，がある．その帰結として，①個人の情緒的安定による社会の安定，②個人の経済的安定による社会の安定，③公的ケアの供給の低減，④社会における性的秩序の維持，⑤社会の成員補充，⑥社会的結合の拡大，という社会的機能が果たされる．

　現在では，愛情に基づく結婚が理想とされているが，本音では女性は経済的欲求の充足を重視する傾向があり（国立社会保障・人口問題研究所 2017），男性は結婚による経済的負担をリスクとみなし結婚に消極的あるいは断念するという傾向が強まっている（山田 2007）．

●日本の結婚の動向　日本では，高度経済成長をピークに結婚は減少の一途をたどっている．普通婚姻率を見ると，1970年には10.0であったが，2016年には5.0まで低下している（表1）．婚姻数全体は減少しているが，この中に含まれる再婚の割合は徐々に増加していることから，特に初婚カップルが減少しているといえる．なお，日本では，役所に婚姻届けを提出し受理された結婚（法律婚）を婚姻という．広い意味で，結婚には法律婚も事実婚も含まれているが，事実婚カップルの数は公的統計には反映されない．　　　　　　　　　[小澤千穂子]

【引用・参考文献】スティーブンス，W.N.（1963=1971），森岡清美・望月嵩（1997），山田昌弘（2007），善積京子（2000）

2. 未婚化・晩婚化の進行

●**未婚化の進行**　1970年代前半，日本の婚姻件数は年間100万組を超え，婚姻率（人口千人当たりの婚姻件数）も10.0前後で推移しており，ほとんどの人が一生に一度は結婚する "皆婚社会" であった．しかし，その後，婚姻件数，婚姻率ともに低下傾向になり，2016年には婚姻件数は62万513組，婚姻率は5.0と，いずれも過去最低の数値となった（前項目参照）．婚姻率低下の要因として，20代〜30代の未婚率の上昇が挙げられる．1970年以降の年齢別未婚率の推移を見ると，男女ともにいずれの年齢においても未婚率は大幅に上昇し，現在，30代後半の男性のおよそ3人に1人，女性のおよそ4人に1人は未婚である（表1）．

●**晩婚化の進行**　20代〜30代の未婚率の上昇に伴って，平均初婚年齢も年々上昇し，晩婚化が進行している．1970年には夫が26.9歳，妻が24.2歳であった平均初婚年齢は，2015年には夫が31.1歳，妻が29.4歳になり，ここ45年間で，夫で4.2歳，妻で5.2歳上昇している（厚生労働省 各年）．かつての日本社会には "結婚適齢期" という考え方があり，人は皆，結婚適齢期になれば結婚するべきだという規範が強く存在していた．特に女性においてそのプレッシャーは大きく，1970年代の女性の結婚年齢は20代前半に集中し，20代後半には8割の女性が結婚していた．しかし，1980年代以降，結婚適齢期規範の弱まりとともに，晩婚化が進行していく．結婚するのか，しないのか，何歳で結婚するのか，それは個人の選択であるが，社会的に見ると，晩婚化は深刻化する少子化の主要因になっている．未婚化・晩婚化という結婚行動の変化が，少子高齢社会という人口構成につながっているのである．

●**生涯未婚率の上昇**　近年，生涯未婚率も上昇傾向にある．生涯未婚率とは，50歳時の未婚率（45〜49歳の未婚率と50〜54歳の未婚率の平均）を算出したものである．1970年に男性は1.7%，女性は3.3%であった生涯未婚率は，2015年には男性は23.4%，女性は14.1%に上昇し，生涯未婚の割合は，男性は2割，女性は1割を超えている．この傾向は，未婚化，晩婚化の流れが変

表1　年齢別未婚率の推移　　　　　　　　　　　　　　　　　（%）

		1970	1975	1980	1985	1990	1995	2000	2005	2010	2015
男性	25-29歳	46.5	48.3	55.2	60.6	65.1	67.4	69.4	71.4	71.8	72.7
	30-34歳	11.7	14.3	21.5	28.2	32.8	37.5	42.9	47.1	47.3	47.1
	35-39歳	4.7	6.1	8.5	14.2	19.1	22.7	26.2	31.2	35.6	35.0
女性	25-29歳	18.1	20.9	24.0	30.6	40.4	48.2	54.0	59.1	60.3	61.3
	30-34歳	7.2	7.7	9.1	10.4	13.9	19.7	26.6	32.0	34.5	34.6
	35-39歳	5.8	5.3	5.5	6.6	7.5	10.1	13.9	18.7	23.1	23.9

注：1970年は沖縄県を含まない．
（資料：総務省統計局「国勢調査」）

わらなければ，今後も続くことが予測され，2035年には男性は29.0%，女性は19.2%と，男性の3割，女性の2割が生涯未婚になると推計されている．誰もが一生に一度は結婚する皆婚社会は終焉を迎えたといえよう．

●結婚に対する意識　未婚化・晩婚化が進化する中，若者は結婚に対してどのような意識を持っているのだろうか．国立社会保障・人口問題研究所（2017）の出生動向基本調査「第15回結婚と出産に関する全国調査」（2015年）によると，いずれは結婚しようと考える未婚者の割合は18～34歳の男性では85.7%，同女性では89.3%と依然として高い水準にある．結婚することの利点は，男女とも「自分の子どもや家族を持てる」を挙げる人が最も多く，第9回調査（1987年）から増加傾向が続いている．また，女性では「経済的に余裕が持てる」が増加傾向にあり，今回初めて2割を超えた．一方で，独身生活の利点は，男女ともに「行動や生き方が自由」を挙げる人が圧倒的に多く，男性では69.7%，女性では75.5%であった．

　未婚者が独身でいる理由は，18～24歳では，「まだ若すぎる」「必要性を感じない」「仕事（学業）に打ち込みたい」などが挙げられている．25～34歳では，「適当な相手にめぐり会わない」が最も多く，「必要性を感じない」「自由や気楽さを失いたくない」がそれに続く．上述したように，結婚の意思は依然として高いものの，結婚を先延ばしにする心理がうかがえる．また，25～34歳では「結婚資金が足りない」が増加傾向にあり，経済状況が結婚の障壁になっていることがうかがえる．

●結婚の価値の相対化　女性が仕事を続けることが困難であった時代，結婚は永久就職ともいわれ，男性もまた結婚することで一人前の大人とみなされていた．性別役割分業型の社会においては，今よりも男女ともに結婚の必要性が高かったといえる．性別による役割意識が薄れてきた現代社会において，結婚は，性別による役割を補完し合う関係から，ともに自立した個人が支え合う関係へと変化している．1人でも生きていける社会において，結婚することのメリット・デメリットを考え，各人が自らの意思で選択するものになったのである．内閣府（2009）の世論調査でも「結婚は個人の自由だから結婚してもしなくてもどちらでもよい」という考え方に7割の人が賛成している．結婚は，誰もが一生に一度は経験するもの（ライフイベント）から，人生の選択の1つ（ライフスタイル）になりつつある．結婚の社会的意味づけが弱まり，自由への欲求が高まる中，今後，結婚の価値はさらに相対化すると予想される．　　　　［大石美佳］

【引用・参考文献】大石美佳（2014），小澤千穂子（2014），厚生労働省（各年），国立社会保障・人口問題研究所（2017），総務省統計局（2015），内閣府（2009）

3. 結婚とパートナー関係

　結婚とは部族間における女性の交換であり，結婚する女性と引換えに婚資を支払い，外婚（結婚相手を自分の属する集団以外の集団に求めること）を推奨することにより他の集団との間に社会関係をつくる機能があった（レヴィ＝ストロース 1949=2001）．結婚に対する考え方やイメージは時代や所属集団によって異なり，戦後日本における結婚は，愛・性・生殖を結婚内に限定し（落合 1989），個人の自由意思に基づく私的な契約とした．

●**高度経済成長期の結婚**　日本の普通婚姻率（人口1,000当たりの年間婚姻件数）は，第二次世界大戦直後の一時期を除いて，1960年代まで景気変動に左右されることなくほぼ8～10の間を推移し，1971年には10.4という高い値を示した（湯沢 2014）．高度経済成長期は，誰もが人生のいずれかの時点で結婚するという皆婚社会であった．性別役割分業に基づく核家族の形成は，高度経済成長を家族の側から支援していた．結婚によって男性は家事や育児から解放されて生産労働に専念することができ，夫1人の稼ぎで家族を養うことができた．女性は夫の収入で家事や育児に専念でき，安定した豊かな生活を送ることができた（岩間・大和・田間 2015）．結婚は男性にとっても，女性にとっても，企業にとっても，メリットが大きく，「結婚するのが当たり前」という結婚規範が深く浸透していった．結婚は人生における「幸せ」の形の1つであり，適齢期の男女にとっては，通過儀礼あるいは達成課題と考えられていた（岩上 2003）．歴史的に見ると，どの時代においても，男女数の不均衡，職業や階層，家庭の事情などを理由に，生涯，未婚という人はかなりの数，存在しており，皆婚社会の方が珍しかった．

●**低成長時代の結婚**　高度経済成長が終わり低成長時代に入ると，性別役割分業の持つメリットが薄れ始めた．女性の社会進出が進み，経済力を持つ女性も多くなった．一方，男性の賃金は伸び悩み，非正規雇用者も増えたため，夫1人の収入で家族が生活することは難しくなった．普通婚姻率も低下し，結婚は個人の人生における選択の1つとなり，結婚しない自由も主張されるようになった．お見合い結婚が減少し，親，親族，職場からの結婚に向けてのプレッシャーも弱まり，結婚適齢期規範も影を潜めた．一見，人々の結婚への意欲が低下したように見えるが，「出生動向基本調査」（国立社会保障・人口問題研究所 2015）によると，未婚者の9割近くがいずれは結婚したいと考えており，結婚を希望する人が多数派を占めている．より良い結婚を目指して合コンや見合い，

自分磨きに積極的に行動（婚活）する人も現れた（山田・白河 2008）.

●**配偶者選択**　配偶者選択は男性にとっても女性にとっても重要なライフイベントである. 結婚相手に求める条件として, 男性は, 人柄, 家事・育児能力, 仕事への理解, 容姿を, 女性は人柄, 家事・育児能力, 経済力, 仕事への理解が上位を占め, 男女間にズレが生じている（国立社会保障・人口問題研究所 2015）. 男性は仕事に専念できる環境, 快適な家庭生活を提供してくれて外見が良い妻を, 女性は家事や育児に協力的で女性が働くことに理解があり, 経済力がある夫を望んでいる. 男性は性別役割分業を前提にした結婚観が強く, 女性においても妻役割に甘んじたくないと思う一方で, 男性には稼ぎ手としての役割を求めるという, 矛盾した意識が存在している（吉田・山根・杉井 2005）.

　配偶者を選択する場合, 社会的, 文化的, 経済的な環境が類似している相手を見つけようとする傾向があり, 同類婚（homogamy）といわれている. 異なる環境の人との結婚は異類婚（heterogamy）と呼ばれ, 女性から見た場合, 上昇婚（hypergamy）と下方婚（hypogamy）がある. 一般的に, 上昇婚は玉の輿, 下方婚は格差婚と呼ばれている. 性別役割分業が機能している時代では, 多くの女性は仕事に就いていなかったため, 生活レベルは夫の収入に依存していた. しかし, 女性の社会進出が進み, 共働きが一般化すると, 同類婚の中で, 所得の高い男性と所得の高い女性が結婚する, 言い換えれば「上位のものどうしから順にマッチングしていく」アソータティブ・メイキング（assortative making）が起こり, 所得格差を拡大させる結果となった. 結婚により, 夫も妻も高学歴で高収入なパワーカップル, 学歴も収入も低いウィークカップルが誕生するようになった（橘木・迫田 2013）. 収入や職業などの社会経済的な要因が結婚できるかどうか, 結婚格差に結びつき, 結婚がさらに格差を拡大させる要因となっている（筒井 2016）.

●**多様化する結婚**　結婚より妊娠が先となる「妊娠先行型結婚」（できちゃった婚）, 婚姻制度にとらわれることを嫌ったり, 夫婦別氏のためにあえて婚姻届けを出さない「事実婚」, 人間の性的指向は異性だけとは限らないため, LGBT（Lesbian, Gay, Bisexual, Transgender）の権利を保護するための「パートナーシップ制度」など, 新たなパートナー関係の形が出現し, また模索されている. 結婚のありようは社会環境の変化に合わせて変化している.　　　　　　［蟹江教子］

【**引用・参考文献**】岩上真珠（2003）, 岩間暁子ほか（2015）, 落合恵美子（1989）, 国立社会保障・人口問題研究所（2015）, 佐藤博樹ほか（2010）, 橘木俊詔ほか（2013）, 筒井淳也（2016）, 山田昌弘ほか（2008）, 湯沢雍彦（2014）, 吉田あけみほか（2005）, レヴィ＝ストロース, C.（1949=2001）

4. 夫婦関係の諸相

●**夫婦関係の変化**　社会や家族の変化とともに夫婦関係も変化する．戦前は，「家」制度があり，「家」の世代的継承が重視され，夫婦関係よりも親子関係が優先された．妻は無能力とされ，財産の管理権はなく，男女間に著しい不平等があった．戦後，「家」制度は廃止され，夫婦は法的には同等となった．しかし，制度が変わっても，実態はすぐには変化せず，男尊女卑的な夫婦関係がかなり残存していた．1960年代の高度経済成長期に入ると，「夫は外で働き妻は家庭で家事・育児」という性別役割分業型の雇用者家族が大量に出現し，それぞれの役割を果たす夫と妻の関係は対等であると捉えられた．1980年代に入ると，女性の高学歴化や就業率の高まり，「国連女性の10年」における男女差別の撤廃を目指す活動の中で，これまでの性別役割分業を問い直す動きが強まる．性別役割分業をジェンダー（社会的文化的性別）として捉える視点も登場した．1990年代になると，さらに新しい傾向が生じる．個人化の傾向である．家族の個人に対する拘束が弱まり，それは夫婦関係においても例外ではない．夫婦であっても「わたしはわたし」という関係性が注目されるようになる．現在は，性役割規範は弱まりつつあるが，実態としての性別役割分業は強く存在している．個人化の傾向も続いている．

●**夫婦関係の発達**　夫婦は，生活の中でさまざまな課題に直面するが，それを乗り越え，成長しながら夫婦としての歴史をつくっていく（小浜1992）.

　新婚期は異文化接触の時期である．恋愛結婚は，家庭的背景の異なる男女を結びつける可能性が高い．それぞれの家庭で身につけた生活スタイルを調整し，共同で生活するためのスタイルを創造していかなければならない．子育て期には親役割を取得する．育児が加わり，家族のライフステージを通して，家事量が最も多い時期である．夫婦の一方が過重負担にならないように，それをどのように分担するかが課題となる．子育て終了後（排出期）は，親役割の縮小により，配偶者の存在がクローズアップされ，これから夫婦でどう向き合って生きていくのかが問われる．また，この時期は妻が閉経に直面し，個人差はあるが，不定愁訴などの更年期症状が現れやすい．夫は支援的な態度で接することが大切である．家庭で共に過ごす時間が多くなる高齢期は，夫婦が共に家庭内役割を担い，お互いの老いを日々の暮らしの中で感じ取り，情緒的な交流を深めながら，ケアし合える関係を築いていくことが課題となる．

●**夫婦の個人化・個別化・統合**　個人化は生活編成の中心を個人価値の実現に

置く傾向，個別化は欲求充足を図る活動の単位がより小さくなる傾向（欲求充足の単位降下）である（長津 1996）．夫婦の個別化は，夫婦単位の行動が1人で行われたり，配偶者とではなく友人と行われたりするようになることで，「行楽の相手が配偶者よりも友達傾斜」「相談相手が配偶者よりも友達傾斜」「別室就寝」などで把握できる．個人化は意識，個別化は実態を捉える．こうした概念的区分をすることで，意識では個人化している（わたし志向である）が，実態では個別化していないなどの組合せで，多様な現実を描き出すことができる．統合は，夫婦間の矛盾・対立・葛藤を極小化して，夫婦としてのまとまりを維持することである（濱島・竹内・石川 1977）．

　近代社会は個人の価値やそれに基づく行動を重視する．個人化や個別化は絆を弱めるように働くので，統合をいかに維持するかが重要になる．統合への志向性なしに個人化や個別化が進行すれば，夫婦関係の弱体化は避けられない．

●パーソナル・ネットワークと夫婦関係　夫婦関係は，パーソナル・ネットワーク（個人が他者と取り結ぶ親密で援助的な紐帯の総体）とも関連している．夫婦関係をパーソナル・ネットワーク全体の中に位置づけ，社会環境と夫婦関係との関連を分析した先駆的研究としてボット（Bott 1971）の研究がある．家族の外部体系と夫婦関係についての研究は，わが国ではそれほど多くはない．野沢（2001）は，子育て期を対象に，夫と妻のパーソナル・ネットワーク規模が大きいほど，また親しい交際相手が配偶者と共有されているほど，夫婦間の紐帯は強いという結果を明らかにしている．排出期においても，夫婦単位の付き合い組数が多いことと活用可能なサポート資源が多様であることは夫婦の統合を強めるという類似の知見が見出されている（長津 2007）．

　児童のいる世帯では73.5％が「夫婦と未婚の子のみの世帯」，65歳以上の者がいる世帯の31.1％は「夫婦のみの世帯」である（厚生労働省「国民生活基礎調査」2016）．三世代世帯が減少し，相互援助的な地域社会の形成が不十分な現状では，子育てと高齢者のさまざまな生活課題の解決が夫婦に重くのしかかっている．こうした状況の中では，夫婦が多様なパーソナル・ネットワークをもち，支援の必要性が生じた時には，そこから援助の手が届くという状態であることが望ましい．夫婦が重層的なネットワークの中で生きることが重要な時代になっている．　　　　　　　　　　　　　　　　　　　　　　　　［長津美代子］

【引用・参考文献】落合恵美子（1997），小浜逸郎（1992），清水新二（2001），長津美代子（1996，2007，2014），野沢慎司（2001），濱島朗ほか（1997），牟田和恵（1993），Bott, E.（1971）

5. ドメスティック・バイオレンス

●**家族とドメスティック・バイオレンス**　ドメスティック・バイオレンス（以下，「DV」と略す）とは私的領域内で，親密な関係にある男性または女性から，どちらかのパートナーに対して行使される暴力のことを指す．DV は，直訳すると家庭内暴力だが，日本では，家庭内暴力が思春期の子どもが親に対して振るう暴力を指す語として使われてきたことから区別するために DV という表現が用いられている（井上ほか 2002）．DV の特質は，相手を支配することである．暴力には，身体的暴力，精神的暴力，経済的暴力，社会的暴力，性的暴力，および暴力を子どもに見せること等がある．暴力は放置すると拡大し，加害者のコントロールから逃れようとした時，あるいは逃れた時にその危険が増すといわれている．DV の被害者は，多くの場合，女性である．その場合，親密な関係にある男性とは，夫，内縁の夫，別居中の夫，前夫，婚約者，元婚約者，交際中の恋人，以前交際していた男性等を指す．

●**ドメスティック・バイオレンスとフェミニズム**　アメリカおよびイギリスでは，1960 年代に始まったフェミニズム運動が，夫から妻に対する暴力，親密な関係にある男性から女性への暴力を顕在化させ，Battered Women's Movement（暴力を振るわれた女性たちの運動）を生み出す原動力となっていた．その中で，夫から妻への暴力について「ドメスティック・バイオレンス」という概念が生まれた（吉浜 1995）．1970 年代には，暴力を受けた女性への支援において，避難所であるシェルターの開放が必要不可欠のものとして認識されるようになる．それゆえ，夫から妻への暴力に対する運動は「シェルター運動」と称されるようにもなった（小川 2015）．

●**ドメスティック・バイオレンスの国際的動向**　国連においても 1980 年代後半以降「女性に対する暴力」問題が本格的に始動する．1993 年に国連総会は「女性に対する暴力の撤廃に関する宣言」を満場一致で採択した．また，1995 年の第 4 回世界女性会議では，女性の人権問題が最重要課題になり，「人権」や「貧困」とともに，「女性に対する暴力」に焦点が当てられることとなった（戒能 2002）．

●**ドメスティック・バイオレンスの社会問題化と取組み**　わが国では 1990 年代初頭，女性グループにより初めて DV に関する全国アンケート調査（1992）が実施された．この調査は，日本に初めて DV という概念を紹介し，社会的関心を高めるきっかけとなった（「夫（恋人）からの暴力」調査研究会 2002）．

1999年には総理府(現内閣府)が初めて「男女間における暴力に関する調査」を行った,全国の20歳以上の女性のうち,約20人に1人が生命にかかわるような深刻な暴力を夫から受けている結果が明らかとなり関係者に衝撃を与えた.一方で,先駆的な民間の取組みとして1980年代半ば頃から草の根の女性たちが設立した民間シェルターによるDV被害女性への支援が始まった.

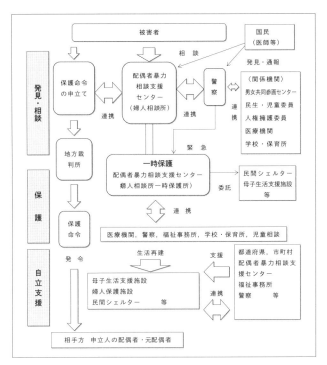

図1　配偶者暴力防止法(DV防止法)の概略図

●DV防止法の制定とDV被害者支援制度　DV被害女性はじめ民間NGO,国会議員,専門家,研究者等多くの女性たちが尽力し,2001年に「配偶者からの暴力の防止及被害者の保護等に関する法律」(DV防止法)が成立した(図1).DV防止法によるDV被害者支援制度の主な柱は,配偶者暴力相談支援センター機能の設置保護命令である(南野ほか2001).DV防止法はこれまで3回改正されているが,第三次改正(2013)には,「配偶者」(事実婚や別居中を含む)に限定されていた保護命令の対象が,「生活の本拠を共にする交際相手からの暴力」にも準用されることになり,法の適用範囲外であった恋人間暴力への抑止力となることが期待されている.　　　　　　　　　　　　　　[小川真理子]

【引用・参考文献】井上輝子ほか(2002),小川真理子(2015),「夫(恋人)からの暴力」調査研究会(2002),戒能民江(2002),南野知恵子ほか(2001),吉浜美恵子(1995)

6. 離婚・再婚の動向

●**離婚の動向**　わが国の離婚率（人口千人に対して）は，厚生労働省（1999）によれば，明治・大正時代から昭和10年代にかけて低下傾向を示した．1899年の1.53（6万7,000件）から1920年には0.99（5万6,000件），1935年には0.70（4万9,000件）と減少した．戦後は，1947年から1950年の離婚率は1.00（8万件）前後で推移したが，それ以降は漸次低下し，1963年には0.73（7万件）と戦後最低を記録した．高度経済成長期には，1983年の1.51（17万9,000件）まで上昇を続けた．その後は減少に転じたが，1991年から再び増加する．そして，2002年に2.31（29万件）と最多の離婚率となった．その後は現在に至るまで再び減少局面に入っており，2016年には1.73（21万7,000件）となっている．

　同居期間別離婚割合を見ると，5年未満が多数を占め，同居期間が長い夫婦の離婚割合は少ない傾向にあるが，20年以上の夫婦も2016年には18.5%を占めている．この同居20年以上の夫婦が占める「熟年離婚」の割合の増加が目立っている（表1）．

●**離婚の理由**　最高裁判所（2016）によれば，家庭裁判所に離婚を求めて申立てを行った者は2016年では66,494人で，うち約7割が妻である．申立て理由は，夫婦とも「性格が合わない」が第1位であるが，夫の第2位は「精神的に虐待する」であり，それに「家族親族との折り合いが悪い」が続く．一方，妻の第2位は「生活費を渡さない」であり，それに「精神的に虐待する」が続く．

●**青年の離婚観**　青年の離婚観を見ると（内閣府2009），「子どもがいれば離婚すべきではない」が48.4%と最も多く，「事情によっては離婚もやむを得ない」が30.3%，「いかなる理由があっても離婚すべきではない」が11.8%，「愛情が

表1　離婚件数・同居期間別割合・普通離婚率の推移

同居期間		1950	1960	1970	1980	1990	2000	2010	2016
同居期間	総　数	83,689	69,410	95,937	141,689	157,608	264,246	251,378	216,798
構成割合	総　数	100.0	100.0	100.0	100.0	100.0	100.0	100.0	100.0
	0～5年未満	65.3	54.0	51.8	37.3	38.1	37.9	35.0	31.4
	うち1年未満	17.2	16.4	15.2	9.2	8.4	6.9	6.6	6.5
	5～10年未満	18.0	22.1	24.4	27.7	21.2	23.0	22.6	21.9
	10～15年未満	8.8	14.0	12.4	17.3	14.1	13.0	14.7	14.6
	15～20年未満	4.4	5.5	6.1	10.0	12.7	9.6	10.8	11.3
	20年以上	3.5	4.4	5.3	7.7	14.0	16.5	16.9	18.5
普通離婚率(人口千人に対して)		1.01	0.74	0.93	1.22	1.28	2.1	1.99	1.73

注：同居期間不詳を除いた総数に対する百分率である．
（資料：厚生労働省「人口動態統計」（各年））

なくなれば離婚すべきである」が7.3%と続く．時系列比較で見ると，離婚すべきではないという考えが増加しており，反対に離婚を認める意見は減少傾向にある．国際比較では，日本は離婚すべきではないという考えが強く，離婚を認める意見は少ないことがわかっている．

●**離婚の種類と方法**　離婚には，協議離婚，調停離婚，審判離婚，裁判離婚の4種類ある．協議離婚は，夫婦の合意で離婚届を出せば，離婚は成立する．ただし，子がいれば親権者を定めて届け出なければならない．合意が得られない場合，家庭裁判所に調停を申し立てる．調停によって離婚の合意が成立すれば，離婚の届出を待たずして離婚が成立する．調停は成立しないが，家庭裁判所が相当と認めた時は職権で離婚の審判をなすことができる（審判離婚）．審判に対して異議の申立てがなければ，離婚は成立する．調停の不成立，審判の失効の場合には，裁判所に直接訴えることができる（裁判離婚）．裁判離婚では，婚姻が回復しがたいほど破綻していて，当事者にとって婚姻を継続しがたい事情があれば，離婚を判決によって強制することができる．2016年の離婚のうち，協議離婚は18万9千件（87.2%），調停離婚は2万2千件（10.0%），審判離婚は547件（0.3%），裁判離婚は5,600件（2.6%）である（最高裁判所 2016）．

●**親権を行わなければならない子を持つ夫婦の離婚**　20歳未満の未婚の子がいる夫婦が離婚する際は，子の親権者を定める必要がある．2016年の離婚総数21万7千件のうち，親権を行わなければならない子がいる離婚は12万6千件（58.1%）であった．戦後，離婚総数の増減はあるが，それに対して6割前後で推移している．子の親権者について推移を見ると，夫が全児の親権を行うケースは，1950年に48.7%と約半数を占めていたのが徐々に減少し，1980年には25.7%，そして2016年には11.9%まで減少した．一方，妻が全児の親権を行うケースは，1950年には40.3%だったのが徐々に増加し，1970年には50.1%と過半数を占め，2016年には84.4%と，子の親権は母親が持つケースが多くなった．

●**再婚の動向**　婚姻件数は減少している一方，再婚（夫妻とも再婚またはどちらか一方が再婚）件数は1975年の11万9千件（全婚姻に占める割合12.7%）以降，増加している．ピークは2006年の18万9千件（25.9%）．その後，一貫して婚姻数の4組に1組程度は再婚が占めている．2016年では，全婚姻数62万件のうち，夫妻とも再婚またはどちらか一方が再婚は16万6千件（全婚姻数に占める割合26.7%）であった．このうち，夫初婚・妻再婚は4万4千件（7.2%），夫再婚・妻初婚は6万2千件（10.0%），夫婦とも再婚は6万件（9.6%）となっている（厚生労働省 2017）．　　　　　　　　　　　　　　　　　　　　　［平野順子］

【引用・参考文献】厚生労働省（各年，1999，2017），最高裁判所（2016），内閣府（2009）

7. ステップファミリー

●**ステップファミリーとはどのような家族なのか**　2000年代より日本のステップファミリー研究を牽引してきた野沢慎司は，「親の再婚または親の新しいパートナーとの生活を経験した子どものいる家族」と新たに再定義して，離婚や再婚を子どもの視点から捉える重要性を強調する（野沢 2017）．この定義には，以前や現在のパートナーと事実婚を選択するパターンも含まれる．両親は離別か死別か，別居親との交流状況，同居継親との養子縁組有無，子の年齢やきょうだい構成などを踏まえると，さまざまなバリエーションがある．いずれにしても，ステップファミリーは血縁のない「継親子関係を含む家族」である．

●**初婚の核家族とは異なる構造を持つ**　ステップファミリーは初婚家族と同じようなものとして捉えられやすいが，その家族構造はまったく異なることに注意が必要だ（野沢ほか 2006, SAJ・野沢 2018）．米国の心理学者パトリシア・ペーパーナウは，ステップファミリーが直面しやすい5つの課題として，①インサイダー／アウトサイダーの家族構造，②子どもが抱える喪失と葛藤，③カップル間で生じるペアレンティングスタイルの対立，④家族文化の創造，⑤元配偶者（別居親）との関わりを挙げている（ペーパーナウ 2013＝2015）．

　ステップファミリーには夫婦関係より以前につくられた実親子関係がある．以前の家族の中で築かれた深い愛着，生活習慣や価値観などの家族文化を共有する彼ら（インサイダー）と，新たに生活に加わった継親や継きょうだい（アウトサイダー）との間で，物事の捉え方でぶつかり合い，感情の衝突や葛藤が起こりやすい．子どもたちは再婚による変化によって，同居親からの関心の喪失，複数の親にはさまれ忠誠心の葛藤を経験する．継きょうだいや新たなきょうだいの誕生により疎外感を強めることもある．同居親と継親によるペアレンティングの役割分担，新たな家族文化の創造も，初婚家族にはない課題である．これらは日本のステップファミリーにも共通するが，⑤「元配偶者との関わり」をめぐる状況には大きな違いがある．

●**夫婦関係は終結しても，親子関係は継続する**　欧米諸国では，1960年代より各国で進められた離婚法改正により，離婚後の単独親権制から共同親権・共同監護制への変更が進められていった．オーストラリアの法学者パトリック・パーキンソンは，西欧諸国の家族法の変化を「親子の分離不可能性」（The indissolubility of parenthood）の導入と指摘する（Parkinson 2013）．つまり，離婚により夫婦関係は終結しても，親子関係の終わりではない．親子の継続性を支持す

る法制度を持つ社会では，別居・離婚後も両親との関わりを維持することが子どもの利益に適うという共同養育理念（Co-parenting）が広まっている（van Eden-Moorefield & Pasley 2013）．再婚後も別居親は「親」であり続ける．だから継親は，後から継子の人生に加わる第三者として，どのように継子育てやしつけに関わるべきかという課題に直面する．

　一方，離婚後の単独親権制を維持する日本では，離婚後の共同養育に対する認識が広がっているとはいえない．養育費の支払いや面会交流権に法的拘束力がないため，親権のない別居親と子どもとの関係は途切れやすい．代わりに，再婚後の継親子間の養子縁組は容易に認められるなど，継親が「親」を代替することによって初婚のような核家族を再現しやすくなるよう水路づけられる（菊地 2017）．しかし，別居親を排除して継親が代替親となる核家族モデルの採用は，継親子間に葛藤を生じさせる（菊地 2005, 2008, 野沢・菊地 2010）．

●日本のステップファミリー研究─継子調査の事例から　継親が「親」としてしつけや教育に関わろうとしたり，同居親が継親を「親」として受け入れるよう求めたりすると，継子との心理的距離が生じてしまう（野沢・菊地 2014）．核家族モデルに当てはめて家族形成を急ごうとする同居親や継親と，別居親がいまでも「親」であり大事な「家族」だと考えている継子とは，家族観にズレがあるのだ．むしろ別居親の存在を軽視せず，継子の認識を尊重して継親役割や家族観を柔軟にすると，継子の適応や継親子関係を好転させる（菊地 2018）．

　継親子関係の発達を大きく左右するのは同居親の態度や行動だ（野沢 2015）．生活の変化に動揺する時には寄り添い，継親子に葛藤が高まった時には仲介に入るなど，子どもに手を差し伸べられるのは同居親しかいない．それがなければ家族の中に居場所がなくなり，情緒的・経済的資源が乏しく教育達成や自立の準備ができないまま，早期の離家にもつながってしまう．

●初婚家族幻想を乗り越える　2012年の民法一部改正により，離婚後の子の監護に必要な事項として，子どもの利益を最優先にした面会交流や養育費分担が明記された．同時に離婚後の共同養育を支援する自治体や民間機関の取組みも進められている．親子の継続性を重視する気運が高まる中，再婚後の家族関係に新たな緊張や葛藤がつくり出されることも考えられる．ステップファミリーへの理解を深めるには，子どもの視点に立って，初婚の核家族モデルにこだわらない家族形成を支援するスタンスが求められる．　　　　　　　　　［菊地真理］

【引用・参考文献】SAJ・野沢慎司（2018），菊地真理（2005, 2008, 2017, 2018），野沢慎司（2015, 2017），野沢慎司ほか（2006），野沢慎司・菊地真理（2010, 2014），ペーパーナウ，P.（2013=2015），Parkinson, P.（2013），van Eden-Moorefield B., & Pasley, K.（2013）

婚外子の出生動向

　国立社会保障・人口問題研究所（2015）が実施している未婚者の意識調査によると，「結婚していなくても，子どもを持つことはかまわない」に賛成する人の割合は3割台，反対する人の割合は6割台と，結婚をせずに子どもを持つことへの抵抗感の強さがうかがえる．出生に占める嫡出でない子（婚外子）の出生割合の国際比較を見ると，日本の婚外子の出生割合は2.2％（2013年）と極めて低く，日本で生まれる子どもの98％は嫡出子である．一方，フランス，スウェーデンの婚外子の出生割合は5割を超えており，韓国以外の国も3〜4割台である．日本と韓国の婚外子の出生割合の低さは際立っている（表1）．

表1　出生に占める嫡出でない子の出生割合の国際比較　　　　　　　　　　（単位：％）

国	日本	韓国	フランス	ドイツ	イタリア	スウェーデン	イギリス	アメリカ
割合	2.4	2.1	55.8	34.5	28.0	54.5	47.6	40.6
年次	2013	2013	2011	2012	2012	2012	2012	2013

（出所：厚生労働省「平成26年度　日本における人口動態―外国人を含む人口動態統計―，特殊報告2出生　参考表　出生に占める嫡出でない子の出生割合の国際比較」より作成）

　フランス，スウェーデンでは，事実婚や同棲などの「非婚カップル」が一般化している．1970年代以降，カップル形態の多様化が進み，結婚しないカップルから生まれる婚外子が増加した．結婚しないカップルや婚外子が増加する背景には，人々の意識や行動の変化に伴い，「多様なカップル形成を容認する社会制度（家族政策，法制・税制など）」や「子ども福祉の普遍化」といった政策基盤が整備したことが挙げられる（殿村 2006）．

　日本では戦後，日本国憲法14条に「法の下の平等」を定めたが，婚外子の法的な差別は，戸籍における非嫡出子の表記と民法の相続分に残された．2013年12月，民法900条4号の「嫡出でない子の相続分を嫡出である子の相続分の二分の一する」と定めた部分について，最高裁判所は，憲法で保障している「法の下の平等」に違反し，違憲・無効とする判断を示した．違憲判決を受け，明治時代から100年以上続く民法の規定は削除された．しかし，戸籍に「嫡出でない子」として記載することを義務づける戸籍法の改正は見送られている．

　婚外子の地位に関わる国際条約は，すべての子どもが出生によるいかなる差別も受けないこと，法による保護を受ける権利を持つことを定める．不当な差別をなくすことが，多様な生き方を尊重する社会の第一歩である．　　　　　　　　　　　　　　　　［大石美佳］

【引用・参考文献】厚生労働省（2010，2014），国立社会保障・人口問題研究所（2015），殿村琴子（2006），内閣府（2005，2017）

第 **6** 章

出産と子育て

1. 性と生殖に関する健康／権利　80
2. 不妊治療と家族　82
3. 出生数・出生率と人口問題　84
4. 親になる？　ならない？　86
5. 3歳児神話の変容と現在，性別役割分業　88
6. 母子関係と父子関係　90
7. ひとり親家族の子育て　92
8. 親族・友人・地域の育児ネットワーク　94
9. 地域の子育て支援　96
コラム「「保育園落ちた」ブログと待機児童問題」　98

　子育てに関する課題は，出産してから初めて生じるものではない．むしろそれ以前からの個としての成長や家族との関係，性の問題，家族規範，公私の支援のあり方などとも深く関連するものである．本章は，生殖や人口問題等，性や出産に関する問題を概説するとともに，親になること，親子関係，社会的意識や支援策など，子育てに関わる諸問題を多面的に取り上げる．　　　　　　　　　[中谷奈津子]

1. 性と生殖に関する健康／権利

●リプロダクティブ・ヘルス／ライツとは　性と生殖に関する健康／権利は，リプロダクティブ・ヘルス／ライツということばでよく知られている．このことばは，1994年にエジプトのカイロで開かれた国連「国際人口・開発会議」で中心的な課題になって以来，性と生殖における女性の自己決定権を擁護する重要な概念となっている．開発会議で採択された文書の一部を抜粋して示す．

　「リプロダクティブ・ヘルスは，人々が安全で満ち足りた性生活を営むことができ，生殖能力をもち，子どもを産むか産まないか，いつ産むか，何人産むかを決める自由をもつことを意味する．」

　リプロダクティブ・ライツは「すべてのカップルと個人が自分たちの子どもの数，出産間隔，ならびに出産する時を責任を持って自由に決定でき，そのための情報と手段を得ることができるという基本的権利，ならびに最高水準の性に関する健康およびリプロダクティブヘルスを得る権利を認めることにより成立している」（外務省監訳 1996：35）

●リプロダクティブ・ヘルス／ライツが登場した背景　リプロダクティブ・ヘルス／ライツの概念が登場した背景には，地球規模の女性運動があったとされる（芦野 2000）．まず1960年代の第二波フェミニズムの中で，女性たちは自分の身体を自由にする権利を主張し，中絶の合法化を求めた．また，第二次世界大戦後には世界の人口増加に対処すべく，家族計画が近代化政策の一環として途上国で積極的に展開されていたが，その多くが女性をターゲットとし，長期間にわたって効果があるIUD（子宮内に挿入して受精卵の着床を妨げる）や，ホルモン系の避妊薬によって，女性たちに腹痛や体重増加，出血などの副作用をもたらしていた．さらに国によっては，産んでよい子どもの数を超えた場合に中絶が行われたり，罰金が科されたりすることもあった．何よりも，家族計画が国家による上からの人口政策として行われている点が，女性の自己決定とは大きく乖離していた．

　このような状況を転換するべく生まれたのが，リプロダクティブ・ヘルス／ライツの概念であり，女性の自己決定権を保証しつつ，人口増加を抑えることを目的としていた．カイロ会議では，妊娠中絶を家族計画に含めるかどうかをめぐって，先進国とイスラム諸国やヴァチカンとの間で議論が繰り返され，最終的に全会一致でこの行動計画が採択された．

●リプロダクティブ・ヘルス／ライツが意味するもの　このことばに含まれる

意味を，芦野は4つにまとめている（芦野 2000, 柘植 2000）．それらは，①権利としての健康，②ジェンダー平等，③妊娠・出産だけではない一生を通じての健康，④女性の自己決定権の尊重である．最初の権利としての健康とは，性関係や妊娠・出産，中絶を健康の問題として捉えることである．性や生殖は地域の伝統や文化，宗教の中に深く埋め込まれているため，道徳的な価値判断の対象とされたり，地域の規範に外れた場合には懲罰的な取扱いをされたりしがちである．また，生殖を国家の人口政策としてマクロの視点で考えるのではなく，女性の健康の問題として捉えようというのである．

2つ目は，ジェンダー平等を実現し，女性の自己決定権を保障することがリプロダクティブ・ヘルス／ライツの達成に重要だとしている．仮に女性が産みたいだけの子どもを妊娠しようと思っても，男女の関係が不平等なところで，女性が自分の意思で性関係を避け，避妊をすることは難しい．平等なジェンダー関係が実現されることがこの概念を実現するための基本になっている．

3つ目に，このことばは妊娠・出産可能な生殖年齢だけに焦点を当てているのではなく，女性の一生の健康を視野に入れた広い概念である．例えば子どもの栄養，思春期の性や妊娠，生殖器の病気，性暴力，性感染症，不妊治療，FGM（女性生殖器切除）などもリプロダクティブ・ヘルスに含まれる．

4つ目は，女性やカップルの自己決定権を中心に置くことである．人口政策としての避妊が国家による決定や誘導の傾向を持つのに対して，リプロダクティブ・ヘルス／ライツは，女性やカップルが主体的に自分の意思で何人の子どもをいつ産むかを決める権利を持つことを前提としている．そのためには決定するための情報や知識を持つことが重要であり，さらにどのような選択をしようとも，それで女性やカップルが不利な状況に追い込まれないような社会の仕組みが必要になる．

●性と生殖の健康／権利を守るために　すべての人々が，生殖の健康／権利を実現するためには，伝統や文化として行われている児童婚や FGM，名誉殺人などの課題に対処する必要がある．また，不妊治療や出生前診断が人の選別を可能にすることや，妊娠・出産時の過剰な医療技術が健康被害を及ぼしていることも問題である．現代社会において医療は重要な資源であるが，先進国と途上国では医療をめぐる状況やニーズは大きく異なる．健康を守るために医療との適切な距離をどのようにとるかは，先進国でも途上国でも，今後女性に課された大きな課題となるだろう．　　　　　　　　　　　　　　　　　　［松岡悦子］

【引用・参考文献】阿藤誠（1994），外務省監訳（1996），芦野由利子（2000），柘植あづみ（2000）

2. 不妊治療と家族

●**不妊治療の種類**　子どもを望みながら不妊に悩む人が受ける治療に，不妊治療がある．この治療は自然妊娠の可能性を探ることであり，原因に対して治療を施すのが原則といわれる（村上 2018）．まず，一般不妊療法として，排卵日を予測して性交のタイミングを合わせる待機療法，排卵障害に対して薬物などで刺激して排卵を促す排卵誘発，さらに，排卵期に合わせて精子を注入する人工授精などがある．人工授精は夫の精子を用いた AIH（artificial insemination with husband's semen）と，精子提供者（donor）の精子を用いた AID の方法があり，日本ではすでに1949年に AID 児が誕生している．

　一般不妊治療では妊娠に至らない場合に，ART（Assisted Reproductive Technology）と称される生殖補助医療が行われる．体外で卵子と精子を受精させ，受精卵を子宮に戻す体外受精や，卵胞細胞質内に精子を注入する顕微授精などの方法である．体外受精は1978年にイギリスで初めて成功し，日本でも1983年に体外受精児が誕生している．なお，人工授精も生殖補助医療の用語に含められる場合もあり，すべてを含めて人工生殖，生殖医療とも呼ばれる．

●**不妊治療と親の定義**　人工授精や生殖補助医療を用いることによって，性行為と生殖は切り離され，親は遺伝上の母・父，懐胎・分娩の母，養育の母・父に分割される（表1）．

　表1の AID について，日本では日本産科婦人科学会が2015年に「提供精子を

表1　生殖補助医療の類型（人工授精も含む）

パターン	卵子由来者 (血縁上の母)	精子由来者 (血縁上の父)	懐胎・ 分娩者	養育 (予定)者		一般的な呼称等
1	妻	夫	妻	妻・夫		配偶者間体外受精／人工授精（AIH）
2	妻	ドナー M	妻	妻・夫		精子提供，非配偶者間体外受精／ 人工授精（AID）
3	ドナー F	夫	妻	妻・夫		卵子提供，非配偶者間体外受精
4	ドナー F	ドナー M	妻	妻・夫		胚提供
5	妻	夫	第三者*	妻・夫	代理懐胎・代理出産	借り腹，host mother, IVF surrogacy
6	ドナー F	夫	ドナー F	妻・夫		代理母，surrogate mother, traditional surrogacy
7	妻	ドナー M	第三者*	妻・夫		借り腹＋精子提供
8	ドナー F	夫	第三者*	妻・夫		借り腹＋卵子提供
9	ドナー F	ドナー M	第三者*	妻・夫		借り腹＋胚提供

＊「第三者」とは，夫，妻，ドナー以外を指す

備考：代理懐胎とは，第三者が夫婦の受精卵を体外受精で懐胎する，または夫婦の夫の精子を人工授精して卵子提供者（ドナー F）が懐胎することなどである．

（出所：西希代子，2008. 西の表のタイトルは「生殖補助医療の類型」である）

用いた人工授精に関する見解」を発表し，不妊治療の医療行為として認めている．また，卵子提供については，同学会の「ヒト胚および卵子の凍結保存と移植に関する見解」(2016年) で，卵子を採取した女性以外への移植を認めていない．しかし，JISART（日本生殖補助医療標準化機関）では，すでに「精子・卵子の提供による非配偶者間体外受精に関する JISART ガイドライン」(2016年) を設けて，提供者からの卵子による受精卵の移植を実施している．

　代理懐胎については，日本産科婦人科学会が2003年に「代理懐胎に関する見解」を発表し，「代理懐胎の実施は認められない」としている．法的にも，2007年の最高裁判決で代理懐胎による親子関係は認めないという判断を示した．夫婦の受精卵を米国人女性に移植して生まれた子を，区役所に夫婦の子として出生届を提出したが不受理となり争った裁判で，最高裁は不受理を認める判断を示した．この判断の根拠は，懐胎した女性が母であることを前提とした民法772条1項の規定（妻が婚姻中に懐胎した子は，夫の子と推定する）であるとされ，「分娩者＝母のルール」に従った判断である（早川 2015）.

　さらに，最高裁では2006年に，父の死後に父の保存精子を用いた体外受精により懐胎した子と，父との親子関係を認めない判断を示している．父の死後に懐胎した子と父とは，親権，扶養，相続といった父子間に生ずる法律関係が生じる余地がないとする判断である．この判決後に日本産科婦人科学会は，凍結保存精子はその由来する者の死亡後は廃棄する見解を公表した（小池 2015）.

●不妊治療と子どもの人権　生殖医療により親となる人の権利は，自分の生物学的な子を持つ権利か，子を監護養育する権利か，または，婚姻共同体を完成する権利かなど，その正体は必ずしも明らかではないとされる（唄 2008）. しかしいずれにしても，生殖医療は子を持ちたいという親の欲求が中心であり，子どもの利益や権利の保障という点では多くの課題がある．子の利益や権利としては，法的地位の安定，監護教育の安定，さらに，「出自を知る権利」がある．「子どもの権利条約」第8条1項で，「子どもは可能な限り，両親を知り，両親によって育てられなければならない.」と規定しており，この規定が子どもの遺伝上の親を知る権利の根拠となっている（小泉 2014）. 精子の提供者との間には法的関係がないことを前提に，提供者を特定できる情報を子どもに保障している国もあり（吉村 2017），提供者の権利も含め，日本でも法的整備が急がれる．

[久保桂子]

【引用・参考文献】唄孝一 (2008)，小池泰 (2015)，小泉智恵 (2014)，西希代子 (2008)，日本産科婦人科学会 (2003, 2015, 2016)，日本生殖補助医療標準化機関 (2016)，早川眞一郎 (2015)，村上節 (2018)，吉村泰典 (2017)

3. 出生数・出生率と人口問題

●出生と人口　人口は,出生(fertility)で増加し,死亡(mortality)で減少する.すなわち,出生は人口増加をもたらす要因で,死亡は人口減少をもたらす要因となる.出生が死亡を上回ることを自然増(自然増加),死亡が出生を上回るのを自然減(自然減少)という.また,地域(国)の人口は流入(転入)によって増加し,流出(転出)によって減少する.人口学では,流入が流出を上回ったことを社会増(社会増加・流入超過),流出超過を社会減(社会減少)としている(山口 1974).したがって,地域人口の大きさは,上述した4つの要因によって決定される.これを関係式で示すと,次のようになる.

　　増加人口＝出生－死亡＋流入－流出＝自然増加＋社会増加

●出生率の測定方法　出生率は,いくつかの方法で測られているが,その代表的な測定方法は普通出生率(crude birth rate)と合計特殊出生率(total fertility rate：TFR)である.普通出生率は,1年間の出生総数を年央人口で割って算出した割合のことで,通常人口1,000人当たりの率(‰＝パーミル)で表す.普通出生率は,分母人口に男子や年少人口,老年人口など出生と関わらない人口が含まれるため,時系列(時間的・歴史的)比較や国際(空間的)比較において必ずしも有効な指標となり得ない(岡崎 1993).合計特殊出生率は,女子人口が再生産年齢(15〜49歳)の各年齢で生む子ども数を合計したものである.その計算は次の式で表される.この合計特殊出生率は時間的,空間的比較も可能な指標である.

$$合計特殊出生率 = \sum_{15}^{49} 年齢各歳別出生率 = 5 \times \sum_{15}^{49} 年齢5歳別出生率$$

●戦後日本の人口問題　戦後日本の主要な人口問題を挙げると,過疎・過密問題(高度成長期),少子高齢化・人口減少社会問題(現在から将来へ)になる.
(1) 過疎・過密問題：1960年代の高度経済成長期には,農村地域(非大都市圏)の若年層(団塊の世代＝1947〜49年生まれの人口)が就業機会を求めて大都市圏へ移動した.その結果,農村地域では死亡率が出生率を上回る状況が出現し,自然増加率がマイナス(自然減)になった.これは,農村地域に居住していた多数の若年層(再生産年齢層＝生める人口層)が都市地域に流出したことに起因する.さらに,この人口移動によって農村地域では人口高齢化,人口減少(過疎),都市地域では「人口の若返り」(子ども世代・若者世代の相対的増加)と人口増加(過密)という対照的な人口現象が生じた(黒田 1978).しかし,

団塊の世代は，今や高齢期に達しているが，大都市圏に流入した人口層のうち，出身地（非大都市圏）にUターン

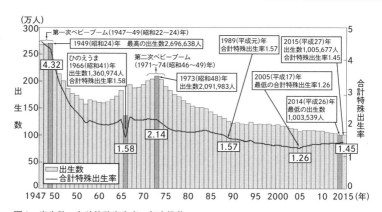

図1　出生数，合計特殊出生率の年次推移
（出所：内閣府「少子化社会対策白書　平成29年版」）

移動（還流移動）は，約15％であった（国土庁 1982）．そこで，21世紀になると，大都市圏で高齢化が進展する．高齢化問題は，今後，大都市圏地域で深刻化する．
(2) 少子高齢化・人口減少社会問題：戦後の出生動向を見ると，第一次ベビーブーム世代（「団塊の世代」）と第二次ベビーブーム世代（「団塊ジュニア世代」）の出生数は多く，合計特殊出生率も高かったが，それ以外の時期は減少・低下傾向を示している．とりわけ，第二次ベビーブーム以降は，その傾向が著しい（図1参照）．1989年に合計特殊出生率が1.57を記録したことから「1.57ショック」（「ひのえうま」の1.58を下回ったことへの衝撃を表現したもの）といわれ，少子化への危機感が高まってきた．政府は，この少子化動向を踏まえて少子化対策に本格的に取り組むようになった（1994年に少子化対策として「エンゼルプラン」を策定した）．また，この少子化は，高齢化を推し進めた．その動向を見ると，1970年の高齢化率（総人口に占める65歳以上人口の割合）は7.1％であったが，2015年には26.6％になり，2020年には29.1％になると予測されている．これを前期高齢層（65～74歳）と後期高齢層（75歳以上）の区分で見ると，2020年には後期高齢層が15.1％，前期高齢層が14.0％になり，後期高齢層が前期高齢層を上回ることになる．現在，少子高齢化・人口減少社会問題（介護，社会保障，無縁死・孤独死，買い物難民，結婚と格差，働き方改革，待機児童問題等）をいかに解決するかをめぐってさまざまな議論が展開されている（山崎 2016）．　　　　　　　　　　　　　　　　　　　　　　［清水浩昭］

【引用・参考文献】岡崎陽一（1993），黒田俊夫（1978），国土庁（1982），国立社会保障・人口問題研究所（2017），内閣府（2017），山口喜一（1974），山崎亮（2016）

4. 親になる？　ならない？

●「当たり前」からチョイスへ　第15回出生動向基本調査（国立社会保障・人口問題研究所 2015）によれば，結婚をしたら親になるのは「当たり前」と考える男女が1990年代初頭から減少傾向にあるという．また内閣府の平成26年度「結婚・家族形成に関する意識調査」では，未婚者で結婚直後に子どもを持ちたい男女は17～20％と低いが，ある程度期間をおいて子どもを持ちたい男女は半数以上（63～66％）を占めている．同時に約6％の男女は結婚しても子どもを持たないと回答している．

　このように日本人の出産観に関しては，結婚したらすぐ親になるのは当たり前という考え方から，ある程度時間をおきながら産む人数や時期を決めて親になるあるいは反対に親にならないという「チョイス」型に変化してきていると見るのが一般的である．つまり子どもを授かったから，あるいはできたから親になるというよりも，「性の自己管理に基づき計画的に妊娠」（沢山 1986）してつくったから親になるというように移行してきたといえるだろう（久富・佐藤 1985）．実際に，大学生にとっての出産観と親になることとはどのような関係があるかを検討した平岡ら（2010）によれば，子どもは「授かるもの」よりも「つくるもの」として意識している大学生が多いことがわかっている．

●「親になる」ことの意味　親になる意味には2つの側面があり，1つは生物学的，もう1つは社会的な側面である．しかし，親になるということは単に子どもを持つという生物学的なイベントではない．むしろ子どもと接することで自身の発達や周りの変化を含めながら社会的に認知されて親になるという意味で理解することが重要である．なぜなら，生物学的に親になったとしても，子育てに一切関わらなければ，親とはいえないからである．よって，親になるというのは単発的なイベントではなく，人間関係が変化していく，連続した過程におけるイベントや変化として捉える視点が必要である．男女共に子どものケアに関わることで，子どもの成長に触れることができ，その結果，自身も成長して社会の中で親になっていくことになる（石井クンツ 2013）．

●「親になる」ことによる母親と父親の発達　親になることにより父親と母親の人格的・社会的な行動や態度にどのような変化が起きたのかを検討した柏木と若松（1994）は，親が主体的に子どもと関わっていることで，親の柔軟性や視野の広がりなどにおいて影響があったことを明らかにしている．また，親になったことによる人格的な変化は第1子が生まれて3～4か月後には意識されて

いる（佐々木 2006）．さらに家族のことを考えられるようになったなどの肯定的な側面と時間的余裕がなくなったなどの否定的な側面に関しては，子どもの年齢によって明確な違いが見られないこともわかっている（神谷 2015）．

親になり芽生えてくる発達意識については，父親より母親の方が認識している場合が多い．しかし，その反面，乳児の泣き声をどのように聞き分けるかに関しては，子育てに関わっている父親の方が乳児の泣き声をネガティブなものと捉えていないことも明らかにされている（神谷 2002）．よって，親としての発達には父親と母親であまり違いがなく，男性にできないことは妊娠・出産・授乳くらいであろうと考えられている（神谷 2015）．

●「親になる」ことへの教育と支援　前述したように，親になるという意味は，子どもが生まれるという生物学的なイベントだけではなく，むしろその後に続く精神的な発達により親になっていくと考えられる．よって，このプロセスに貢献し得るのが，「親になること」への教育と支援である．教育面でいえば，親になることの意味とその役割を直接に学べるのは家庭科教育である（石井クンツ 2013）．小崎（2017）は家庭科教育において乳幼児と触れ合うなどの実践的な取組みにより，女子生徒そして特に男子生徒が親になることへの学びの機会を与えられているとしている．親になることへの支援としては，自治体主催の母親・父親学級などがまず考えられるが，他にも地域，企業，NPO などによる支援も有効であろう．

●「親にならない」ことの意味　晩婚化などにより，意識的に子どもを持たないあるいは何らかの事情で子どもを持てないなどの理由で「親にならない」人たちは増えつつある（厚生労働省 2016）．また，このライフスタイルは社会的にも認知されつつあるだろう．共働きをしながら意識的に親にならないライフスタイルを選択する夫婦を DINKS（Double Income No Kids）というが，英語ではチャイルドフリーカップルと呼ぶことが多い．積極的に親にならないことをチョイスする男女が，その理由として頻繁に挙げるのは「子どもの教育に費用がかかりすぎる」などの経済的な不安である．また，女性の場合は「高年齢で産むのは心配」も理由として挙げられている．親にならない意味はさまざまであるが，親にならないからといって，成人としての精神的な発達がないわけではない．

［石井クンツ昌子］

【引用・参考文献】石井クンツ昌子（2013），柏木惠子・若松素子（1994），神谷哲司（2002, 2015），厚生労働省（2016），国立社会保障・人口問題研究所（2015），小崎恭弘（2017），佐々木くみ子（2006），沢山美果子（1986），内閣府（2014），久富善之・佐藤郡衛（1985），平岡さつきほか（2010）

5. 3歳児神話の変容と現在，性別役割分業

●3歳児神話とは 「乳幼児期の大切さゆえに，子どもが3歳になるまでは母親が常に子どものそばにいて育児に専念すべきだという考え方である」（船橋2009）．神話とは「根拠もなく絶対的なものだと信じ込まれ，多くの人びとの考え方や行動を拘束してきたことがら」（『明鏡国語辞典』）をいう．「3歳までは母の手で」育てることが望ましい，といういわゆる社会的通念の始まりは，大正期の近代産業の発展期に男性が外で働き，女性が家庭を守るといういわゆる性別役割分業が登場した時期からであるとされる．この神話が社会的に最も広がり，多くの人々の考え方や行動を拘束するようになったのは，戦後の1960年〜70年代の経済の高度成長期である．

●性別役割分業の源流と高度経済成長 経済の高度成長期には，工業化の進展により農村の若年労働力は都市部に流入し，そこで結婚，出産，子育てをする雇用労働者世帯が増大した．核家族世帯においては，「男は仕事，女は家事・育児」の性別役割分業体制が，合理的，効率的に働くこととなり，出産後は専業主婦となって子育てに専念する女性が増大したのである．江戸時代にもともと儒教の倫理規範として，「男が主，女は従」「男は外，女は内」などの言葉で，性別役割意識は人々に分と役割を守ることが強要されてきた．明治以降近代学校制度が成立した後も，修身を通じて，儒教の規範は学校教育でも教え続けられてきた．第二次世界大戦後の新憲法により男女の平等が宣言されるまで，およそ400年の長きにわたって「男子は外をおさめ女子は内を治む」に象徴される儒教規範は人々の意識に刷り込まれてきたといってよい．そのため，家族全員が農作業で働かねばならなかった時代に変わって，核家族世帯の都会の団地での専業主婦と雇用労働者の夫という暮らしは，若い世代にはあこがれとして受け入れられたといえる．

●科学の後ろ盾による通念化 3歳児神話が広く人々に浸透するようになった背景には，心理学や小児医学の「母性はく奪論」の後ろ盾も大きいといわれている．イギリスの精神医学者ボウルビーは，乳児院などの乳児に見られた発達の遅れや行動の異常の原因が，乳児期の母親の不在にあるとした報告である．その後の研究により，単なる母性的養育の欠如ではなく，施設の生活環境や職員の乳児との関わり方にあるといった多くの反証があるが，日本には，批判的な面が見落とされて紹介されてきたことが大きい（大日向2002）．

　また，1970年代の心理学では母子相互作用研究が活発に行われ，生後間もな

い乳児と母親の生物学的なきずながその後の発達を規定するかのような報告が，母親役割を強調する風潮に拍車をかけてきた．

● 「3歳児神話」がもたらした問題　「3歳までは母の手で」とされる育児には，高度成長期以降さまざまな問題が生じ，母親による乳幼児期の育児が必ずしも子どもにとって理想的ではないことが報告されるようになった．専業主婦が増加し，狭い住宅で母と子が向かい合い，育児の責任を1人で背負う母親たちの「閉塞状況」から，母親たちの育児不安や，児童虐待，子殺し，母子心中などの事件につながることが指摘されるようになった（牧野 1982，山根 2000）．高度成長期には夫1人の働きで家族を養えるだけの給与が支払われていたが，バブル経済崩壊後は終身雇用や年功序列賃金などの日本型雇用環境も揺らぎ，共働き世帯が急増し，専業主婦世帯を上回るようになっていく．

　共働き家族の増加や女性の社会参加の増加に伴って，小さいうちから保育所に子どもを預けることは子どものためによくない，といった通念は次第に減少しているが，働く母親の不安や罪障感はなくなっていない（牧野 1983）．

● 3歳児神話の揺らぎと現状　日本のフェミニズムの動きは，1970年代に入り，3歳児神話や母性神話が，いかに制度的，政治的に作られ利用されてきたかを明らかにする研究や論説を生み出し，母親たちは母性の呪縛から少しずつ解き放たれてきたといえる（江原 2009）．今日保育所問題で騒がれている「待機児童」は，多くが0歳児保育の入所待ちの問題であり，一見3歳児神話の時代が去ったかのように見える．しかしこれは，3歳児以下の子どもを預かる保育所の圧倒的な不足のためである．0歳児から子どもを預けないと，2歳，3歳からでは保育所には空きがなくなることの表れでしかない．母親が出産後も就労を継続することができるためには，保育所や学童保育などの利用に大きな困難があり，子育てが母親1人の責任になっている状況は依然として変わっていない．

● 父親の育児，アロマザリングへ　子育てを母親だけが担うというあり方は，長い歴史の中でも近代家族の誕生以降のむしろ特異な状況である．いずれの時代いずれの社会においても，父親や親族あるいは地域社会の人々が子育てにさまざまな形で関わり，子どもを育ててきた（根ケ山・柏木 2010）．子どもはさまざまな人と関わり，さまざまな刺激を受けることで，豊かに発達していくことがわかってきている．子育てに1人で奮闘し困難を抱える母親と子どもたちを地域の人々がともに育てるアロマザリングの仕組みが必要である．

[牧野カツコ]

【引用・参考文献】江原由美子（2009），大日向雅美（1984，2002，2009），根ケ山光一・柏木恵子（2010），舩橋恵子（2009），牧野カツコ（1982，1983），山根真理（2000）

6. 母子関係と父子関係

●**母子関係・父子関係の位置づけ**　いずれも家族メンバー間の関係を指し，個人と諸制度との中間に位置づけられる．関係を構成する単位としての親と子どもは，それぞれ個人的側面を持ち，家族成員間の欲求充足は相補関係を持つ．こうした親子関係は，夫婦関係，きょうだい関係，祖父母−孫関係，あるいは外部との関係などから影響を受け，どのような文脈で捉えるかで異なる．家族援助の現場では，母子関係・父子関係を当事者の視点からどのように捉えるかが問われ，適切な援助につなげている．家族として一緒に生活する人々の相互作用の構造的・機能的障害を適切に見立てることが家族問題の解決につながるからである（ポロック 1964）．

●**家族成員が担う子どもの社会化**　かつてパーソンズ（1954）は核家族の構造と機能について，①成人を含むすべての家族成員の情緒的バランスを維持すること，②「子どもの社会化」の一機関として恒久的な役割を持っていること，を挙げている．パーソンズら（1955＝1981）は，父親は，「社会という外の世界と子どもとを結びつける役割をもち，稼ぎ手，道具的（課題解決的・達成的）役割を果たす存在」，一方で母親は，「表出的（情緒的・共感的）役割をもつ存在」と定義し，性別役割分業を強調している．

　しかし小山（1973）によると社会化とは，「個人がある特定の社会集団の生活様式を学習し，その集団の正規の成員に仕上げられる過程」であり，個人の発達のプロセスが尊重されている．子どもから見ると，父親，母親は社会化の担い手（エージェント）であるが，パーソンズのように役割を固定化した定義は，現代社会では当てはまらない．子どもは，身近な家族成員との情緒的つながりを維持することで，その行動を見習って社会化されると考えられる．

　日本において，「家」を単位として家族が強い規制を受けていた時代は，「地域共同体」が同族や姻族以上に発言力を持っていた（桜井 1973）ため，親子関係による子どもの社会化は研究対象となりにくかった．その後地域コミュニティや親族ネットワークが衰退するにつれ，養育役割が母親に集中し，近代家族における夫婦間の性別役割分業と結びついて，専業主婦とその子どもとの関係—母子関係—が注目されるようになった（渡辺 2000）．

●**母子関係が子どもに及ぼす影響**　母子関係の重要性を強調する人々は，その裏づけとして，生物学的性に基づく妊娠，分娩，母乳の分泌など女性の生得的特質や哺乳類のヒトの繁殖戦略に注目しがちである．しかしながら，先述した

子どもの養育と社会化は，社会の変化や母親，父親の生き方の変容につれて当然変わっていく．さらに最近では少子高齢社会の問題を解決するために，女性の社会進出が進み，発達早期から保育所に入所できるシステムの構築など，子ども・子育て支援新制度（平成27年以降）等社会的育児の基盤整備が進められている．女性の多様な生き方を前提とした母子関係について取り上げる必要が生じている．

　母子関係の研究は3つに大別される．①アタッチメント理論を背景とし母子関係が子どもの行動特徴に及ぼす影響を捉える（近藤 2017），②母親を取り巻く環境や家族の状況（例えば夫の育児量）などの生態学的環境が母親に影響を及ぼし，それが子どもに影響する（加藤 2017など），③子どもの気質や発達のあり方が母子関係に影響するとした母子相互作用に注目した研究（菅原ほか 1999，菅原 2005）など，母子関係がどのようなプロセスで子どもに影響するかについてメカニズムを明らかにしている．

●**父子関係が子どもに及ぼす影響**　日本の父親は，「地震・かみなり・火事・おやじ」といわれたように「怖い存在」で一家の大黒柱として位置づけられていたが，「友だち家族」というように対等な関係性が注目され，さらに家庭科の男女共修という大きな教育的転換を経て育児する父親は増えている．父親研究では，母子関係のみを重視することを批判し（Lamb 1982），父子の直接的かかわり，子どもにとってのアクセスのしやすさ，子どもに対する責任という3概念で捉えて（1985），子どもの発達への影響について検討されている．さらに，ボヤムら（1995）は，母子関係だけでなく，父子関係が子どもの仲間関係にプラスの影響があることを明らかにしている．日本でも「育メン現象」（石井クンツ 2013）の広がり，イクメンの父親の葛藤，さらには父親の育児を増やす要因の検討がなされている．

●**今後の母子関係・父子関係**　石井クンツ（2009）は，父親と母親が子どもに関わることは，大人との接触機会を生み出し，大人への親密性を増すこと，人間関係の多様性を学ぶ機会になり，生活範囲を広げ，ネットワークを拡大し，ひいては社会性を高めるとしている．現代社会では子どもたちは発達早期より家庭以外の社会的育児で育てられており，母子関係，父子関係を補う関係性が子どもの発達に与える影響についての検討も必要であろう．　　　　［加藤邦子］

【引用・参考文献】石井クンツ昌子（2009，2013），加藤邦子（2017），小山隆（1973），近藤清美（2017），桜井徳太郎（1973），菅原ますみ（2005），菅原ますみほか（1999），パーソンズ，T.（1954=1971），パーソンズほか（1955=1981），ポロック，O.（1964=1971），ラム，M.E.（1976=1981），渡辺秀樹（2000），Boyum, L.A. ほか（1995），Lamb, M.E.（1982），Lamb, M.E. ほか（1985）

7．ひとり親家族の子育て

●ひとり親家族の現状　ひとり親家族の世帯数（20歳未満の未婚の子がいる世帯数）は，2015年の国勢調査（総務省統計局 2016）では，母子世帯は75万4,724世帯，父子世帯は8万4,003世帯となっている（20歳未満の子どもがいる一般世帯は1,239万9,775世帯）．国勢調査では母子のみ・父子のみの世帯数であるが，全国ひとり親世帯等調査では，親と同居する世帯など子ども以外の同居者がいる世帯も含まれており，2016年の推計値は，母子世帯が約123万世帯，父子世帯が約19万世帯となっている（厚生労働省 2017）．全国ひとり親世帯等調査の結果（2017），ひとり親となった時の状況は，母子世帯は母親が平均33.8歳，父子世帯は父親が平均39.3歳でひとり親になり，末子の年齢を見ると，母子世帯の38.4%，父子世帯の21.0%が0～2歳の乳幼児を抱えてひとり親となっていた．また，現在の悩みごとは，子どもについての内容では，半数以上のものが「教育・進学」を挙げており，困っていることでは「家計」が最も多くなっていた．

●ひとり親家族と貧困　日本のひとり親家族の貧困率は高く，特に母子世帯の子どもの貧困率は他の国の母子世帯に比べても群を抜いて高い上，その8～9割が働きながら子育てをしていることが指摘されている（阿部 2005）．そして，ひとり親家族の経済的困窮は，子どもの高等教育への進学に影響し，貧困の連鎖へとつながっている（阿部 2008，赤石 2014，神原 2014）．

2016年の全国ひとり親世帯等調査によると，8割の親が就業しているが，就労母子世帯におけるパート・アルバイト等の非正規雇用の割合は43.8%と高く，母子世帯の平均年収は348万円，父子世帯の平均年収は573万円となっている（表1）．平成28年国民生活基礎調査における児童のいる世帯の平均所得金額

表1　母子世帯・父子世帯の状況

	母子世帯	父子世帯
世帯数［推計値］	123,2万世帯	18,7万世帯
ひとり親世帯となった理由	離婚79.5% 死別8.0%	離婚75.6% 死別19.0%
ひとり親世帯になった時の親の平均年齢	33.8歳	39.3歳
ひとり親世帯になった時の末子の平均年齢	4.4歳	6.5歳
就業状況［就業している割合］	81.8%	85.4%
就業している者のうちパート・アルバイト等の割合	43.8%	6.4%
平均年間就労収入［母又は父自身の就労収入］	200万円	398万円
平均年間世帯収入	348万円	573万円
養育費の取り決めをしている割合	42.0%	20.8%

（出所：厚生労働省「平成28年度全国ひとり親世帯等調査結果報告」（2017）をもとに作成）

707.6万円に比べると，ひとり親家族の世帯年収は低く，母子世帯では半分以下になる．ひとり親家族の貧困の背景にはさまざまな問題がある．例えば，正規・非正規雇用や男女の賃金格差，養育費の問題に加え，家事・育児と仕事を1人で担わなくてはならないという時間的制約もある．

●**ひとり親家族の子育てを支援する制度**　これまでひとり親家族への支援策の多くは，母子家庭を対象としているものであった．というのも，父子家庭は母子家庭に比べ高い所得水準を維持しており，家事・子育てに対する支援のニーズを持っているとされ，経済的支援の対象外とされていたためである．現実には，父子家庭にも経済的に不安定で困窮した生活を送っている家庭もあり，父子家庭への経済的支援の必要性は顕在化していた（庄谷 1983，春日 1989，岩田 2009）．2006年の児童扶養手当法一部改正により，2010年から父子家庭も児童扶養手当の受給対象となった．2012年には母子家庭の母及び父子家庭の父の就業支援に関する特別措置法が成立し，父子家庭も就業支援の対象となり，2014年には遺族基礎年金の受給と母子寡婦福祉資金の貸付が父子家庭にも拡充され，母子及び寡婦福祉法が母子及び父子並びに寡婦福祉法と改正された．

　ひとり親家族の子育て支援は，母子家庭への支援から父子家庭も含めた支援へとシフトしながら，ひとり親が就業し，仕事と子育てを両立しながら経済的に自立することができるようになるために，「子育て・生活支援」「就業支援」「養育費確保支援」「経済的支援」を4つの柱とした施策が進められてきた．そして，2016年より子どもの貧困対策が加わり，就業による自立に向けた就業支援を基本とし，子育て・生活支援，学習支援などの総合的な支援の充実を図るために「ひとり親家庭・多子世帯等自立応援プロジェクト」が講じられている．

●**ひとり親が子育てしやすい社会へ向けて**　神原（2010）は，生活が困難化しているひとり親家族の現状は，ひとり親家族の社会的排除であり，ひとり親家族の子ども世代へと社会的排除が再生産されていることを指摘している．家族関係学部会研究活動員会（2008）は，全国都道府県および政令指定都市で行われた実態調査の結果から，ひとり親家族の多くは経済的な問題とともに子育てに不安を抱えており，それらの不安は「ひとり親に対する社会的偏見」によってさらに増幅されていることを明らかにした．ひとり親家族への社会の関心を高めるとともに，社会的偏見を取り除いていくことが必要となる．　　［永田晴子］

【引用・参考文献】 赤石千衣子（2014），阿部彩（2005・2008），岩田美香（2009），春日キスヨ（1989），神原文子（2010，2014），厚生労働省（2017），厚生労働省雇用均等・児童家庭局家庭福祉課（2017），近藤理恵（2013），庄谷怜子（1983），総務省統計局（2016），日本家政学会家族関係部会研究活動委員会（2008）

8. 親族・友人・地域の育児ネットワーク

●孤立育児から育児ネットワークへ　かつて子育ては親族や地域の共同体の中で行われてきたが，近代産業社会においては家族，なかでも母親の手に委ねられるようになった．日本でも高度成長期には，夫は外で働き，妻は「専業母」（宮坂 2000）として育児に専念する性別分業家族が普及した．母親は親族や地域の干渉を受けることなく子育てができるようになったが，一方で，母親一人で育児を抱え込んでしまう「孤立育児」というリスクも生じるようになったのである．1980年代になると乳幼児を持つ母親の過重負担と育児不安の問題が指摘されるようになり，これを打開するための方策として育児ネットワークへの関心が高まっている（牧野 1982，落合 1989，松田 2008，久保 2001，丸山 2013，山根 2017など）．

●育児ネットワークとは　育児の主な担い手となっている母親に対して育児の援助を行う人々の広がり，具体的には父親，祖父母やきょうだいなどの親族，子どもを持つ友人や隣人などからなる人間関係の束を「育児ネットワーク」という．ここには保育所や幼稚園などフォーマルな機関は含まない．インフォーマルな援助者のみからなるネットワークを指す（松田 2008）．なお，父親を子育ての共同責任者と位置づけ，ネットワークに含めない場合もある．

●育児ネットワークの機能　育児ネットワークが母親に提供するサポート機能としては，実体的サポート（子どもの世話や見守りなど），情緒的サポート（育児についての悩みごと相談など），情報的サポート（育児に関する情報の提供），親交（一緒に遊びに出かけたり食事をしたりすることなど）などがある．人間関係の種類によって提供するサポートの種類も異なる．例えば，父親は情緒的サポートの提供者として最も重要な役割を果たしている．親族の中でも母方の祖父母はあらゆるサポートを提供しているが，特に実体的サポートと情緒的サポートの中心的な担い手である．父方の祖父母からも実体的サポートが提供されているが，情緒的サポートはあまり得られない．また，友人や隣人などの親しい非親族は情報的サポートや親交の相手としての役割を果たしている．

●育児ネットワークの構造と母親の心理的安寧　育児ネットワークの構造とはネットワーク全体の特徴のことであり，規模（ネットワークに含まれる人々の数），構成（ネットワークを構成する人々の種類），密度（ネットワークを構成する人々が相互に知り合いである程度）などがある．これまでの研究からは，規模が大きいほど母親の育児不安度は低いことが明らかにされている（松田

2008). これは，規模の大きなネットワークはさまざまな人々によって構成されているために，状況に応じた適切なサポートが提供できるからだと解釈されている．また，ネットワークの構成に注目した研究からは，「ママ友」「公園デビュー」という言葉から想起されるような，母親役割と結びついたネットワークに固有の問題が指摘されている．ネットワークの構成を「学校中心型（学生時代からの友人が中心）」「仕事中心型」「子ども中心型」「混合型」などに分類して，サポートとストレーン（対人関係に起因するストレス）との関係を見ると，子ども中心型は育児に関する実体的サポートや親交という面では強みがあるが，育児以外の母親個人のニーズに応じることは難しい．また，ネットワークがもたらすストレーンは相対的に大きい．子どもを媒介とする関係は，母親にとって選択性が低い関係であるために，ストレーンが生じやすいと考えられる．これらは母親役割に限定されたネットワークの限界を示唆している（前田 2004）．

●**育児ネットワークの構造を規定する要因**　育児ネットワークの構造は，母親の個人的属性や社会環境によってさまざまである．育児ネットワークのうち世帯外のネットワークの違いに注目した松田茂樹は，世帯外ネットワークが豊かな人は，「平均的な年齢の専業主婦で，経済的にはゆとりがあり，子どもが多い地域に自分が幼い頃から住み続けており，育児サークルや児童館に通う母親」（松田 2008）であることを見出している．これを裏返せば，「高齢出産などにより平均的な年齢から外れており，フルタイムで働いており，経済的に恵まれておらず，子どもが少ない地域に越してきて，育児サークルへも参加していない／できない母親」（松田 2008）は，孤立育児に陥りがちだということになる．育児ネットワークは母親個人の自由意思に基づき自発的に取り結ばれる関係であるが，実際には個人が関与できない社会環境的な要因によって制約されている．経済的制約のほか，年齢や地域の住民構成から見て「マイノリティ」（丸山2013）の立場にあることも，子育て仲間を見つけにくいことから，育児ネットワークの形成を制約する要因となるのである．

●**育児ネットワーク形成に対する社会的支援**　1990年代からは，少子化対策として自治体などがさまざまな子育て支援策を展開してきており，そうした取組みの1つとして育児ネットワーク形成がある．育児ネットワークの意義と限界をともに見据えた上で，ネットワークが脆弱になりがちな人々に配慮しつつ，母親役割に閉塞した状況に陥ることなく母親個人の選択性を担保できるようなネットワークづくりを支援していくことが求められている．　　　　　　[前田尚子]

【引用・参考文献】落合恵美子（1989），久保桂子（2001），前田尚子（2004），牧野カツコ（1982），松田茂樹（2008），丸山美貴子（2013），宮坂靖子（2000），山根真理（2017）

9. 地域の子育て支援

●「公園デビュー」から公園付き合いへ　1990年代「公園デビュー」という言葉が，当時の育児を語る重要なキーワードとなった．当時，子どもの遊び場とされる場所は近隣の公園ぐらいであったが，すでに公園は他の母親たちの社交の場になっていることも多く，派閥や仲間はずれがないか，自分たち親子がうまく仲間に入っていけるかどうかが，新米ママたちの関心事となった．

　公園を介した付き合いは，母親と子どもの友達づくりや育児に関する情報収集のために行われることが多く，特に実家から離れて暮らす母親にとっては，サポートネットワークの構築に大きな意味を持つものであった．その反面，母親のネットワークが公園付き合いに限定されると，育児不安の増大につながることも示唆されており（宮坂 2000），ママ友づくりの困難さと母親社会の閉塞性が浮き彫りにされるようになった．

●「子育てサークル」の誕生と発展　公園デビューが社会的関心を集めた同時期，子育ての不安や孤立感を抱く母親たちが，煮詰まった気持ちを仲間と共感し合うために「子育てサークル」を立ち上げる動きも活発化した（原田 2002）．子育てサークルとは，子育て中の親たちが子どもを連れて集まり，子ども同士遊ばせながら，学習や情報交換をしたり運動会やクリスマスなどの行事を共同で実施したりするグループ活動であり（厚生省 1998），1980年代から自然発生的に誕生し，母親たちの自主活動として広がってきた経緯を持つ（中谷 2009）．公園付き合いとの違いは，メンバーが固定され，グループとして定期的に活動することにある．子育てサークルを運営するためのさまざまな役割遂行や自発的な助け合いが期待され，メンバーや第三者との連絡調整，交渉などが必要となることも多い．そのため子育てサークルは，母親の養育力のみならず社会関係構築のスキルを向上させ，夫との子育て以外の会話も促進させる効果があると示唆された（結城 2001）．

●公的な子育て支援としての子育てサークル　「エンゼルプラン」以降，専業主婦の母親への子育て支援の必要性が強調され始め，上記のような子育てサークルの有効性が認識されるようになると，子育てサークルの育成・支援が，専業母への公的な支援として積極的に推進されるようになった．1995年に創設された地域子育て支援センター事業（以下，センター事業）には，育児不安等の相談に加え子育てサークルへの支援が盛り込まれ，その他にも，保育所，幼稚園，児童センター，保健センター，公民館などさまざまな施設や機関によって子育

てサークルの育成・支援が行われている.

　しかし,次第に子育てサークルの限界も示唆されるようになっている.サークルに参加しても疎外感がぬぐえない母親の存在(原田2002)や,孤立育児から解放されたものの,地域の中で母子だけが孤立しているという指摘(木脇1998),さらに行政からの支援を受けて誕生したサークルは,親主体の運営になりにくく自然消滅しやすいという指摘(原田2002)もあり,子育てサークル以外の支援策の必要性が新たに提示されていくこととなる.

●地域の中の「ドロップイン」として　こうした中,時間や参加者の制約が少なく,子どもが自由に遊び,親同士の交流や学習の場としても機能する子育て支援のあり方が模索され,ぶらりと立ち寄れるドロップインとしての親子の居場所づくりが進められるようになった.2007年センター事業とつどいの広場事業の統合により再編された「地域子育て支援拠点事業」(以下,拠点事業)は,ドロップインの機能を持ち専任のスタッフがいる「地域の親子の居場所」の重要性が反映されたものになっている.センター事業やそれに続く拠点事業利用者の満足度は概して高く,子どもの成長のみならず,母親自身の内面的・共感的サポートの獲得,リフレッシュ,親自身の社会性の向上などの利点が指摘されており(神田・山本2001,檜垣2001,野原2007),2016年現在,拠点事業は全国7,063か所で展開されている.

●地域子育て支援にジェンダー変革の視点を　深刻化する少子化問題を背景に,地域における子育て支援は,上記の他,乳幼児全戸訪問事業の推進,利用者支援事業の創設,幼保連携型認定こども園における地域子育て支援の義務化など,次第に拡充され,妊娠から出産,育児までの切れ目のない支援が目指されるようになっている.

　一方で,積み残された課題もある.地域子育て支援は一部には「おやじの会」など男性の参入も散見されるが,「母親とその子ども」がメインターゲットであることに変わりはなく,支援者もまた女性が多い.支援者の持つ育児観やジェンダー意識が母親に影響することも示唆されており(神田・戸田・神谷2007,中谷2014),支援者がジェンダーに敏感でなければ,新たな抑圧を生む可能性もある.地域の子育て支援を通して支援者と子育て当事者が相互に影響し合い,社会全体のジェンダー意識の変容につながることを期待したい.　　[中谷奈津子]

【引用・参考文献】神田直子・山本理恵(2001),神田直子ほか(2007),木脇奈智子(1998),厚生省(1998),中谷奈津子(2009,2014),野原真理(2007),原田正文(2002),檜垣博子(2001),宮坂靖子(2000),結城恵(2001)

「保育園落ちた」ブログと待機児童問題

　2016年「保育園落ちた，日本死ね」と書き込みされたブログは，保育所等への入所を
めぐる母親たちの困難を図らずも代弁し，大きな反響を呼んだ．現在，保育所等への待機
児童数は，全国で5万人を超え（2017年10月現在），東京や神奈川，大阪などの都市部に
多く，低年齢児の入所が困難な状況となっている．申し込みをしたにもかかわらず入所で
きない「落選」率が4割を超える自治体もあり，入所が叶わなかった家庭では，急遽，育
児休業の延長や認可外保育施設入所を迫られ，妻が退職に追い込まれるケースもあるとい
う．子どもとの生活を楽しみにしていた家族にとって，待機児童問題は，それぞれの人生
設計やキャリアへの展望を大きく揺るがすものとなる．さらには子育てへの意欲や負担感，
子どもへの愛情そのものにまで影響を及ぼすことも懸念される．

　しかし，待機児童問題は決して現代的な課題ではない．厚生省の統計によれば高度経済
成長期ただ中の1967年，保育を必要とする児童数から保育所入所定員を除いた要充足定
員数は約51万人であった．現在の待機児童数からすると驚愕する数字である．

　では，なぜ現代において，待機児童がこれほどにまで世間の耳目を集める社会問題となっ
ているのか．1つには，政策動向の変化がある．1960年代の保育政策は，母親の家庭責任
を背景として，保育の拡充を抑制しようとするものであった．しかし，現在に至るまでに
は，わが国でも女子差別撤廃条約，家族的責任を有する労働者条約（ILO第156号），子
どもの権利条約などが批准され，国内法の整備が進められている．特に2015年には「女
性活躍推進法」が成立し，就業継続の実現や子育てに対するきめ細やかな支援が謳われる
ようにもなった．こうした政策展開は，実際に社会の意識変容を促す作用をもたらし，政
策が推進する方向性と現実生活との乖離を際立たせる象徴的な事象として待機児童問題を
浮上させたといえる．

　ただ，待機児童問題に関する一連の発信からは，男性の姿は見えにくい．このことは，
未だ子育ての問題が女性の問題に留まっていることを意味する．保育は，子どもを持つ男
女の就労や社会生活を可能にする社会システムであるが，同時に子どもの教育という機能
を併せ持つ．とするなら，待機児童問題を，単に「女性の就労による子どもの預かり先の
不足」と捉えるのではなく，「この社会で子どもをどのように育てるか」についてより具
体的かつ総体的に検討していくことが求められよう．　　　　　　　　　　　［中谷奈津子］

第 7 章

労働と家族

1. 仕事と子育ての両立　100
2. ワーク・ライフ・バランス　102
3. 非正規雇用の広がりと家族　104
4. 労働と家族的責任　106
5. ペイド・ワークとアンペイド・ワーク　108
6. 長時間労働と過労死　110
7. 男女共同参画社会　112
コラム「家族の世話と仕事の両立」　114

　本章は，ペイド・ワーク，アンペイド・ワーク，ワーク・ライフ・バランスなど，労働と家族にまつわる問題を考える際のキーワードについて概説するとともに，仕事と子育ての両立や労働者の家族的責任など労働と家庭生活に関する問題を概説する．また，これまで指摘されてきた問題に加え，非正規雇用の広がりや長時間労働と過労死など，近年特に注目されている問題についても取り上げる．

[井田瑞江]

1. 仕事と子育ての両立

●**女性の社会進出と共働き家族の増加**　日本における女性就業率は上昇傾向にあり，1986年の男女雇用機会均等法施行以降約30年間には著しく上昇した．その背景には，女性の就業意欲の高まりや高学歴化，晩婚化，非婚化，男女雇用機会均等法や女性活躍推進法などの法制度の整備，女性の就業に対する社会の意識の変化などがある．そして結婚・出産後も就労を継続する女性が増加したことにより，共働き世帯は増加を続け，1990年代後半には専業主婦がいる世帯を上回った．このように共働き家族が増加した背景には，女性のキャリア意識の高まりや高学歴化に加え，行政による子育て支援策の整備，企業における両立支援策の拡充のほか夫の収入の不安定化や子どもの教育費の負担などの経済的な理由も挙げられる．また日本では就業を継続する妻が増加する一方で，妻の家事や子育ての分担も重く，共働きの妻の仕事と家庭の二重負担は問題視されてきた．

●**M字型就労と日本の女性労働**　M字型就労とは，女性の年齢階級別就業率がM字型に似ていることからこう呼ばれている．図1に1986年と2016年の年齢階級別就業率を示す．M字型就労の特徴として，女性が学卒後20～24歳で就職することで就業率が一旦上昇し，その後20歳代後半から30歳代で出産や子育てのために労働市場を退出することで就業率がM字の底になる．そして子育てが落ち着いた40歳代で仕事を再開するために再び就業率が上昇するというものである（千葉 2012）．図1にあるように近年は女性の社会進出に伴って，各年齢階級で就業率が高まり，M字の底が浅くなるとともに，底になる年齢階級も上がっている．国際的には女性の年齢階級別就業率がM字を描く国は一部であり，育児期も女性が就業を中断しない国もある．

●**仕事と子育ての両立の現状**　「夫は外で働き，妻は家庭を守る」という性別役割分業意識について男女ともに反対が賛成を上回り，「男女ともに仕事も家

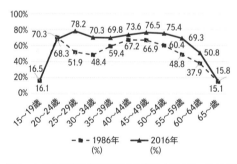

図1　女性の年齢階級別就業率の推移（1986年・2016年）
（原出所：総務省「労働力調査」，出所：「男女共同参画白書　平成29年版」）

庭も」という意識に変化している．しかし実際はどうだろうか．妻の就業について，共働きの妻が第一子出産後も就業継続をする割合は5割程度に達し，働く妻は増加した．しかし夫の家事・子育て参加は，長時間労働などの理由で微増にとどまる（筒井 2015）．共働き家族における夫と妻の家庭内労働の分担を見ると，6歳未満の子どもがいる家族では，夫の家事・子育て時間はわずかに妻の6分の1程度である（内閣府男女共同参画局 2017）．また育児休業の取得について，2016年の女性の育児休業取得率は8割を超えているが，男性では上昇傾向にあるものの極めて低く，3％程度である（厚生労働省 2017）．このような状況においては，女性が就労継続をしてもキャリアより家庭役割を優先してしまう．共働きの女性には，家庭役割を優先するために管理職のような指導的地位を望まない人や正規雇用より勤務時間が短い非正規雇用を選ぶ人が多く見受けられ，仕事と家庭の二重負担は女性活躍を阻む要因となっている．妻が家事・子育ての大部分を担う日本の家族における性別役割分業は，M字型就労をもたらすだけではなく，共働きの妻のキャリア形成をも消極的にさせている．

●仕事と子育ての両立に向けて　今後の労働力不足への対応や男女共同参画社会の実現に向け，女性の活躍推進は必須であり，男女ともに仕事と子育ての両立は重要課題である．今後，社会や個人が仕事と子育ての両立に向けて取り組むべきことは，第一に家族における夫の子育て・家事参加およびワーク・ライフ・バランスの実現である．夫の子育て・家事参加を多くするためには長時間労働の是正，意識改革および育児・家事のスキルの向上が求められる．男性の意識改革や育児・家事のスキル向上には，学校における家庭科教育が重要な役割を果たす．第二に政策面では，保育所の整備をはじめとする子育て支援策のさらなる拡充が必要である．引き続き病後児保育への配慮，保育の質の保証も重要な課題である．第三に職場では，男女ともに育児期には子育てと仕事が両立できる柔軟な働き方ができることの継続的な推進が求められる．フレックスタイムや短時間勤務，テレワークの導入などさまざまな勤務制度があるが，制度を利用しやすい職場環境の醸成も重要である．さらに職場では，女性が結婚・出産後も意欲的にキャリアアップに挑戦できるような人材育成策や昇進制度の整備も必要となっている（大沢 2015）．そして女性自身が伝統的な性別役割分業規範にとらわれず，就業を継続する強い意欲を持つことが，女性活躍社会の実現に向けて社会から大いに期待されているのである．　　　　　　［中川まり］

【引用・参考文献】大沢真知子（2015），厚生労働省（2017），千葉隆之（2012），筒井淳也（2015），内閣府男女共同参画局（2017）

2. ワーク・ライフ・バランス

●**社会の近代化に伴う変化**　前近代社会では男女ともに労働力として期待され生産活動に従事しており，日常生活の中に生産活動（ワーク）が含まれていた．ところが社会が近代化し産業構造が工業化すると職住が分離し，仕事（ワーク）と生活（ライフ）が切り離されるようになった．この変化の中で主として男性が社会に出て働き，女性が家庭で家事を担う性別役割分業が行われるようになり，歴史的に見て明治期に初めて家事に専念する専業主婦が誕生した（上野1994）．

　さらに社会が近代化する中で多産多死から少産少死へと人口転換し，戦後日本の人口動態は労働人口比率が一時的に増加した．これは各国が歴史的に一度だけ経験する人口ボーナス期と呼ばれ（Mason 1997），まだ高齢化が進行していないなか非常に力強い高度経済成長期を迎えたのである．戦後日本では民法のもと男女平等な社会が目指される一方，十分な労働人口を背景に性別役割分業が合理的とみなされていた．労働力調査によると1975（昭和50）年の女性の労働力率が最も低く45.7%で，専業主婦が一般化していた．

●**男女共同参画社会**　その後男女ともに高学歴化が進み，労働力率も高くなる中，1986（昭和61）年に男女雇用機会均等法が施行された．2015（平成27）年の出生動向基本調査によると結婚退職や出産退職が減少し，第一子出産後も53.1%の女性が就業継続している．ところが均等法制定後に増加したのは非正規雇用で，近年では男性の非正規雇用の増加も指摘されている．2017（平成29）年の賃金構造基本統計調査によると正規雇用に対する正規雇用以外の労働者の賃金水準は男女計で65.5%で，格差は縮小傾向にあるものの約8割を維持する諸外国には及ばず，その是正が課題である．

　現代のように男女ともに労働力率が高くなると，性別役割分業はもはや合理性に欠けるが，性別役割分業観の変化は緩やかである．学校教育において1970年代までは家庭科，技術・家庭科における男女の学習内容の差別化されていたが，1993（平成5）年に中学，1994（平成6）年に高校で男女共修が実現した．しかし，この家庭科男女共修世代が親世代となっている2016（平成28）年の社会生活基本調査結果を見ると，6歳未満の子どもを持つ夫婦の育児・家事関連時間は，夫1時間23分に対し妻7時間34分で，女性に偏る負担が顕著である．

●**ワーク・ライフ・バランス**　次第に長時間労働による負担が意識されるようになり，1980年代後半のアメリカでワーク・ライフ・バランスという言葉が用

いられるようになった．これは労働者が早く帰宅できるよう配慮しプライベートな時間を確保することにより，就労意欲が向上することが見出され，生活満足度だけでなく労働生産性の向上も期待できる取組みとして注目されるようになった（佐藤編 2008）．

●日本におけるワーク・ライフ・バランスの取組み　2007（平成19）年に「仕事と生活の調和（ワーク・ライフ・バランス）憲章」が制定され，男女共同参画を前提とした社会基盤の構築が目指されている．多様な働き方と生き方が可能となる選択肢として短時間勤務，短時間正社員制度，テレワーク，在宅就業等の導入が行動指針のポイントとして示されている．数値目標としては，就業率・労働生産性の向上，長時間労働の抑制，年次有給休暇および育児休業取得率の向上，6歳未満の子どもを持つ男性の育児・家事関連時間の増加等が挙げられている．これらの取組みを通して，育児や介護等のライフステージに合った働き方の実現が目指されている．ただし，そのためには制度を整備するだけでなく，労働者が柔軟な働き方を選択しやすい労働環境，特に上司の理解を得られる職場風土の醸成も不可欠である．

　近年では働き方改革による時間外労働の上限規制が注目される中，固定残業代のもとサービス残業が増えるような労働者の不利益を回避する視点が欠かせない．裁量労働制，フレックスタイム制，ワークシェアリング，ジョブ型正社員等の多様な選択肢の可能性が広がっているが，終身雇用制度を基本としてきた日本の企業風土の中に新しい選択肢を増やすためには，モデルとなる先行事例や導入マニュアルを作成し共有する中で，働き方の選択肢の普及に期待が寄せられる．

●ワーク・ライフ・バランスを実現する意思決定能力　ワーク・ライフ・バランスについて，性別役割分業や働き方の選択という視点から論じてきたが，単身者や就労していない人にとっても重要な意味を持つものである．一人ひとり異なる価値観を尊重しつつプライベートな時間を充実させ QOL（生活の質）を高めるライフデザインを描く力が求められる．私たちに与えられている時間，能力，人間関係，金銭など有形無形の生活資源には個人差があり，有限なものも多い．自分自身の価値観と同様に家族，友人，同僚の価値観をも尊重し，それぞれが望むワーク・ライフ・バランスを実現させるために，制度や支援の選択肢を増やし，それらを利用しやすい環境を整えつつ，生活資源を適切に配分する一人ひとりの主体的な意思決定能力を育むことが重要である．

[平松紀代子]

【引用・参考文献】上野千鶴子（1994），佐藤博樹（2008），Mason, A.（1997）

3. 非正規雇用の広がりと家族

●**非正規雇用の広がり**　経済のグローバル化に伴う労働市場の変化や派遣法の法改正などを背景に，1990年代以降パート，アルバイト，派遣・契約などの非正規雇用（非典型労働などともいわれる）の就業者が増加している．これまでも有配偶女性の就業者の多くは非正規雇用であったが，あくまでも家計の追加的・補助としての稼得者であり，生計維持には主たる稼ぎ手（夫）がいることを前提としていた．しかし近年の非正規雇用の広がりは，男性では家族形成期にある若年層と高齢者層で，女性においても就業率の高まりとともに中高年層と若年層において非正規雇用者の増加をもたらしている．

●**非正規雇用の広がりと「成人への移行」**　非正規雇用の広がりが顕著であったのは若年層である．若年層の非正規雇用者の増加は，高度経済成長期に標準化した日本型の「成人への移行」，すなわち新規学卒後，正規雇用で就職，年功序列・終身雇用で定年まで勤務する，20代半ばに結婚して子どもを持つというライフコースのあり方に変化をもたらした（岩上編 2010）．高等教育での中退者や就職活動の困難から「教育から職業への移行」において初職がフリーターなど非正規雇用であったり，あるいは就職後3年以内で離職，転職を繰り返すといったように若者の雇用流動化・不安定化が進行した（舩橋・宮本 2008）．「成人への移行」が直線的なものから，可逆的で断片化された「ヨーヨー型」の移行へと変容していった（久木元 2009）．その中で，親からの自立や家族形成の困難が生じている．

●**非正規雇用と未婚化・晩婚化**　若年層における非正規雇用の広がりは，1990年代以降に顕著となった未婚化・晩婚化とも関連している．正規雇用者に比べ非正規雇用にある若者は，交際相手がいる確率が低い，結婚意向が弱い，（女性は）結婚・出産後の就業継続意向が低いなど雇用形態により家族形成に対する態度は異なっている（厚生労働省 2016）．また男性の有配偶率は，20代前半では雇用状態による差はほぼないものの，30代には差が開き非正規雇用では有配偶率が低く，年収別に見ても300万円未満では未婚率が高い（日本労働政策研究・研修機構 2014）．非正規≒低年収であることは，特に男性において家族形成の不利と関連している．非婚を希望する，あるいは自由な働き方を希望するなどライフスタイルの選好の違いに留意する必要はあるが，非正規雇用の広がりなど社会環境は変化しても，夫婦関係においては性別役割分業が維持され，景気の停滞を背景に，専業主婦志向で夫に稼得能力を期待する女性が減少しな

い一方で，男性自身も稼得役割を規範化しているため，未婚者の稼得能力の実際と結婚相手への期待との間でミスマッチが大きくなっている．

●非正規雇用の広がりと親子関係　山田昌弘が「パラサイト・シングル」論で提起したように（山田 1999），若年未婚者は親との同居率が高いが，正規に比べ非正規雇用の未婚者の親元同居率は高い（日本労働政策研究・研修機構 2017）．親との同居によって基礎的生活条件が充足され，親が非正規雇用による不安定な成人子の生活を保障・補填し，定位家族（子どもとして生まれ，育てられた家族）がセーフティネットとなっている．一方で今日では親子ともに不安定な経済状況や疾病，親の離婚などによって，親を頼れない，あるいは反対に親への支援が必要な若者も増加していると見込まれ（小杉・宮本 2015），定位家族の状況によって格差が拡大している．さらに非正規雇用から正規への転換が難しく，中高年になっても非正規雇用のままという者が増え（日本労働政策研究・研修機構 2017），親元に同居する未婚者も増加している（西 2015）．

●中高年女性の非正規労働の拡大と家計　非正規雇用の多数は有配偶女性であり，結婚・子育てがひと段落した後の「再就職」である．有配偶女性の就業率は M 字カーブの底上げとともに M 字の右側，すなわち中高年期での就業率も上昇してきた．これまで日本の家計では夫が高収入であると妻の無業率が高まるダグラス＝有沢の法則が成立していたが，近年では夫高収入世帯でも，妻の就業率は上昇傾向にあり，家計への妻の収入貢献の割合も高まるなどの変化の兆しが見られる（厚生労働省 2017）．ただし，夫が高所得のパート就労の妻の収入は，自己裁量費となるものの，妻のパート収入はあくまでも家計補助であり家計に占める妻の収入貢献割合は高くない（田中・坂口 2017）．妻がパート世帯では性別分業体制を維持しており，共働きでも妻がほとんどの家事・育児等のケア役割を担い続けており，他の状況の女性と比べて心身の状態が良くない（西村 2009）．家事・育児と仕事の役割過重の状態から女性の家族生活での負担が大きくなっている．　　　　　　　　　　　　　　　　　　　　[田中慶子]

【引用・参考文献】岩上真珠編（2010），久木元真吾（2009），小杉礼子・宮本みち子（2015），厚生労働省（2016，2017），西文彦（2015），西村純子（2009），日本労働政策研究・研修機構（2014，2017），舩橋恵子・宮本みち子編著（2008），山田昌弘（1999）

4. 労働と家族的責任

●**家族的責任とは** 家族的責任は，家庭責任と互換的に使われることもあるが，主に自立的な生活を営むことが難しい者に対する，家族成員のケア労働責任（家族のための育児や介護等）を示す（大森 2014，服部 2015）．

「家族的責任は男女にある」という認識が国際的に共有されたのは，歴史的に見れば最近のことである．例えば1965年の国際労働機関（ILO）の「家庭責任をもつ婦人の雇用に関する勧告」（第123号）は，「家族責任を有する家庭以外で働く女性」に，差別を受けずに労働する権利等の追求を定めた．しかし1981年のILOの「家族的責任を有する男女労働者の機会及び待遇の均等に関する条約」（第156号）は，「子供や近親者の面倒を見るために職業生活に支障をきたすような男女の労働者」に，各種の保護や便宜を提供し，家族的責任と職業的責任の両立を目的とした（表1）．服部（2015）は，「男女の労働役割分担を前提とした＜分業型＞家族的責任は，ILO156号条約とともに，男女が共に家族的責任を担う＜シェア型＞への転換が始まった」と述べている．

●**仕事と家族的責任の現状** しかし現在の日本の仕事と家庭生活を見ると，男女の家族的責任は＜シェア型＞にはなっていない．日本では仕事と家庭生活に関わる生活時間の男女差が極めて大きい．夫婦と子どもの世帯で，夫は妻が有業か否かにかかわらず，1日に8時間以上を仕事等に充てているが，家事や家族のケアの時間は1時間にも満たない．一方，共働き世帯の妻が家事や家族のケアに使う時間は，夫の6倍を超えている（総務省統計局 2017）（図1）．ILO156号条約の理念とは裏腹に，「男は仕事，女は家事・育児・介護」という性別役割分業が実践されているのが，日本の現状である．

●**＜分業型＞家族的責任が男女にもたらすもの** 女性のみが家族的責任を担

表1　仕事と家族的責任をめぐる動き（ILO）

	国際労働機関（ILO）の動き
1965年	「家庭責任をもつ婦人の雇用に関する勧告」（第123号）
1981年	「家族的責任を有する男女労働者の機会及び待遇の均等に関する条約」（第156号）

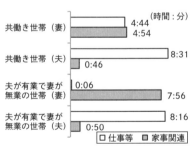

図1　仕事等と家事関連の時間（一週全体，夫婦と子供の世帯の夫・妻）
(出所：総務省統計局「平成28年社会生活基本調査」をもとに作成)

う社会では，女性の働き方と生き方にさまざまな困難が伴う．大森（2014）は，実際に女性が家族的責任のほとんどを担う結果，女性の方だけが仕事を辞めて非正規雇用として再就職する，というような女性の就業形態が多様化することの沢山の課題を指摘する．例えば育児や介護のために，パートや派遣等を選択する女性は多いが，非正規雇用は正規雇用と比べて，賃金や処遇，経験する業務の幅，将来の退職金や年金等に大きな格差が存在する．また企業の中には，正規雇用で仕事をしたい母親向けに，「子育てにやさしい働き方」を用意するところもある．しかしその働き方は「マミートラック」ともいわれ，彼女たちの職業キャリア（その後の昇給や昇格・昇進を含む）には制約が課せられる場合が多い．上野（2013）は，働く母親が「マミートラック」によって，実質的には企業で二流の労働者として扱われていることの問題を指摘する．

　一方，女性のみが家族的責任を担う社会では，男性には一層の稼得責任が求められる．男性は，一家を養うために「男並み」の労働を期待されがちである．また日本の男性の稼得責任に対する意識も弱くはない．男性学からも，男性が長時間労働によって家族的責任はおろか，自身の健康さえ考えられず，家族や地域の活動もできない状況から，自分の生活スタイルを変革する必要性が指摘されている（伊藤 2009，田中 2015）．

●男女が労働も家族的責任も分かち合える社会に向けて　男女が労働も家族的責任も分かち合える社会は，効率性と生産性の最大化に主眼を置く「働き方改革」や，単なる女性の就業率と出生率の向上をねらう「女性活躍」では実現しない．必要なことは，男女の有償の仕事と家族のケアが対等に扱われ，尊重される社会づくりである．そのような社会に向けてアメリカでは，市場の競争は，家族のケアよりも，絶対に大切で価値があることなのかを問い始めている（Slaughter 2016）．

　まず我々は，労働者の家族的責任に「見ないふり」をする企業に NO と言わねばならないだろう．もっとも賢明な経営者ならば，家族的責任をもつ従業員が退職せざるをえない企業は，持続不可能であることをわかっている．また我々の顧客行動も振り返りたい．我々は客であれば，従業員が育児や介護に困るような労働（サービス）をいつでも要求してよいのだろうか．男女が労働も家族的責任も分かち合える社会の実現は，男女が共に「仕事か家庭か」の二者択一を強要されない生き方の獲得につながっている．企業や社会への働きかけとともに，我々の生活や意識の変革も問われている．　　　　　［森田美佐］

【引用・参考文献】伊藤公雄（2009），上野千鶴子（2013），大森真紀（2014），総務省統計局（2017），田中俊之（2015），服部良子（2015），Slaughter, A.M.（2016），ILO ホームページ

5. ペイド・ワークとアンペイド・ワーク

●**アンペイド・ワークの再評価**　ワークは，従来，経済の領域で対象としてきた貨幣，市場を介するペイド・ワーク（有償労働）を指していた．私たちが生きていくためには，そして社会が維持されていくためには，ペイド・ワークだけでは不十分である．自給（自家）生産，家事労働，地域活動，ボランティア活動などのアンペイド・ワーク（無償労働）は，人間の生活・福祉に必要な労働であるにもかかわらず，市場経済の発展によりワークとみなされなくなった．

しかし，1970年代からアンペイド・ワークを経済的に評価しようとする試みが行われるようになった．この試みの背景には，経済的発展にもかかわらず男女の経済格差はなくならず，「貧困の女性化」という深刻な問題が厳然として残っていたからである（久場・竹信1999）．

図1は1995年の人間開発報告書の表紙デザインのもととなったペイド・ワークとアンペイド・ワークのジェンダー差を示すグラフである．これは女性の経済貢献がいかに過小評価されているかを表している．この図のポイントは，以下の4点である．①ワークの負担のうち，女性がその半分以上を担っている．②男性のワークのうちペイド・ワークが4分の3を占めているのに対し，女性のワークのうちペイド・ワークを占める割合は3分の1に過ぎない．③その結果，男性は収入と経済貢献では不当に大きな分け前を得ている．一方，女性のワークはほとんど認められることなく，過小評価されている．

●**アンペイド・ワークの現状と経済的評価の意義**　日本においても現在もこのような状況のままである．総務省統計局（2017）によれば，アンペイド・ワー

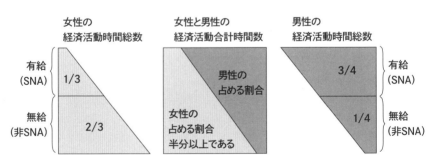

図1　女性の貢献に対する認識
（出所：人間開発報告書/国連開発計画（UNDP）編（1995）表紙裏）

クのうちの家事関連時間を男女別に見ると，男性が週平均1日当たり1時間16分，女性が4時間11分となっており，男女間で約3時間の差が見られる．6歳未満の子どもを持つ男女に限るとさらにその差は拡大する．男性のアンペイド・ワークは1時間35分であるのに対し，女性は8時間にものぼる．ペイド・ワークについては，男性は7時間49分であり，行為者率は76.8％，行為者平均9時間54分となっている．一方，女性は5時間24分であり，行為者率67.3％，行為者平均7時間53分である．このように，男女のアンペイド・ワークとペイド・ワークの長さの違いは顕著である．

このような状況で，アンペイド・ワークを経済的評価することの意義は以下の5点である．①市場を介さないために目に見えなかった（数値化されなかった）ワークの社会的な認知，②人間の生活・福祉へのアンペイド・ワークの貢献の指標化，③家計（世帯）と社会の労働分担に関する分析資料，④ジェンダーに中立的な資源配分を行うための分析資料，⑤訴訟・離婚などの金銭的保証の計算根拠，夫婦（カップル）財産法検討のための資料である．アンペイド・ワークの経済的評価は政策立案のために有意義なのである（Lourdes 1999）．

1995年に第4回世界女性会議で採択された北京行動綱領ではアンペイド・ワークへの対処方略として，①国民経済計算体系（SNA）に含まれているアンペイド・ワークに関するデータ収集の改善，②女性の失業および不完全雇用を過小評価している測定の改善，③SNAに含まれないアンペイド・ワークの価値を数量的に評価し，それを表すサテライト勘定の開発，④ペイド・ワーク，アンペイド・ワーク，および女性・男性の間の差違に敏感な生活時間統計の実施があげられている．日本では経済企画庁（現・内閣府）が，1997年に家事労働の経済的評価に関する報告書を刊行し，引き続き，保育・介護に関するサテライト勘定が行われている．

●アンペイド・ワークとペイド・ワークの境界　家事労働は，貨幣経済の浸透や近代化における公領域と私領域の分離において生み出されたものであり，市場によって商品化されなかった労働の1つである．アンペイド・ワークとペイド・ワークの境界は，市場が何をどこまで商品化するかによって変動する（上野1990など）．この境界変動は，特に介護の領域において著しい（堀越1999）．

今日，アンペイド・ワークとペイド・ワークを単純に二分して議論するのではなく，境界領域を含めた議論や，ワークシェア，ベーシックインカムなどとの関連を見ていく必要がある．　　　　　　　　　　　　　　　　[永井暁子]

【引用・参考文献】上野千鶴子（1990），久場嬉子・竹信三恵子（1999），総務省統計局（2017），内閣府（2018），堀越栄子（1999），Lourdes, B.（1999），UNDP（1999）．

6. 長時間労働と過労死

●**過労死・過労自殺とは**　過労死は1980年代後半から社会的に大きく注目され始め，国際的にも「Karoshi」として知られるようになった．過労死は業務における過重な負担によって発症した脳梗塞などの脳血管疾患や心筋梗塞などの心疾患で死亡すること，過労自殺は業務による強い心理的な負担による精神疾患（うつ病など）で自殺することとされ，死亡には至らないが，業務により脳血管・心臓疾患や精神紹介なども含む．その労災認定基準は通達で定められ，発症前1か月間の時間外労働が100時間を超えるか，発症前2～6か月間の平均時間外労働が1か月当たり80時間を超える場合には業務と発症の関連が強いとされる（厚生労働省 2015b）．特にここ数年，過酷な長時間労働による過労死・過労自殺が明るみになり，再び大きな社会問題となっている．

　2000年以降の労災請求件数の推移を見ると，脳・心臓疾患の発症は600件台から900件台前半の間で横ばい，精神障害の発病は2000年の212件から年々増加の一途を辿っている（厚生労働省 2017）．この背後に請求までに至らない事案が数多く存在していると思われる．こうした過労死を誘発する要因の1つが長時間労働である．

●**長時間労働の推移**　日本における長時間労働の問題は今に始まったことではなく，これまでも繰り返し議論され，対応がなされてきた．1947年に労働基準法が制定されて以降，法定労働時間は週48時間制となっていたが，80年代になると，貿易黒字縮小のための内需拡大策として労働時間の短縮（「時短」）が国の重要課題となった．このため，法定労働時間は原則週40時間へ順次短縮されるとともに完全週休2日制も普及，所定内労働時間と所定外労働時間を合わせた総実労働時間（年間）は90年代中頃にかけて大きく減少した（1987年2,111時間→1993年1,920時間）．それ以降も総実労働時間は減少し，2008年には当初の目標であった1,800時間を切り，2016年には1,724時間となっている（図1）（厚生労働省 2015a，2017）．

●**長時間労働の実情**　ただし，実際の労働時間は短縮されてきたとは言い難い．先に見たように，80年代後半における総実労働時間の短縮は，法定労働時間の削減と完全週休2日制の普及，すなわち，月間出勤日数の削減によるものであり，1日当たりの所定内労働時間は減少していない（厚生労働省 2015a）．また，90年代半ば以降の総実労働時間の減少はパートタイム労働者比率の上昇によるものと考えられる．実際，年間総実労働時間を見ると，パートタイム労働者を含

めた労働者全体では減少傾向にあるものの、一般労働者に限ると依然として2,000時間前後と高い水準を示す（厚生労働省 2017）.

特に、過労死などを防止するための数値目標の対象とされた週60時間以上の長時間労働者に着目し、週35時間以上

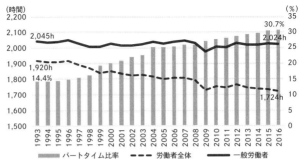

図1　年間総実労働時間（労働者全体と一般労働者）とパートタイム労働者比率の推移
（原出所：厚生労働省「毎月勤労統計調査」、出所：厚生労働省「平成29年版 過労死等防止対策白書」より抜粋）

の雇用者に占める割合を見ると、緩やかな低下傾向にあるものの、依然として一定水準を占める（2016年度で11.2％）．性別・年齢別に見ると、男性では40代（16.9％）と30代（16.4％）、女性では20代（5.9％）で週60時間以上の割合が高くなっている（厚生労働省 2017）．労働時間の二極分化も見られる．1997年と2007年を比較したところ、性別・就業形態別を問わず、「60時間以上」の長時間労働者および「35時間未満」の短時間労働者の割合がともに高まっていた（森岡 2011）．就業形態が多様化する中、長時間労働が「ある特定の人々」（＝男性の正規雇用者）だけの問題ではないことを示唆している．

●長時間労働の是正に向けて　2018年6月に働き方改革関連法が成立、これまで無規制だった時間外労働時間に対する罰則付きの上限規制、高収入の一部専門職を労働時間規制から外す「高度プロフェッショナル制度」（高プロ）などが盛り込まれた．ただし、時間外労働の上限「月100時間未満、複数月平均80時間」は過労死の認定基準に匹敵、また「高プロ」の創設は長時間労働を助長し過労死を増やすなどの懸念も指摘されており、今後検討すべき課題は多い．

1日が24時間であることを踏まえれば、長時間労働は余暇時間や睡眠時間を削り、家族や親しい人たちとの時間を阻害する．過労死・過労自殺を防止し、ワーク・ライフ・バランス実現のためにも、公的機関による監視・指導を強化するなど、法制度の実効力を高め、長時間労働の一刻も早い是正が必要となる．

[鈴木富美子]

【引用・参考文献】厚生労働省（2015a, 2015b, 2017），笹島芳雄（2016），島田洋一（2016），濱口桂一郎（2011），水町勇一郎（2012），森岡孝二（2011, 2016）

7. 男女共同参画社会

●**男女共同参画社会とは**　21世紀に目指すべき社会として政府が提唱している男女共同参画社会とはどのような社会のことだろうか.「男女共同参画社会基本法」の第2条には,「男女が,社会の対等な構成員として,自らの意思によって社会のあらゆる分野における活動に参画する機会が確保され,もって男女が均等に政治的,経済的,社会的及び文化的利益を享受することができ,かつ,共に責任を担うべき社会」と書かれている.「参加」ではなく日常会話では馴染みのない「参画」という語をあえて使っているところに,男女共同参画社会が目指している社会の姿が表されている.

　日本政府は戦後から1980年代の終わり頃までは,女性への差別の撤廃や,社会のさまざまな場面で不利な状況に置かれていた女性たちの地位を向上させて女性が男性と平等になれることを目指していた.つまり,それまで女性が参加できなかったことに参加できるようになることが推進され,女性の雇用や就業に関する制度が少しずつ整えられていったのである.そして次のステップとして女性も男性と同じ場にいる「参加」ではなく,計画の段階から加わる「参画」ができるようになることが目指されるようになったのである.

●**男女共同参画社会が目指すこと**　男女共同参画社会の5つの基本理念は,1999年6月に公布・施行された「男女共同参画社会基本法」に定められている.男女の人権の尊重,社会における制度または慣行についての配慮,政策等の立案および決定への共同参画,家庭生活における活動と他の活動の両立,国際的協調である.これらの基本理念に基づき,国は男女共同参画社会づくりのための施策である基本計画を5年ごとに策定し実施してきた.1999年に最初の基本計画が策定され,2015年には第四次基本計画が策定されている.地方公共団体は国が策定した基本計画に基づいて男女共同参画社会づくりのために地域の特性を活かした施策を展開する.そして,国民である我々は,男女共同参画社会づくりに協力することが期待されている.

●**男女共同参画社会は誰のためのものか?**　男女共同参画社会の実現に向けて政府が推進している主な政策は,女性の活躍促進,ポジティブ・アクション,仕事と生活の調和(ワーク・ライフ・バランス),女性に対する暴力の根絶,そして男性にとっての男女共同参画社会などである.男も女もあらゆる分野に参画できる社会を目指すと謳いながら,主要な政策は女性を対象としたものが多いのが現状である.そのために男女共同参画社会は女性のための政策であると

勘違いされてしまい，自分たちとは関係ないことだと男性たちは無関心になってしまうのである．現代社会で差別や格差といった不利益を被る経験をするのは女性の方が多いが，長時間労働やそれに伴う諸問題（家庭や地域社会に参画できない，中高年男性の自殺の多さ）など男性たちにも不利益は存在するし主に男性たちが経験している社会問題もある．そこで，内閣府男女共同参画局のホームページでは，男性にとっての男女共同参画ポータルサイトが開設され，男女共同参画に関する政策は，男性にとっても生きがいのある社会を目指す上で重要な課題であることが発信されるようになってきている．

● **男女共同参画社会の実現に向けて**　男女共同参画社会基本法が施行されて20年近く経過したが，男女共同参画社会という語の周知度はあまり高くない．内閣府が実施した「男女共同参画社会に関する世論調査」によると，2000年は24.7％，2004年は52.5％，2009年は64.6％，2016年は66.6％であった．基本法が施行されて10年で周知度は6割を超えるまでになったが，それ以降は横ばいの状態である．

　周知度が6割程度の男女共同参画社会を実現するためには，第一にこれが女性にとっても男性にとっても生きがいのある社会を実現するものであることを広く知らせていく必要がある．個々人にとって望ましい社会であることが理解されれば，その実現に向けた施策の効果は今以上に出てくるだろう．そして，男女共同参画社会を実現するために日本社会に必要なのは，長時間労働が解消されること，柔軟な働き方ができるようになること，男性が働いて稼ぎ女性は家事や育児や介護など家族の世話をすることを優先して生きるという固定的な生き方だけではなく，多様な生き方が受け入れられ自分自身が望む生き方を実現できることである．夫も妻も働く共働きでも，妻が働いて夫が主夫になっても，従来のような夫が働いて妻が専業主婦でも，同性どうしで結婚しても，独身であってもいいのである．自らの意思で生き方を選ぶことができ実現できるのが，男女共同参画社会なのである．女性を対象とし社会での女性の活躍を促進する制度もこれまでどおり推進する一方で，今後は男性たちが置かれている不利な状況に気づかせ，男女共同参画は男性にとってもいいことなのだということを広めていくことが重要である．なかなか変わらない男性の意識や働き方や生き方が変わることが，男女共同参画社会の実現を早める糸口となるだろう．

[井田瑞江]

【引用・参考文献】内閣府男女共同参画局（2000, 2005, 2009, 2016）

家族の世話と仕事の両立

「男は仕事，女は家庭」という性別役割分担が多くの家庭で実施されている日本では，既婚女性は仕事と家庭生活を両立しやすいパートを選ぶため，男性より非正規の割合が高い．そして正規でも非正規でも，女性は結婚，妊娠，出産，子どもの就学という家族に関わるライフイベントのタイミングで，就業を継続するかどうかの選択を迫られる．

国立社会保障・人口問題研究所の「出生動向基本調査」では，出産前後の妻の就業変化について調査している．子どもの出生年が1985年～89年では第1子出産前に60.7％が就業，そのうち出産後も就業継続したのは24.1％であった．子どもの出生年が2010年～14年では第1子出産前の就業率は72.2％に達し，出産後も就業継続した割合も38.3％まで増加している．

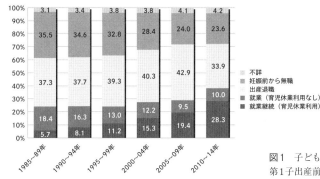

図1　子どもの出生年別に見た，第1子出産前後の妻の就業変化

女性が就業継続できるようになった要因は，仕事と家庭生活の両立を支援する制度の充実であり，その代表的なものが育児休業制度である．育児休業を利用して就業を継続する女性は，子どもの出生年が1985年～89年では5.7％だが，子どもの出生年が2010年～14年では28.3％に増加し，育児休業を利用しない人も合わせると出産前に就業していた女性のうち半数以上が就業を継続するまでになっている．また，子どもを産み終えた無職の既婚女性の86％が就業を希望しており，その理由は半数が経済的理由であり，9割近くが非正規で働くことを希望している．このように，出産というライフイベントで仕事を辞めない女性が増えており，子どもを産み終えた女性も就業を希望している．

労働と家族との関係で注目されてきた「仕事と家庭生活の両立」は，厳密には女性が仕事と子育てを両立できるかということであった．男性は就業継続が当たり前であり，家庭の事情で仕事を辞める選択肢はなかった．しかし，共働きの増加により，仕事と家庭生活の両立は女性だけが奮闘すれば何とかなるものではなくなってきている．晩婚化・未婚化の進行により未婚の息子が親の介護で離職するケースが生じるようになってきたことは，仕事と家庭生活との両立が男性にとっても他人事ではない社会問題であることを示唆している．あらゆる職場で家族の世話と労働を両立しやすい環境が整えられることは，女性にも男性にも，既婚者にも，未婚者にも必要なことなのである．

［井田瑞江］

第 **8** 章

高齢者と生きる・高齢期を生きる

1. 向老期を生きる　116
2. 高齢者と高齢社会　118
3. 高齢期の夫婦関係　120
4. 高齢期の成人子との関係　122
5. 祖父母という存在　124
6. 高齢者介護と家族　126
7. 高齢期のきょうだい関係　128
コラム「高齢者とペットとの関係」　130

・・

　すでに超高齢社会に突入した日本においては，高齢者の
家族・親族の関係の動向は，今後の社会のあり方を大きく
左右するものである．本章は，高齢期だけでなく，向老期
（前高齢期）をも視野に入れて，日本の急速な高齢化，高
齢者世帯の急激な構造的変化，高齢者の夫婦関係・親子関
係・きょうだい関係，祖父母・孫関係を取り上げるととも
に，高齢者への家族介護の現状と将来についても検討してい
る．
　　　　　　　　　　　　　　　　　　　　　　[安達正嗣]

1. 向老期を生きる

●**向老期とは** 「向老期」という用語は，従来から家族周期段階の1つとして，高齢期への適応期間として使われてきたものである（森岡 1978）．近年において，長寿化・少子化に伴う日本社会の急速な高齢化の中で，人生周期ならびに家族周期の重要な段階として改めて注目されてきている．向老期は，しばしば E. エリクソンの発達理論が援用されて，成人期から高齢期への移行過程における「アイデンティティ（自己同一性）の再定義」の時期（青井 1999），「アイデンティティ危機」の時期（上野 1994）などと定義されている．

つまり向老期は，子育て後の空の巣期ならびに定年退職時前後に当たり，家族・親族・近隣・職場などにおいて個人を取り巻く社会関係が大きく変化する中で，それらの関係をどのように再構築するかが課題となる．高齢期を前にして人々は，「自分とは何者である（あった）のか」，そして「高齢期をいかに生きていくのか」という課題に対応しなければならない．

具体的な年齢層としては，さまざまな捉え方があるが，おおむね50歳～64歳の時期と想定されている（中原・藤田 2007）．この年齢層は，1950年代の人生60年時代では，すでに平均寿命の到達年齢であり，子育て後や定年退職後には比較的短い高齢期で寿命を終えることになったが，人生80年・90年時代である現代では，長期化する高齢期において身体的・精神的な健康を維持するための前段階として重要性が増してきているのである．

●**モデルなき高齢期のための準備期間** かつて村落共同体であった地域社会では，例えば還暦の行事が親から子への戸主権・主婦権の移行や家業の継承の儀式であったように，伝統的に成人期から高齢期に向けての区切りとなる通過儀礼が向老期に行われていた．決められた儀式や行事を経ることで，人々は高齢期，そして死の近いことを自覚でき，地域の生活システムの中で高齢期への社会化がなされていたわけである．

今も沖縄には，地域で97歳の高齢者を祝い，模擬葬式の儀式でもある「カジマヤー（風車）」のような長寿儀礼が残っている（渡邊ほか 2008）．しかし現代では，還暦や喜寿などの年祝いの儀礼・行事が地域社会と結びつくことは少ない．向老期における高齢期への準備は，もっぱら子育て後と定年退職後が契機となって，主に個人やその家族に任されている．ベストセラーとなった重松清『定年ゴジラ』は，ニュータウンで定年退職後の男性たちが家族や近隣と改めて向かい合って，失敗を重ねながら奮闘する小説である（重松 1998）．現在，高齢

化が著しい大都市周辺のニュータウンでは，モデルなき高齢期の生活の準備に直面する向老期の男性が増大する状況にある（安達 2003）．

●**家族・親族関係の再構築の課題** 明治民法下の家制度の時代，その廃止後の家意識が強かった時代には，家族周期段階に応じて家族関係は，地域文化の相違もあるが，家の世代的な継承に関する一定の規範と過程に従った推移を辿ることになっていた．

次第に家意識が弱体化し，さらには1960年代の高度経済成長期に都市のサラリーマン家庭を中心にして標準化された男性稼ぎ手型のライフスタイルも，現在では問い直されて，家族生活は多様化の傾向にある．長期化するモデルなき高齢期を過ごすためには，高齢者の側もそれ以前の家族関係の再構築を行うことが求められており（安達 1999），その準備期間としての向老期では，親子，夫婦などといった家族・親族間の交流に応じた関係の再構築の課題が浮かび上がってくることになる．

現代の成人子と親の世代関係について，多様な側面から実証的に分析した大和礼子は，親子間の援助関係が同居と近居で異なっている点に着目し，夫の親（夫優位）と妻の親（妻優位）に対する援助を共存させるための調整の1つの方策として，子夫婦一体ではなく，それぞれ自分の親に援助をする「夫婦の個人化」が見られるとしている（大和 2017）．

●**向老期のゆくえ―高齢期への多様な生活設計** ひとり暮らしの高齢者が急増する中で，孤独死などが社会問題となってきている．他方で例えば，きょうだいの家族どうしが同居するケース，独身と既婚のきょうだいが親と同居する「2.5世帯」のケース，0歳から89歳までの47人の他人が同居するケースなど，これまでは考えられなかった暮らし方が出現し始めており，シェアハウスなどによる他人との同居生活を選ぶ60歳代の女性の高齢者も現れている（篠原聡子ほか2015）．高齢期のライフスタイルは，確かにより多様化の傾向を示している．

ただし，介護と死の準備は，依然として不安な課題として残っている．これまでの自らの人生を振り返りながら高齢期の準備を進め，さらに将来の死後の相続や葬儀・墓について書き残すためのエンディングノートの流行は，そうした不安の表れであるといえる（主婦と生活社編 2005）．今後も，先のような高齢期の多様な暮らし方を参考にしながら，介護，死，相続，さらには墓までも見越したような向老期の生き方が模索されることになるであろう．　［安達正嗣］

【引用・参考文献】青井和夫（1999），安達正嗣（1999，2003），上野千鶴子（1994），主婦と生活社（2005），重松清（1998），篠原聡子ほか（2015），国立女性教育会館（2002），中原純・藤田綾子（2007），森岡清美（1973），渡邊欣雄ほか（2008）

2. 高齢者と高齢社会

●**高齢者の定義**　高齢者を何歳からとするかについて，国としての明確な定義はない．国連や世界保健機関（WHO）が用いている統計上の規定に準じ，官庁統計をはじめとする多くの社会統計では，65歳以上を高齢者とすることが一般的である．一方，法律や行政サービスの対象として高齢者を規定する場合，目的や趣旨により高齢者とされる年齢は異なる．例えば公的年金の受給資格を高齢者の定義と考えれば65歳だが，「道路交通法」の「高齢運転者」の定義は70歳以上である．また，「高齢者の医療の確保に関する法律」では，「前期高齢者」を「65歳から74歳」，「後期高齢者」を「75歳以上」としている．このように，高齢者と定義される年齢には幅があるが，寿命が延び健康な高齢者が増えたことによって，その年齢は高まる傾向にある．

●**高齢者の定義見直しの動き**　少子高齢化が進み，年金受給年齢や後期高齢者医療制度の導入など，対象年齢引上げが実施される中で，高齢者の定義見直しの動きが進んでいる．日本老年学会・日本老年医学会は，2013年から高齢者の定義再検討を始め，2015年のシンポジウムでは定義見直しの根拠データを発表，2017年には検討結果をまとめて報告書を公表した．報告書によれば，高齢者の心身の健康に関するデータを検討した結果，10〜20年前と比べて高齢者の身体機能や知的能力は5〜10歳若返っており，特に65〜74歳の前期高齢者においては，心身ともに健康で社会活動可能な者が大多数を占めた．また各種意識調査結果から65歳以上を高齢者とすることに否定的な意見が強く，70歳または75歳以上を高齢者と考える意見が多かった．これらの結果を踏まえ，65〜74歳を「准高齢者」，75〜89歳を「高齢者」，90歳以上を「超高齢者」とするよう提言している（日本老年学会・日本老年医学会 2017）．この新定義が，さらなる年金支給年齢引上げの根拠となることを危ぶむ声もあり，社会保障や雇用のあり方をめぐる議論への影響が懸念される．

●**高齢化する社会**　65歳以上の高齢者が総人口に占める割合を高齢化率という．一般に高齢化率が7％を超えた社会を「高齢化社会」，14％を超えた社会を「高齢社会」と呼んでいるが，その由来は必ずしも定かではない．日本の高齢化率が7％を超えたのは1970年，14％を超えたのは1994年であり，さらに高齢化率が高まる現状を「超高齢社会」とする記述も見られるが，何％から超高齢社会となるのか，明確な定義はない（内閣府 2006）．

　世界の高齢化率を比較すると，日本は極めて高い水準にあり，2060年には

38.1％という世界に類を見ない超高齢社会を迎えると予測されている．また，高齢化の速度を見ると，日本は欧米諸国に比べて極めて速く，高齢化率が7％から14％に達するまでの所要年数は，フランス115年，スウェーデン85年，アメリカ72年，英国46年，ドイツ40年に対して，日本はわずか24年である．一方，アジア諸国の高齢化も非常な速さで進行しており，韓国18年，シンガポール20年，中国23年など，先行する日本を猛追する勢いにある（内閣府2017a）．

●高齢社会の諸問題　社会の高齢化は，労働力人口の減少，社会保障費の増大，消費の停滞など社会経済にさまざまな影響を与える．労働力人口の減少は生産性の低下や経済の停滞をもたらし，働く世代の収入が伸び悩むほか，医療・介護の担い手不足からサービスの低下を引き起こす．社会保障負担の増大は，年金支給水準の引下げや支給開始年齢の遅れを招き，制度の存続を危うくする．社会保障制度を維持し社会の不安を取り除くためには，制度の支え手を増やす必要があり，高齢者や女性の就業促進が進められている．また，高齢化が家族に与える影響として，介護負担の高まりが挙げられ，介護する家族の疲弊や介護離職，貧困などの問題が生じている．栄養状態が改善され医療技術が進歩した結果，要介護高齢者の長寿化，介護する家族の高齢化が進み，「老老介護」「認認介護」の状況も現れている．家族介護者への支援や介護労働者の確保が急務であるが，深刻な人員不足から対応は遅れている．

●高齢社会への対応　内閣府の「高齢社会対策大綱」策定のための検討会がまとめた報告書（内閣府2017b）は，高齢化社会への対応には「老若男女，すべての世代の人たちが高齢社会を支える役割をどのように果たしていくかを考え，幅広く支える力を強化すること（略），若年期から様々な備えをしておくことが必要である」と述べ，社会保障についての理解促進や教育を提唱している．その内容を見ると，①社会保障本来の意義を世代間で共有すること，②各世代の負担や受益の現状，制度の仕組み，財政の現況などについて幅広い世代に理解を広げること，③社会保障教育を通じて若い世代が高齢社会を理解する力を養うこと，④各教育段階において社会保障教育の充実を図ること，⑤新入社員に社会保障を学ぶ機会を設ける事業主への補助，⑥金融リテラシー習得の社会的な仕組みを設け，老後資産確保を図ることなど，社会保障を維持するためには，各人ができる限り自立して生活する必要があると強調している．対応が経済面に傾きがちであるが，高齢期の社会活動に向けて若年期からキャリア形成を図り，生涯設計を考えることに時間と労力を費やす必要がある．　［奥田都子］

【引用・参考文献】秋元美世ほか編（2003），岡村清子（1997），袖井孝子（2004，2009），内閣府（2006，2017a, b），日本老年学会・日本老年医学会（2017）

3. 高齢期の夫婦関係

●**高齢者家族と世帯**　この30年で高齢者の住まい方は「三世代同居」から「夫婦のみの世帯」へ変化し，晩年に子どもとの別居が多くなった．高齢化により夫婦ふたりで暮らす期間の長期化は顕著になっている．ひとり暮らしは男女とも増加し，1980（昭和55）年に男性約19万人，女性約69万人で，高齢者人口に占める比率は男性4.3%，女性11.2%であったが，2015（平成27）年には男性119万人13.3%，女性約400万人21.1%となり，ひとり暮らし高齢者が増加した．配偶者のいる高齢者は男性80.1%，女性51.4%である．女性は半数が配偶者ありで，配偶者のある割合の上昇が見られた．未婚率は男性5.3%，女性4.3%，離別率では男性4.4%，女性5.6%で上昇傾向にある（内閣府 2017）（表1）．

表1　65歳以上の者のいる世帯数及び構成割合（世帯構造別）と全世帯に占める65歳以上の者がいる世帯の割合

世帯数 単位千（%）		1980（昭和55）年	2015（平成27）年
	単独世帯	910 （10.7）	6,243 （26.3）
	夫婦のみの世帯	1,379 （16.2）	7,469 （31.5）
	親と未婚の子のみの世帯	891 （10.5）	4,704 （19.8）
	三世代世帯	4,254 （50.1）	2,906 （12.2）
	その他の世帯	1,062 （12.5）	2,402 （10.1）
総数	65歳以上の者がいる世帯	8,495 （24.0）	23,724 （47.1）
一般世帯数		35,338	50,361

（出所：内閣府「高齢社会白書　平成29年版」（2017）10頁）

●**夫婦関係の長期化**　人の寿命の長期化に伴い人生のライフサイクルも変化した．個人のライフサイクルと併行して家族のライフサイクルの長期化も見られる．人々の人生の道筋をライフコースという．少子高齢化に伴うライフコースの大きな変化は遷延であった．家族の変化をライフスタイルの変化と捉えると，子どもの数の減少が進み，高齢期の夫婦関係では個人の平均寿命の延伸と夫の引退後期間の長期化が見られた．高齢期のひとり暮らしの生活の中で，介護等の生活上の支援の課題が生起してきている．価値観の多様化を背景に平均的なライフスタイルとは異なる生き方を選択する人も出現している．生涯未婚者や子どもを持たない人も増え，結婚・離婚も一度でない生き方も多く見られ，夫婦が人生を連れ添うことが一般的とはいえなくなった（厚生労働省 2012）．

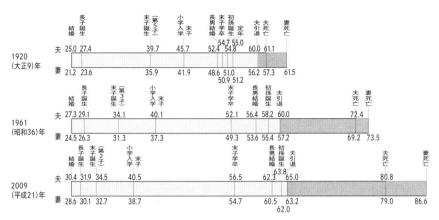

図1 統計で見た平均的ライフスタイル
(出所:厚生労働省「厚生労働白書 平成24年版」(2012) 150頁)

●高齢期の配偶者との関係　「国民生活選好度調査」(平成18年) によれば高齢者夫婦関係満足度は高い.「満足している」「まあまあ満足している」の合計は84.4％であり「不満である」は3.0％に過ぎない.病気や身体が不自由になった場合に,配偶者は「頼りになるか」等介護に関わる課題はどうか.小谷 (2015) は60歳以上79歳以下の男女600名対象の調査で,「頼りになる」の回答は病気のときに全体は49.0％で,男性71.5％に対して女性26.4％と性差を指摘する.寝たきりになったときに男性58.5％であるのに女性21.5％でしかない.配偶者との信頼関係は「信頼している」が全体で53.8％,性別では男性68.4％に対し女性は39.2％にとどまっている.生まれ変わったら「現在の配偶者とまた結婚したい」は男性58.9％,女性で27.8％,「現在の配偶者とは別の人と結婚したい」は44.7％であった.また,女性は「あまり結婚したくない」「結婚したくない」の合計が27.5％となっており,小谷は,結婚を忌避し妻の立場から解放されたいと思う人も少なくないのではないかと推察している.婚姻期間が長い夫婦の離婚も増加傾向にある.50歳以上の離婚件数は,夫・妻とも上昇傾向で同居期間35年以上での離婚の割合が多くなり「熟年離婚」も珍しくない.

●高齢期の再構築へ向けて　長期間性格の不一致や価値観の相違のままに,高齢期の夫婦関係を続けているカップルも多い.「家庭内離婚」「仮面夫婦」ともいわれる.長い老後の過ごし方を日常的に夫婦が向かい合い生き方を話し合って,高齢期の夫婦関係の再構築が必要となろう. 　　　　　[川﨑澄雄]

【引用・参考文献】北村安樹子 (2013),厚生労働省 (2012, 2016),小谷みどり (2015),内閣府 (2007, 2017)

4. 高齢期の成人子との関係

●**子に扶養される高齢者**　戦後，「家」制度が廃止され，新しい民法での老親と子は，子どもの生活に余裕があれば親の生活を支援する"生活扶助義務"関係とされた．しかし，1978年の厚生白書で「同居は福祉における含み資産」と記されたように，社会保障制度は家族に大きく寄りかかったものであった．したがって，家族社会学では，「高齢者は子どもに扶養される存在である」ことを暗黙の前提とし，直系家族から夫婦家族への移行の度合いを知る学問的関心から，また，高齢者への扶養の実態を探る目的から，親子の同別居や経済的・身体的・情緒的扶養の内実について調査研究が盛んに行われた．

●**社会の変化と多様化する高齢者と子との関係**　90年代頃から親子双方の変化が顕著になった．親側は，子どもの数が減少し子育て終了期が早まった世代が老年期に突入し始めた．加えて平均余命が伸長し老年期それ自体も長期化した．一方，子側は未婚化，晩婚化の進展，非正規就労の増加，そして親の家に居続ける子どもが出始めた．また年金制度により老後の経済的保障が進み，そして介護保険制度による介護の社会化の仕組みが作られた．

　これらの変化は，いつまでも子の世話をする親，別居している子どもの子育てを支援する親，子どもを看取るいわゆる"逆さ"体験をする親など，扶養されるばかりではない親子関係の出現をもたらした．また，親の介護期間も長期化し，呼び寄せ老人，遠距離介護や介護離職などの新しい形も現れた．加えて，子どもへの支援と老親への支援を並行する人々も出現し，高齢者の親子関係は多様化が進んだ．

●**分析視点**　「扶養される高齢者」を前提にした研究段階では，高齢者は家族に内包され，もっぱら子から親への支援の流れに限定された．しかし 80年代頃から，高齢者個人が取り結ぶ人間関係の束の視点が取り入れられ，ネットワーク研究が登場した（例えば藤崎 1984）．また，ライフコースの視点からは，「子ども養育期間」と「子が親を扶養する期間」のどちらでもない「中期親子関係」の重要性が指摘され，親子関係の発達的過程から老年期の親子関係を捉える見方も登場した（例えば嶋﨑 1995）．また，90年代後半から，親側からだけではなく，子ども側から見た親との相互援助関係について，全国規模の調査をもとに，世代間関係の分析が行われている（国立社会保障・人口問題研究所「全国家庭動向調査」，日本家族社会学会「全国家族調査」など）．

●**親子の居住関係の実態**　65歳以上の者の家族形態をみると，子どもと同居し

表1　65歳以上の者の家族形態の年次推移（％）：子どもとの同居のみ抜粋

年	同居率合計	子夫婦との同居	配偶者のいない子と同居
1986	64.3	46.7	17.6
1998	50.3	31.2	19.1
2004	45.5	23.6	21.9
2010	42.2	17.5	24.8
2016	38.4	11.4	27.0

（出所：「平成28年　国民生活基礎調査」）

ている比率は1980年では7割弱を占めていたが，2016年では4割弱に減少した（表1）．しかし，この統計数値には子どものいない高齢者も含まれているため，子どものいる高齢者に限定すると，同居率は2001年52.7%，2010年では51.8%となり10年間でほとんど変化していないという知見（中村ほか 2016）もある．一方，別居している子の居住地域は，同一市区町村内には半数以上が居住しており，2000年以降大きな変化はない（「国民生活基礎調査」）．

●配偶者のいない子との同居　配偶者のいない子との同居は2007年では子夫婦との同居を上回った（表1）．この背景には，未婚者や離別者，そして，ひとり暮らしできるだけの経済力が伴わない中年者の増加が指摘されている（藤森2017）．子は親が健康な時には親から恩恵を受けるが，そもそも子が親の世帯に居続けるのは経済的に恵まれているからというわけではないため（白波瀬2009），やがて親の介護が必要になると，就労と介護の両立，あるいは経済的困窮に直面することになり，特に，息子との同居の場合には介護虐待の問題（春日 2012）が指摘されている．

●親子関係の知見　全国データに基づき親と成人子間の援助関係を分析した保田（2004）は，どのライフステージにおいても全く援助関係がない親子が3割程度あるが，それ以外は子の年齢が上がるに従い親子の互酬関係から子が親へ与えるだけの関係にシフトしていくことを示した．また施ほか（2016）は，子から親への援助は，伝統的な規範的拘束から比較的自由な状態が実現し，日常的な親子相互のニーズや距離的な近接などの個別的な事情の中で子から親への経済的・非経済的援助がなされていると結論づけている．さらに千年（2013）は，同居は親のニーズが，近居は成人子のニーズが優先されている可能性を示唆した．　　　　　　　　　　　　　　　　　　　　　　　　　　　　　[横山博子]

【引用・参考文献】春日キスヨ（2012），嶋﨑尚子（1995），白波瀬佐和子（2009），施利平ほか（2016），千年よしみ（2013），中村二朗・菅原慎矢（2016），藤崎宏子（1984），藤森克彦（2017），保田時男（2004）

5. 祖父母という存在

●**祖父母と孫**　祖父母と孫とは一世代を隔てた間柄であり，直接的な養育責任が介在する親子とはまた異なる関係である．これまで，祖父母・孫関係にはさまざまな方面から関心が寄せられてきた．例えば，祖父母が持つ教育力，すなわち，祖父母が孫の発達に及ぼすさまざまな影響に注目する研究においては，祖父母と孫との交流が孫の社会化を促すこと，祖父母から孫に対する愛情の表出が孫の情緒的発達にとって重要であることなどが指摘されている．また，家族・親族のネットワークや向老期・高齢期の生活における世代間関係に焦点を当てる研究においては，祖父母は子世代家族へのインフォーマルな支援者という位置づけでもっぱら説明されてきた経緯がある．とりわけ，孫の親が共働きであったり，シングルペアレントであったりする場合など，フォーマルな支援ではカバーできない部分を祖父母が担うことで孫の養育が支えられていることが強調されてきた．

　このように，祖父母は，孫が育つ上で重要な役割を果たす存在として理解され，関わる頻度や提供される支援の量が多いほど親密な関係であるとされてきた．そして，孫との関わり，孫への働きかけが祖父母に喜びや生きがいをもたらすものであることを当然視する見方が主流を占めてきた．

●**祖父母・孫関係の多様化・流動化**　祖親期，すなわち祖父母として生きる期間は孫を得てから祖父母が亡くなるまで続く．長寿化の進行によって祖親期はより長期化しているが，三世代同居の減少により祖父母は核家族の外部に位置づく存在となり，生活の共同の程度は低下した．高齢者の自立が求められるようになり，祖父母世代の就労や自己実現への志向性の高まりもある．さらに，少子化・晩婚化・未婚化によって，祖父母にとっての血縁のある孫の数はより少なくなりつつある．また，孫を得た後であっても，祖父母や孫の親の離婚増加によって，親しく交流してきた祖父母・孫関係が疎遠になってしまうケースも増えている．しかし，その一方で，祖父母や孫の親が再婚することによって，祖父母が新たに孫を得る場合もある．祖父母自身の新しいパートナーに孫がいる場合や，孫の親が再婚によって新たに子どもをもうける場合，さらには，孫の親の新しいパートナーにすでに子どもがある場合などがそれにあたる．これを孫の立場から見るならば，孫と祖父母はより長期にわたり親密な交流を持つようになったが，祖父母のライフスタイルの変化，祖父母や親の離婚・再婚の増加によって交流のありようは揺らがざるを得ず，新たに祖父母の地位に就く

者，祖父母の新たな孫となる者が出現するなど，多様な世代間関係を経験する比率が高まってきたということができる．

一般に，祖父母・孫関係といえば，血縁のある固定的で親密な関係が安泰に継続する状況が想起される．しかし，現代社会においては必ずしもそうではなく，より多様で流動的な関係性として把握されなければならない．

●これからの祖父母・孫関係　家族の個人化・多様化は，家族成員個々のネットワークをより多様で複雑なものに変え，祖父母・孫関係の内実も変えていく．祖父母・孫関係をより多様で流動的な関係性として捉えるためには，世代間関係の再構築を視野に入れ，祖父母と孫それぞれがどのように主体的・選好的に関係を営み，そこにいかなる意識が潜んでいるのかという視角から考察することが必要である．

例えば，現在の日本では，離婚後は一方の親が子どもの養育に責任を持つ「単独親権」制度が採用されており，親権者ではない親が子育てに関わらない・関われない一方で，親権者の側の祖父母が孫に多くの手間とお金を投下して強力な子育て支援者となっているケースも多い．しかし，近年，両親が離別後もともに子育てに責任を持つことの重要性が指摘され，共同親権を求める動きもある．そうした流れの中で，祖父母には，孫の親の新・旧パートナーとの関係を維持しながら，ストレスフルな状況にある孫の居場所・拠り所ともなり，さらに，新しく孫となった者とも関係を築いていく柔軟な態勢が求められるようになっていくと考えられる．また，虐待や育児放棄など孫の親が養育の責任を果たすことができない事情を抱えるとき，孫の親代わりとしての役割を引き受けることもある．祖父母と孫からなる家族（skipped generation families：世代をスキップした家族）が今後増えていく可能性もある．

祖父母は，核家族の外部にありながら，家族関係の維持，強化，再構築において一定の役割を果たし得る存在として改めて注目される立場にある．その際，祖父母を孫が育つ上での資源の1つと位置づけるなら，「子どもの最善の利益」という視点が重要となろう．この視点から，祖父母・孫関係を含めた多世代関係を見直し，孫の地位にある子どもたちのために祖父母がいかなる役割を果たし得るのかを捉えていくことは，子どものために必要な社会的支援とは何かという問いへの答えを導き出すことにもつながる．その意味で，祖父母・孫関係を，向老期・高齢期の自立，家族をめぐる規範的意識といった諸問題とも関わらせながら問い直していくことが求められている．　　　　　　　　　　［小野寺理佳］

【引用・参考文献】安達正嗣（2010），杉井潤子（2006），諏澤宏恵（2013）

6. 高齢者介護と家族

●介護とは　介護とは,「身体的または心理的な原因で,自分自身では,日常の生活行動が充分に営めない状態にある人に対し,直接的にその身体や心に働きかけて,必要な生活行動をうながし,あるいは補完して世話(ケア)を行い,人間として生活を可能にすることをいう」(木下 1999).また,「社会福祉士および介護福祉士法」では,「身体上又は精神上の障害があることにより日常生活を営むのに支障がある者につき心身の状況に応じた介護(喀痰吸引等を含む)」(第2条2)と規定されている.さらに,上野(2011)は,「依存的な存在である成人または子どもの身体的かつ情緒的な要求を,それが担われ,遂行される規範的・経済的・社会的枠組のもとにおいて,満たすことに関わる行為と関係」と定義している.

●高齢者介護とは　森岡(1997)は,高齢者の4つの欲求(経済欲求,身体欲求,関係欲求,価値欲求)とそれらの諸欲求を充足させる老親扶養として経済的援助,身辺介護,情緒的援助を挙げている.また,高齢者は「加齢により日常生活の行動能力が衰え,あるいは病気がちになるため,身体欲求充足のために,子どもなど他者への依存が深まる.さらには,近親や親友が死亡し,ついには配偶者が死亡した後,情緒的にも子どもなどへの依存に傾く」として家族による身辺介護,情緒的援助の重要性を提起している.一方,安達(2005)は,現在のような高齢期の家族生活が多様化する中で,「『家族に含まれた高齢者』ではなくて,主体としての高齢者の側から家族関係をとらえなおすこと」「『個としての高齢者』へのパースペクティヴの転換」,つまり現代の高齢者介護には「老親扶養」から「個としての高齢者」への視点の転換が重要性であることを指摘している.

●高齢者介護の状況と課題　2016(平成28)年の厚生労働省「国民生活基礎調査」から要介護者等のいる世帯(介護保険法の要支援・要介護と認定された者)を見ると,「核家族世帯」が37.9%,「単独世帯」が29.0%,「その他の世帯」が18.3%となっている(表1).また,要介護者等から見た主な介護者の続柄は,「配偶者」が25.2%,「子」が21.8%,「子の配偶者」が9.7%など,同居者が58.7%を占めている(図1).さらに,主な介護者の性別は,「女性」が約7割,「男性」の70.1%,「女性」の69.9%が60歳以上となっている.山田(2008)はこうした現状から,在宅の要介護高齢者および介護者も圧倒的に女性が多いことから高齢者介護の「ジェンダー格差」を指摘している.

表1　要介護者等のいる世帯の世帯構造の構成割合の年次推移　　　　　　　　　（単位：％）

年次	総数	単独世帯	核家族世帯	（再掲）夫婦のみの世帯	三世代世帯	その他の世帯	（再掲）高齢者世帯
平成13年	100.0	15.7	29.3	18.3	32.5	22.4	35.3
16	100.0	20.2	30.4	19.5	29.4	20.0	40.4
19	100.0	24.0	32.7	20.2	23.2	20.1	45.7
22	100.0	26.1	31.4	19.3	22.5	20.1	47.0
25	100.0	27.4	35.4	21.5	18.4	18.7	50.9
28	100.0	29.0	37.9	21.9	14.9	18.3	54.5

注：平成28年の数値は，熊本県を除いたものである．
（出所：「平成28年　国民生活基礎調査」）

●**今後の高齢者介護と家族**　佐藤（2011）は，『家族関係学』の研究動向について「日本で介護の社会化が本格化していくのを背景に，1990年代後半以降は，介護保険制度の導入や医療制度改革による医療の効率化を視野に入れた『家族介護，家族看護』の問題を扱った研究」の重要性を指摘している．また，藤崎（2013）は，「ケアが相互行為であることを前提として，する／受けるのそれぞれの立場により異なる欲求，心理的・身体的負担，感情，権利と義務など

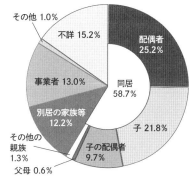

図1　要介護者等との続柄別主な介護者の構成割合
注：熊本県を除いたものである．
（出所：「平成28年　国民生活基礎調査」）

の葛藤や調整の必要性を論じる姿勢を打ち出した点」を近年の「ケア論」の成果の1つとしている．さらに，井口（2017）は，「個々の経験的研究を，個別の領域横断的に通底する規範的な社会構想の課題との関連付けを意識しながらおこなっていく」ケアの社会学の課題を提示している．以上，高齢化や核家族化が進展する中で，今後の高齢者介護には，介護を受ける側の「高齢者」と介護する側の「家族」の視点が重要であるといえる．　　　　　　　　　［菊池真弓］

【引用・参考文献】安達正嗣（2005），井口高志（2017），上野千鶴子（2011），木下安子（1999），厚生労働省（2016），佐藤裕紀子（2011），藤崎宏子（2013），森岡清美（1997），山田昌弘（2008）

7. 高齢期のきょうだい関係

●「忘れられた」高齢期のきょうだい関係　「きょうだいは他人のはじまり」と
いわれるように，日本の家族研究において成人期以降の，とりわけ高齢期を対
象としたきょうだい研究は長く見過ごされてきたが，欧米でも同様に"forgotten"
や"neglected"と表現される家族関係であった（Bedford 1989）．しかしながら，
大衆長寿時代を迎え，モデルなき高齢期をいかに生きるのかに人々の関心が向
けられるようになると，家族関係の中でも親や配偶者，子どもとの関係性より
も長期にわたる可能性を持つきょうだいとの関係がクローズアップされてくる．
●高齢期におけるサポート源としてのきょうだい　高齢期の家族再構築の中
で，相互に高齢期の生き方を学び合う貴重な存在として高齢期のきょうだい関
係を位置づけ，日本における研究に先鞭をつけた安達（1999）は，その後，日
米の研究動向を整理する中で，日本よりも研究蓄積の進む米国であっても高齢
期のきょうだい関係についての研究が活発化したのは1980年代以降であること
を紹介している．そして，その背景には社会変動の中で高齢者の家族・親族ネッ
トワークの縮小によりきょうだいが高齢期における重要なサポート源の1つと
して期待され，中高年期においてより高い価値をもつ家族として位置づけられ
ていることを示した（安達 2004）．日本でも吉原（2018）は，全国家族調査の
パネルデータ（NFRJ-08 Panel）を用いた分析において「高年齢者」や「未婚者」
で「情緒的」にも「金銭的」にもきょうだいへのサポート期待が高まることを
明らかにしている．
●「アンビバレンス」なきょうだい関係　きょうだいとの関係性は，加齢に伴
い規範的，義務的なものからボランタリーな絆やニーズに基づく選択的なもの
へと変化していくといわれる．そのきょうだいを情緒的サポート源として選択
する高齢者にとってきょうだいとは，自分の人生の意味と連続性を提供してく
れる中核的「コンボイ」（Plath 1985）なのである．なぜなら，きょうだいとは
幼少期から最も長期にわたって関わり，同じ時代を生きてきた家族であると同
時に，個人の人生物語のスタートとルーツを共有する家族でもあるからである
（吉原 2006）．McCamish-Svensson ら（1999）がスウェーデンの oldest old への
縦断研究を通して，きょうだいとの関わりに対する満足は人生全体の満足と関
連しており，それは他の関係性では見られなかったことを明らかにしているが，
そのこととも軌を一にする．一方，成人期以降のきょうだい関係といえば相続
や老親扶養問題，介護問題など金銭的な関わりを中心とする争いの顕在化，ま

た非婚化や雇用の不安定化により自立できないきょうだいの増加に伴う「きょうだいリスク」が指摘されている（平山・古川 2016）.

このようなきょうだい関係の「矛盾する」言説や研究知見について Connidis（2005）は，きょうだいとの絆も他の家族に対する感情や構造と同様，矛盾を含み得るものでアンビバレンスが存在するというが，加齢に伴ってそれが意識化，顕在化されることもあろう．そんなアンビバレンスを含むきょうだいとの関係性をうまく育てながら維持していく方法はないのだろうか.

●高齢期のきょうだい関係を取り巻く環境への注目　老親へのケア提供がきょうだい関係にネガティブな影響を与えることばかりではなく，中年期と高齢期にきょうだい関係が改善していることを明らかにした Ingersoll-Dayton ら（2003）は，その要因としてきょうだい同士が互いに「平等（少なくともフェア）」に扱われることと同時に，両親が自分たちの子ども間の平等性に貢献し得るとして，きょうだい関係に対する親の影響を指摘する．その貢献方法とは，親が情報や考え，指示をそれぞれの子どもたちに「平等に」与えることである.

ほかにも，親の夫婦関係や親のきょうだいとの関わり方が子どもたちのきょうだい関係に与える影響，あるきょうだいの離婚や死別などのライフイベントがその人を含むきょうだい関係に及ぼす影響，きょうだい関係の世代差などにも注目が寄せられており，高齢期のきょうだい関係を捉える際にはきょうだいダイアドだけでなく，それらを含むより広い社会関係のコンテクストの中で捉える視点やライフコース論的視点がより一層重要となろう.

●大衆長寿時代における高齢期のきょうだい関係　これまで家族研究では，親子関係や夫婦関係を持つ人に焦点が当てられてきたが，それらを持たない（持てない）人々の "an invisible family lifecourse" への注目の必要性が指摘され，そういった人々にとっての生得的な関係性の重要さとその「関係性の歴史」に関心が寄せられている（Walker ほか 2005）．そのようななか，生得的な家族であるきょうだいとの，人生の最終地点である高齢期における関係性に注目することは，これまで「見逃されてきた」高齢期において家族関係が持つ機能探究への地平を開くものであろう．より多層的，複眼的に高齢期のきょうだい関係を追究することが求められている.　　　　　　　　　　　　　　　　　　［吉原千賀］

【引用・参考文献】安達正嗣（1999, 2004），平山亮・古川雅子（2016），吉原千賀（2006, 2018），Bedford, V.H.（1989），Connidis, I.A.（2005），Ingersoll-Dayton ほか（2003），McCamish-Svensson ほか（1999），Plath, D.W.（1985），Walker, A.J. ほか（2005）

高齢者とペットとの関係

　古くから，日本でも家庭内で犬や猫などの動物が飼われてきた．しかしながら，現代社会ではそれらの動物のペット化，さらには家族の一員とみなす「家族化」が進行しているとされている．人々の持つ家庭内の動物たちに対する意識が社会変動や家族変動に伴って変化してきた結果に他ならない．特に高齢期では，ペットが重要な役割を果たすようになっているといわれている．

　一般社団法人ペットフード協会によるインターネットを通じた「平成29年（2017年）全国犬猫飼育実態調査」の結果によれば，70歳代の犬飼育（10.5%）と猫飼育率（7.6%）は，意外にも全体の平均（犬12.8%，猫9.7%）より低い．しかし，過去5年間の調査結果で見ると，他の世代に比べて犬の飼育率は0.2%減（全体2.2%減）で横ばいを保っている．これは，犬の散歩が高齢者にとって適度な運動となるためでもあるが，60〜70歳代では他の世代と異なり，犬の飼育のきっかけとして「家族や夫婦間のコミュニケーションに役立つと思ったから」が第3位（複数回答）に挙げられていることは，注目すべき点である．

　欧米社会のように，家族や友人同様の親密な関係である「コンパニオンアニマル」としてのペットが，日本でも定着化する傾向にあると思われる．近年，家族社会学では，人々の主観的な認識や関係性・接し方から家族を規定しようとする「主観的家族論」が活発に議論されている．その中では，現代家族の感情労働の担い手としてペットをとらえる問題設定も提示されている（山田2007）．また，高齢者の精神的健康に関する調査研究では，ペットとの情緒的関係が親密な人ほど抑うつ状態や孤独感で示される精神的健康が良好であるという知見も見出されている（安藤2008）．

　一方，最近では，ペット・ロスによる高齢者の精神的な健康問題，ペットの死後に夫婦関係が悪化する問題，高齢のペットを高齢者が介護する「老老介護」，飼い主の高齢者が亡くなった後に残されたペットの問題，配偶者や子ではなくペットに相続をさせようとする高齢者の出現など，これまで想定されてこなかったような多様で新たな家族問題が噴出してきているのである．

　いまやペットは，現代そして将来の高齢期の家族問題を映す「鏡」にも例えられる．今後は，ペットのあり方を通じて，高齢者と家族の関係をいま一度，考え直すことが重要となるであろう．　　　　　　　　　　　　　　　　　　　　　　　　　　　　　　［安達正嗣］

【引用・参考文献】安藤孝敏（2008），ペットフード協会（2017），山田昌弘（2007）

第 **9** 章

生活保障と家族

1. 家族問題と家族福祉　132
2. ソーシャルワークと家族支援　134
3. 少子化と育児支援　136
4. 要保護児童と社会的養護・家庭的養護　138
5. 高齢化と介護支援　140
6. 要介護高齢者と成年後見制度　142
7. 障害者福祉と家族（障害児含む）　144
8. ホームレス生活者と家族　146
9. 臨床倫理・死生学と家族　148
コラム「人生100年時代のライフモデル」　150

　　本章は，これまで「家庭生活と家族」という範疇ではあまり取り上げてこなかった，個人の責任だけでは対応できないさまざまな生活課題に焦点を当てる．それは誰もが経験することかもしれない．少子高齢・人口減少社会において生まれてから死ぬまでの人生を心豊かに営み，さらに生きがいを持って堂々と生き抜くためには，社会保障制度をベースとした暮らしが不可欠である．そこから新たな家族関係のあり方が見えてくる．　　　　　　　　　　［杉井潤子］

1. 家族問題と家族福祉

●「福祉（welfare）」における家族理解　家族福祉の経緯を家族の変容とともに紐解いてみたい．家族福祉という概念は1970年代に「個々の家族員が家族員として期待せられる役割を実行するように個別的に援助する家族福祉事業を実施してゆかねばならない」として，「全体としての家族」という家族集団それ自体を援助の対象とする福祉観に基づく岡村重夫の家族福祉論によって確立された（岡村ほか1971）．家族，家族成員たる個人の努力に委ねるとされながらも，家族または個人に何らかの故障が生じ，欲求の充足に障害が生じた場合の代替的，あるいは補完的な社会的対応として，社会福祉（social welfare）が捉えられてきた経緯がある．そこに家族問題が生成し，福祉の対象となり得るという認識が根底にあったといえる．1980年代以降，「自律的に個人（家族成員）の福祉が達成し得ない状況が加速されてくると，しだいに社会からの援助が家族を通して間接的に，あるいは個人に直接的に働きかけるかたちで，どのように個々人の福祉実現に向けて機能していくか」（石原1988）ということに焦点が置かれ始める．もはや「家族単位の政策体系は現実的ではなくなりつつある．個人の尊厳を中心に据えて，子供も老人も障害者も，個人としての生活の自立をめざすことのできるような政策体系と，それを基礎にした家族の連帯が展望されなければならない段階に達している」（庄司1986）と指摘されるに至る．「全体としての家族」という家族集団を対象とする家族福祉の限界である．

●家族から見た「福祉（well-being）」理解　では，家族から「福祉」を捉えるとどのように考えられてきたのだろうか．山根常男は「家族は人間の福祉の源泉であるというのが，とくに日本人の一般感情であるが，他方において，われわれは，家族がすぐれて一つの病理的機関であるという現実を認めざるを得ない．われわれは家族生活によって必ず幸福になるというのではなく，家族生活に幸福を期待しているのである．家族の中に人間（個人）の福祉があるのではなく，家族によって人間（社会）の福祉を追求するのである．福祉追求は福祉実現を意味するものではなく，あくまでも一つの期待，願望であり，当為でもある」（山根1979）と述べている．ここでいう「福祉」とはウェルビーイング（well-being）の意味である．森岡清美による家族定義「感情的融合で支えられた，第一次的な福祉追求の集団である」（森岡1967），「成員相互の深い感情的かかわりあいで結ばれた，幸福（well-being）追求の集団である」（森岡1997）という表現からも家族における「福祉」（well-being）追求を読み取るこ

とができる．家族は「福祉（well-being）」＝幸福の源泉であるという固定的な
イメージが極めて強い中で，私たちは家族という関係性を通して幸福を追求す
るのであって，あえて家族の中に幸福が所与のものとして存在するのではない
ことを鋭く指摘したのである．

●問題家族と家族問題　それでは，「福祉（welfare）」が対象とした家族の個々
人が抱える「福祉（well-being）」追求が困難な問題とはどういうものだろうか．
家族問題研究を丹念にレビューした清水（1998）によると，80年代以降の家族
問題トピックとして挙げられたのは，①結婚に関する問題（結婚難と独身主義
双方の観点からの単身者や非婚カップル問題，夫婦葛藤・離婚問題），②単親
家族やシングルマザー問題，③単身・海外赴任とその家族対応問題，海外出稼
ぎ者の生活問題，④生活問題と家族生活の解体（災害・公害・人災関連の家族
問題），⑤医療・疾病・障害（病死遺族，アルコール依存，障害者家族の問題），
⑥逸脱行動としての犯罪・非行，自殺，虐待，家庭内暴力，夫婦間暴力問題，
⑦家族ストレス問題などである．特に90年代以降は「成因を社会に求め，一般
家族も直面している潜在的・顕在的問題状況を問う」家族問題論議が盛んになっ
た．すなわち，「これまで論じられてきた家族問題には逸脱的でかつその発生
を予期することが容易ではない非常態的出来事が多かった」が，「次第に常態
的出来事に家族問題研究の関心が移行してきた」と指摘された．「家族問題の
ノーマライゼーション」という表現で表されるが，家族問題は，誰もが（どの
家族も），いつでも，どこでも遭遇し得る問題へと変化したのである．

●親密性をめぐるケア関係としての家族問題と虐待　1990年後半から近年にか
けて，社会構築主義の影響も受けて，近代家族の愛情原理は暴力の正当性を保
証してしまう病理性を内包していることが明らかとなり，さまざまな問題が家
庭内で「発見」され，社会的対応がとられている．21世紀に入って矢継ぎ早に「児
童虐待の防止等に関する法律」（2000年），「配偶者からの暴力の防止及び被害
者の保護に関する法律」（2001年），「高齢者虐待の防止，高齢者の養護者に対
する支援等に関する法律」（2006年）が施行された．育児や介護の社会化など
脱家族化の動きが顕著な現代では，親密性ゆえのケア関係が注目され（庄司
2013），支援現場では「家族だからできること」がある一方で，「家族だからで
きないこと」「家族だからしてしまうこと」「家族だから受け入れること」があ
るなど，見えない暴力や許される暴力に気を配り，家族への温い見守りと厳格
な介入の二刀使いが求められている（杉井 2012）．　　　　　　　［杉井潤子］

【引用・参考文献】　石原邦雄（1988），岡村重夫ほか（1971），清水新二（1998），庄司洋子（1986,
2013），杉井潤子（2012），森岡清美（1967, 1997），山根常男（1979）

2. ソーシャルワークと家族支援

●**家族を取り巻く現状とソーシャルワーク固有の視点**　「地縁や血縁の希薄化」といわれて久しいが，近年は，本人と本人を取り巻く家族への支援を行う際に，さまざまな分野の専門家による多職種協働がより重要になってきている．そこには，複数の問題や課題を抱えている本人と家族の存在がある．

　例えば，心身機能の低下が認められるようになった高齢の母親が知的障害の息子を1人で世話している場合や，認知症の父親と就労が安定しない息子，不登校の孫がわずかな年金で生活している場合など，本人とその家族に目を向けると，複数の問題や課題を抱えている状況が見受けられ，一専門家のみの対応だけでは困難なケースが増えてきている．そのため，さまざまな分野の専門家による話合いのもと，チームとして対応することがより一層求められている．

　また，各法制度のもと提供されるサービスや支援の対象者に該当しないため，サービスや支援を受けることができず，その結果，法制度間の隙間にこぼれ落ちるようなケースも見られる．このような場合に，「法制度に適用しないから対応しない」ではなく，代替の方法はないかを考えたり，地域に呼びかけてその中で新たなサービスや支援の形を作ったり，その先には，社会や地域の状況に応じ，各法制度やその仕組みを改善する働きかけを行ったりすることもある．

　このように，本人と家族の諸問題や課題を，一家族単位で捉えるだけでなく，社会や地域との関係に注目しながら幅広く包括的に捉え，「個人」へのまなざしと「社会」へのまなざしをあわせ持った複合的な視点がソーシャルワーカーには必要となる．ここに，ソーシャルワーク固有の視点がある（植戸ほか2010）．

●**ソーシャルワークとは**　国際ソーシャルワーカー連盟（IFSW）が2000年に策定した「ソーシャルワークの定義」とそれをふまえた「ソーシャルワーカーの倫理綱領」で示されているとおり，ソーシャルワークは，あらゆる人の人権が守られ，社会正義が保たれた社会を実現するための活動であるといえる．したがって，個人や家族，グループ，地域，社会全体に目を向けたとき，その日常において人権が侵害されたり，不正義や不公正な状況はソーシャルワークの対象として捉えたりすることができる．そうした問題の解決に向けては，専門的な理論や方法を駆使しながら，人と環境の両方にアプローチしていくことが重要となる（成清ほか2010）．

　なお，国際ソーシャルワーカー連盟（IFSW）が，2014年に新たに作成した「ソーシャルワークのグローバル定義」では，ソーシャルワーカーが「より良い社会

の構築」を目指して，積極的に社会を変革していく役割が強調されているが，その一方で，ソーシャルワーカーは，「当事者のために」というよりは，「当事者とともに」を基盤とした姿勢もうかがえる．

このように，ソーシャルワーカーは，個々人の持つ力に着目し，その力を活用できるように働きかけを行うことや，その力が発揮できる環境や仕組みを整えることが求められる．

●**家族支援を行う際のソーシャルワークの重要性**　近年，長寿化や小家族化，親族・地域との関わりの希薄化などのさまざまな社会事象に伴い，ソーシャルワーカーが意識して専門性のある試みや働きかけを行わなければ，本人や家族はもちろんのこと，それを支える親族や地域の力も弱体化していくものといえる．また，何よりも，本人や家族が自らの置かれている現状を冷静に受け止められていないことも少なくない．ここに，ソーシャルワークの意義がある．

ソーシャルワーカーは，本人や家族が困っていることを聞き出し，それを速やかに解決することのみが本来の役割ではない．本人や家族の訴えている内容（主訴）がニーズ（解決するべき生活課題）と一致しているかをまずは確認する必要がある．一致していれば，本人や家族の持っている力を活用しながら，解決に向けた今後の方向性をともに考え，本人や家族自らが行動に移せるような働きかけや環境整備を行う．一致していなければ，緊急性やタイミングを見ながら，本人や家族にニーズを自覚してもらうように働きかけたり，現時点で働きかけが困難であれば，最悪の事態を回避できるように，本人や家族を取り巻く親族や地域，各関係機関との関係性を強化したりする必要がある．

このように，本人や家族が自らの置かれている現状を把握することができるように，また必要以上に依存することなく，自らの力で生活や人生を切り開くことができるように，あらゆる手段を駆使する粘り強さがソーシャルワーカーには求められる．

●**持続可能な家族支援の実現に向けて**　団塊世代が退職後，地域活動を通して「自己実現」，すなわち自分の持てる力を発揮したいという要望の高まりが期待されている．これまで自らが培ってきた経験を活かして，人や社会のために貢献したいと思う中高年世代は決して少なくない．また，わが国は今後，人口減少が予想されているため，支援する人材の確保や定着は喫緊の課題である．そのため，専門家とともに貢献意欲のある人も含め，多様な家族を支える人材の量と質を維持・向上できる仕組みの構築が今後，求められる．　　　［橋本有理子］

【**引用・参考文献**】植戸貴子ほか（2010），厚生労働省（2008，2016），社会福祉専門職団体協議会国際委員会（2014），成清敦子ほか（2010）

3. 少子化と育児支援

●**子育て支援政策の展開**　1989年の1.57ショックを機に，政府はエンゼルプラン（1994年），新エンゼルプラン（1999年）を発表し，「少子化対策」に取り組むようになった．2000年以降は「総合的な子育て支援」に目標を転換し，2003年には次世代育成支援推進法を制定した．これにより，地方自治体および事業主は行動計画を策定，実施していくこととなり，子育て支援の理念が社会全体に浸透した．その後も子ども・子育て応援プラン（2004年），子ども・子育てビジョン（2010年），子ども・子育て支援新制度（2015年）を軸に，国をあげての子育て支援政策が展開されている（表1）．

●**「保育に欠ける」から「普遍的保育」へ**　日本の保育制度は家庭で保育を受けることができない，すなわち「保育に欠ける」子どもとその親を主な対象として発展した．高度経済成長期以降は働く女性が増加する一方で，保育サービスの供給は不足し，保育に欠ける理由や程度が厳密に選別されるようになっている．とりわけ都市部では保育所に入所できない待機児童や，保活（保育所に子どもを入れるための活動）問題の解消が喫緊の課題である．「保育に欠ける」子どもではなく，あらゆる子どもが保育を受ける権利を有する「普遍的保育」という理念を浸透させることも重要であろう．

●**子どもがケアされる場—施設型保育と地域型保育**　2015年に創設された子ども・子育て支援新制度は待機児童対策，幼保一体化，幼児期の教育の振興，全世代型社会保障の実現を背景に導入され，保育ニーズの認定や保育サービスの十分な供給，さらには財源を確保するための仕組みづくりを目的としている（柏女 2017）．従来から「働く母」は保育所，「専業母」は幼稚園を利用するという二分された状況に対し，幼保を一体化する必要性が長く議論されてきたが，保育教育を一体的に行う施設として幼保連携型認定こども園が位置づけられ，幼稚園，保育所からの移行を推進していくこととなった．これらの施設型保育の他に，家庭的な環境で5人以下の保育を行う家庭的保育，6〜19人の保育を行う小規模保育などの地域型保育が創設され，保育サービスの拡充が進められている．

●**地域子育て支援の広がり**　「母親の手による育児が最も望ましい」とする近代的母親規範は相対化されつつあるが，「子どもが3歳くらいまでは，母親は育児に専念した方がよい」という考え方に「賛成」と回答する層は今もなお多数派を占め（第5回全国家庭動向調査 2013年），建前と本音の二重構造の中で，

母親たちの不安や葛藤が解消されたとは言い難い（井上 2013），そのような中で，1990年代以降は育児サークルや子育て支援の NPO が全国各地に誕生し，育児期の親が気軽に立ち寄ることのできる「つどいのひろば」が急速に広まっていった（大豆生田 2006）．当事者による当事者のための活動は育児期の女性をエンパワメントするだけでなく，行政や地域社会を巻き込み，地域子育て支援拠点事業や子育て支援員制度，子ども・子育て支援新制度における利用者支援事業の創設へと実を結んだ．

●その他の支援　子育て支援には，保育サービスやひろば事業などの現物給付の他に，出産一時金や児童手当などの現金給付がある．児童手当の財源は国および自治体，事業主が負担しているが，国立社会保障・人口問題研究所の「社会保障費用統計」（2014年）によれば，日本の家族関係社会支出の対GDP 比はフランスやスウェーデンなどの欧州諸国に比べて極めて低い水準であり，さらなる財源の確保が課題である．これらの支援とは別に，母子保健の領域においても乳幼児健診や母子健康手帳，父子手帳などを通じた子育て支援が行われてきた．近年では産前から産後，育児期への切れ目ない支援を行うフィンランドのネウボラをモデルとした事業を実施する自治体も見られるようになり，それらをふまえた子育て世代包括支援センターを全国展開していくことが決定している（「少子化社会対策大綱」（2015年））．

　　　　　　　　　　　　　　　　　　　　　　　　　　　　　　［井上清美］

表1　子育て支援政策の展開（1990年代以降）

年	主な子育て支援政策
1989	（1.57 ショック）
1994	エンゼルプラン
	「緊急保育対策等5カ年事業」
1997	児童福祉法改正
	・保育所への「入所措置」から「保育の実施」へ
1999	新エンゼルプラン
2001	「保育所待機児童ゼロ作戦」
2002	「少子化対策プラスワン」
	・つどいの広場事業の創設
2003	「次世代育成支援対策推進法」
	「少子化対策基本法」
2004	子ども・子育て応援プラン
	「少子化対策大綱」
2006	「新しい少子化対策について」
2007	「子どもと家族を応援する日本重点戦略」
	・乳児に対する全戸訪問事業の創設
2009	「みんなの少子化対策」
2010	子ども・子育てビジョン
	・幼保一元化に向けた取り組み
2012	「子ども・子育て新システムに関する基本制度」
	「子ども・子育て支援法」
2013	「待機児童解消加速化プラン」
2015	「少子化社会対策大綱」
	子ども・子育て支援新制度

【引用・参考文献】井上清美（2013，2015），大豆生田啓友（2006），柏女霊峰（2017）

4. 要保護児童と社会的養護・家庭的養護

●**要保護児童と社会的養護**　何らかの事情により，出身家庭で育てられることが適当とされなかったり，保護者のない場合に，公的責任において子どもに代替的な養育環境を保障しその家庭を支援する仕組みを社会的養護といい，社会的養護のもとで育つ子どもを要保護児童という．児童福祉法を根拠法とする．2017年9月時点で，全国に約4万5千人の子どもたちが社会的養護のもとで生活している（平成29年9月厚生労働省子ども家庭局家庭福祉課資料）．

●**社会的養護の仕組み**　社会的養護の仕組みは，「家庭養護」と「施設養護」に大別できる．家庭養護とは，養育者の家庭に要保護児童を迎え入れて育てるもので，養子縁組や里親，小規模住居型児童養育事業（ファミリーホーム）などが該当する．特に社会的養護の領域で養子縁組といえば特別養子縁組を指す場合が多いが，それは法的親子関係を保障する子どものための養子縁組とされていることに由来する．里親制度における里親‐里子関係には法的親子関係は発生せず，預かる間は自治体などから養育費や里親手当が支給される．そして集団生活が営まれる「施設養護」は，おおよそ就学前の子どもが過ごす乳児院や，おおむね2歳から18歳の子どもが暮らす児童養護施設などがある．子どもたちは児童相談所の措置によって社会的養護のもとに入ることになる．

●**社会的養護の内実の変化**　明治期の先駆的な児童養護実践や中世に遡る里子委託の源流はあるが（宮島 2007），社会的養護が公的な児童福祉体制のうちに位置づけられたのは第二次世界大戦終結後の1947年児童福祉法制定時である．戦後の社会的養護の内実は，戦災孤児や浮浪児対策の意味合いが次第に薄れ，親はありながらも不適切な養育環境にある子どもの対応へと移り変わってきた．とりわけ，児童虐待を理由として社会的養護のもとに来ざるを得なくなったケースが増えている．例えば，約5年おきに厚生労働省が行う児童養護施設入所児童等調査結果を縦断的に見てみよう．児童養護施設の場合，1977年（当時は養護児童等実態調査）には「父母の行方不明」「父母の入院」「父母の離婚」などが養護問題発生理由の上位に挙がっていたが，2013年には一般的な「児童虐待」にあたる理由（「放任・怠だ」「虐待・酷使」「棄児」「養育拒否」の合計）が約4割を占める（厚生労働省児童家庭局 2015）．その他，子どもたちのさまざまなニーズにも目を向ける必要がある．例えば，児童養護施設で生活する子どもたちの28.5％に何らかの障害があり，なかでも知的障害や発達障害をもつ割合が増加している（厚生労働省児童家庭局 2017）．社会的養護は，子どもと

親との関係調整や，虐待による傷の回復といった子どもへの心理的・治療的関わり，社会的養護を離れた後の自立支援など，多様な役割が求められるようになっているといえよう．

●**家庭養護推進の気運―政策と実践**　2009年12月国連総会採択「児童の代替的養護に関する指針」に見て取れるように，国際的には社会的養護は家庭養護が基本であるという一定の共通理解があり，日本は施設養護への傾倒批判を受けがちである．日本では2002年の改革を皮切りに社会的養護改革が続き，里親委託ガイドライン制定（2012年）による「里親委託優先の原則」明記や，2016年の児童福祉法の大幅改正，これを具現化するための検討会取りまとめ（2017年8月）による，家庭養護のさらなる推進や子どものニーズに合った一貫した処遇を行うパーマネンシーの保障の明確化提示など，大きなうねりのただなかにある．

　他方で児童福祉や地域福祉の実践領域では，かねてより社会的養護経験者の設立したNPO法人日向ぼっこやNPO法人里親子支援のアン基金プロジェクトといった当事者性の強い草の根的な支援活動が地道に続けられてきた．また里親支援のソーシャルワークの観点からの示唆（宮島2017）が示されるなど，2010年代後半の転換期にある社会的養護のあり方は現場にも大きな影響を及ぼしているように思われる．

●**社会的養護を家族の視点から読み解くヒント**　社会的養護における子どもと養育者の関係性には，疑似的な親子関係になる場合もあれば，そうではないが愛着関係や信頼関係の築かれるあり方も存在する．また，必ずしも夫婦ではない養育者が子どもを預かり育てる事業も展開されつつある．それらの関係性は，血縁も法的つながりもない新しい家族といえる側面を持ち得る．しかし，子どもの育ちを保障する仕組みを単純で画一的な「家族」に回収することには留意も必要であろう．2000年代以降，家族社会学をはじめとする家族研究の領域でも，社会的養護を素材として家族や子育てをめぐる諸相を解き明かそうとした研究が少しずつ積まれてきた（和泉2006，土屋2014，野辺ほか2016，安藤2017，藤間2017，野辺2018など）．家族に関心を持つ読者にとって社会的養護は，子育てと家族・家庭と呼ばれるものの関係性を問うたり，また子どもにとってのあるべき家庭像があらわれやすい対象として注視する価値があるのではないだろうか．　　　　　　　　　　　　　　　　　　　　　　　　　　　[安藤　藍]

【引用・参考文献】新しい子ども家庭福祉のあり方に関する検討委員会（2017），安藤藍（2017），和泉広恵（2006），厚生労働省子ども家庭局家庭福祉課（2017），厚生労働省児童家庭局（2015），宮島清（2007，2017），野辺陽子ほか（2016，2018），土屋敦（2014），藤間公太（2017）

5. 高齢化と介護支援

●**高齢化と介護支援**　戦後，日本の人口は急速に高齢化した．内閣府「平成28年版 高齢社会白書」によると，1950年に5％未満だった高齢化率（65歳以上人口が総人口に占める割合）は，1970年に7％，1994年に14％を超え，2015年現在26.7％と推計され，世界で最も高い水準にあると報告されている．急速な高齢化は，疾病構造の変化を伴い，長期的で専門的な介護を必要とする高齢者の急増を示唆するものであった．一方，戦後から1980年代にかけて，日本の福祉政策においては，高齢者介護は家族が担うことが自明視され，公的支援の対象は，実質的に低所得で家族のない者に限られる傾向にあった（大和2008）．公的支援を受けられない多くの高齢者は介護を家族に依存せざるを得ず，家族は過重な介護負担のもとに置かれるようになった．その深刻な実態は，有吉佐和子の小説『恍惚の人』（1972年）が嚆矢となり，各種調査や介護殺人の報道等を通じて徐々に社会問題化された（上野2011：108-112）．こうした中「介護の社会化」を求める声の高まりを受けて，2000年に，介護を必要とする高齢者を社会全体で支える仕組みとして公的介護保険制度が創設された．

●**介護保険サービスの概要（2017年12月現在）**　介護保険制度では，市町村（保険者）に「要介護（要支援）認定」を申請し，認定を受けた後，通常，介護支援専門員（ケアマネジャー）と相談してサービスの利用計画（ケアプラン）を作成し，サービスを利用する．利用できるサービスは，要介護と要支援で異なるが，要介護の場合，訪問介護，通所介護，短期入所生活介護（ショートステイ）等の居宅サービス，特別養護老人ホーム等の施設サービス，認知症対応型共同生活介護（グループホーム）等の地域密着型サービスがある．在宅で受けるサービスについては，要介護度ごとに定められた支給限度基準額（表1）までは，1割（一定以上の所得者については，2割（2018年8月以降，2割または3割））の費用負担で利用できるが，限度額を超えるサービス利用は全額自己負担となる．また，施設サービスやショートステイ等の利用に伴う食費，居住や滞在にかかる費用などは，原則と

表1　要介護度別支給限度基準額

要介護度	支給限度額／月
要支援1	50,030 円
要支援2	104,730 円
要介護1	166,920 円
要介護2	196,160 円
要介護3	269,310 円
要介護4	308,060 円
要介護5	360,650 円

注：平成27年度現在．支給限度基準額は単位数で決められており，1単位の単価は地域等により異なる．表の金額は1単位を10円とした場合．
（出所：厚生労働省老健局総務課「介護保険制度の現状と今後の役割（平成27年度）」22頁を参考に作成）

して自己負担となっている.

●**日本の介護支援における家族の位置づけ**　介護保険制度の開始により，介護サービス利用の裾野は大きく広がった．要介護（要支援）認定者数は2000年度（256万人）から2015年度（620万人）にかけて約2.4倍に増加した（厚生労働省「平成27年度介護保険事業状況報告」）．ただし，現行の制度は，実質的には家族介護を前提として運用されている（下夷 2015）．例えば，介護保険給付の支給限度額は家族が担ってきた介護を代替する水準には設定されておらず（堤 2010：123），高齢者が保険のサービスだけで在宅生活を全うすることは難しいことが指摘されている（染谷 2003）．また，訪問介護・生活援助サービスの利用には，同居家族等がいる場合，厚生省（現厚生労働省）の告示（平成12年2月10日厚生省告示第19号）により制限が課されたほか，「適正化」への圧力や2005年の法改正を経て一層の利用抑制と家族責任の強化が進行したとの指摘もある（藤崎 2009）．一方，在宅介護が立ちゆかなくなった場合等に受け皿となるショートステイや施設サービスには，都市部を中心に供給不足が指摘されている（結城 2015）．受け皿となるサービスの不足は，介護を要する高齢者と家族にとって，在宅介護が困難な状況にあっても，在宅介護の継続を強いられやすい状況にあることを示唆している.

●**新しい家族状況をふまえた介護支援に向けて**　高齢者を取り巻く家族のマンパワーは縮小傾向にあり，制度が想定している介護を無理なく担い続け得る家族の存在は，多くの高齢者にとって所与のものではない．1人暮らし高齢者の増加に加え，同居家族がいる場合も，配偶者介護は，介護者自身も高齢で老々介護となる場合が多く，子世代による介護は，雇用の不安定化や晩産化等が進む中，これまで以上に就業や子育てとの板挟みとなるリスクにさらされている．こうした新しい家族状況は，より充実した介護支援の必要を示唆しているが，現状では支援は必ずしも十分ではなく，介護者となることは大きなコストを伴う傾向にある．総務省「平成24年就業構造基本調査」によると，介護・看護による離職者は年間約10万人にのぼる．家族介護者等の養護者による高齢者虐待は年間1万5千件を超えており（厚生労働省 2017），介護保険制度の導入によって介護殺人の件数が顕著に減少したという傾向も，確認されていない（湯原 2017）．新しい家族状況をふまえた介護支援の充実が求められている.

[菊澤佐江子]

【引用・参考文献】上野千鶴子（2011），厚生労働省（2017, 2018），下夷美幸（2015），染谷俶子（2003），堤修三（2010），藤崎宏子（2009），大和礼子（2008），結城康博（2015），湯原悦子（2017）

6. 要介護高齢者と成年後見制度

●**認知症高齢者等を支える仕組み**　高齢社会の進展に伴い，認知症高齢者の増加が確実視されている．認知症高齢者の生活を地域で支えるために，さまざまな取組みが進められている．代表的なものとして，社会福祉協議会による日常生活自立支援事業および成年後見制度が挙げられる．両者の成立の背景には，1990年代の社会福祉基礎構造改革がある．福祉サービスの提供・給付が，民法上の契約による利用へと移行する中で，認知症高齢者をはじめとした，要介護高齢者等のサービス受給を保障するために整備されたのだった．

●**成年後見制度とは**　成年後見制度は，判断能力が不十分な本人の「財産管理」と「身上監護」を支援する制度であり，これには法定後見と任意後見とがある．本人の判断能力が低下した後に，家庭裁判所への申立てによって成年後見人等が選任される法定後見に対し，任意後見では将来の判断能力低下に備え，任意後見受任者となる任意の人物を選び，事前に公正証書契約を結んでおく．

　2012年以降，成年後見制度の申立件数は年間3万件を超えるが，利用の9割以上が法定後見である．この法定後見には，判断能力の程度に応じて，後見・保佐・補助の3類型があるが，制度利用件数全体の約8割が後見類型となっている．よって，ここでは，法定後見の後見類型に絞り，家族から見た成年後見制度の利用に伴う影響と課題について紹介する．

●**成年後見の社会化**　成年後見人等の役割は，「財産管理」と「身上監護」という，本人にとって容易に譲り渡すことのできない重要な領域に属する行為を本人に代わって行うことである．そのような特殊性を持つ成年後見を担うには，誰が適切なのだろうか．

　成年後見の担い手は，親族かそれ以外の第三者に大別され，第三者の成年後見人等には，専門職，社会福祉協議会やNPOなどの法人，市民後見人等がある．ところが約9割が専門職後見人（司法書士，弁護士，社会福祉士など）である．

　成年後見人等は家庭裁判所の判断に基づき，親族または第三者が選任される．成年後見制度が施行されて以降，この成年後見人等の担い手は大きく変化した．施行された2000年には，成年後見人等の約9割は親族であったが，その後，年々，第三者の割合が高まり，2016年に第三者の成年後見人等の割合は7割を超えた．このように，これまで家族に委ねられてきた成年後見の役割が，急速に第三者によって担われるようになってきている．ここに成年後見の社会化を見ることができる．

●**成年後見の社会化の背景**　それでは，成年後見の社会化はどのように進んできたのだろうか．これに答えるには，人々が，どのような場面で，成年後見制度を利用しているのか，その利用動機から考える必要がある．最高裁判所の統計によれば，判断能力が不十分な本人の預貯金の払戻請求，身上監護，介護保険契約，不動産処分，保険金受取等を動機として，つまり財産管理をはじめとした契約取引の場面で，成年後見制度の利用が求められていることがわかる．成年後見制度は本人や家族の判断だけでなく要介護高齢者を取り巻く社会の側の要請によって求められ，制度普及としての社会化が図られてきたのだった．

●**成年後見の社会化に伴う家族への影響と課題**　こうして，社会福祉基礎構造改革と介護保険制度の導入を背景として，介護の社会化とともに，成年後見の社会化が進んだ．では成年後見の社会化は家族にとってどのような影響があり，そこにはいかなる課題があるのだろうか．ここでは以下3つの論点を指摘する．

　第一に，第三者の成年後見人等が選任されることによって，本人に同居家族がいる場合，要介護高齢者の家計において，成年後見人等は，同居する家族と本人の生活費を切り分けて管理することが求められる．成年後見制度は，本人の財産を本人のために用いることを求めるからである．これが家計の個計化をもたらす．また，こうした家計の個計化は，家族より第三者の管理のもとでより徹底されやすい．それゆえ，家庭裁判所において，成年後見人等として適切なのは，法律家をはじめとした，第三者の専門職であるとの認識が高まった．

　第二に，達成されたかに見えた成年後見の社会化が，実際には専門職への一極集中というかたちで実現した，という点についてである．家族に代わり成年後見の役割を担うには，要介護高齢者の思いに寄り添う親密性が求められる．この点では当初NPO法人や生活協同組合などによる法人後見，あるいは市民後見といった主体による成年後見にも期待が寄せられていた．しかしながら，上記の通り，家庭裁判所では，これらの選択肢を有力な選任候補として十分に認識するには至らず，結果として，士業による専門職化が進んだ．

　第三に，成年後見の社会化それ自体は，家族の負担を軽減させるはずである．介護保険制度を通しても家族の中に留まり続けてきた，生活のマネジメント，ケアの管理・調整，責任主体としての役割を，理論上は第三者の成年後見人等が家族から引き継ぐことが可能になるからである．ただし，ここには上述した成年後見人の担い手の偏在といった問題が含まれることになった．成年後見の社会化のあり方をめぐって，より活発な議論が求められている．　　　［税所真也］

【引用・参考文献】最高裁判所事務総局家庭局（2000-2017年版），税所真也（2014，2016a，2016b），藤崎宏子（2006）

7. 障害者福祉と家族（障害児含む）

●障害者福祉の進展──「社会モデル」という考え方　障害者は長らく差別される存在であり続けてきた．しかし近年，障害者をめぐる状況は大きく変化しつつある．障害を捉える新たな考え方は「社会モデル」と呼ばれ，イギリスの障害者運動を源流とし，学術的にも議論されてきた．この考え方は，個人の身体的欠損などを指すインペアメントと，インペアメントを持つ人々に対する社会的不利益や活動の制約を指すディスアビリティを区別する．そしてインペアメントの治療を目指す医療や教育のあり方を「個人モデル」として批判し，ディスアビリティの解消を目指すモデルとして社会の責務を明確に打ち出したものであった．杉野（2007）は，「障害者個人に問題の責任を帰するのではなく，障害がもたらすさまざまな問題を社会の問題として社会的解決を模索する方向」（杉野 2007：117）として説明している．

　この考え方が広まった契機は，2006年に国連で採択された「障害者の権利に関する条約」であり，日本は2007年に署名し，2014年に批准している．また2011年の「障害者基本法」改正，2013年「障害を理由とする差別の解消の推進に関する法律」（通称「障害者差別解消法」）成立と法整備も進み，「社会モデル」は実効性を伴うものとなりつつある．

●当事者運動の歴史と実リ──主体性を持つ存在への転換　障害者福祉の進展は，上述の「社会モデル」の考え方の具現化に加え，当事者主体化の方向性にも見られる．これには自立生活運動を中心に展開してきた障害当事者運動の歴史が貢献してきた．自立生活は，「どんな重度の障害をもっていても，介助などの支援を得たうえで，自己選択，自己決定にもとづいて地域で生活できること」（中西・上野 2003：29）と定義されており，自立生活運動はそれまで福祉サービスの受け手であり続けた障害当事者が，主体性を持つ存在となる転換点であった．日本では1970年代，脳性まひ者による「青い芝の会」の運動がよく知られており，施設や家族を離れ，地域で介助を受けながら暮らすことを目指したこの運動は，アメリカで起こった自立生活運動が日本に紹介された動きとあいまって，障害者の人権確立へ向けた大きな推進力となった．このような当事者運動は，国際的には「障害者の権利に関する条約」締結に結実する．また国内では障害者福祉の法整備プロセスにおける障害当事者の参画も実現させる．さらには福祉サービスの考え方にも影響を及ぼし，現在では障害者が地域において自立生活を送るための支援が障害者福祉サービスの大きな柱として位置づ

けられている．

● **障害児・者の家族が抱える問題──母親たちのケア負担や差別の問題**　障害当事者の人権擁護や福祉が進展する一方，障害児・者の家族が抱える問題は未だ解決に至っていない．学術的には既に障害児・者の家族が抱えてきた問題，特にケアの主体である母親の問題について，いくつかの論点が示されている．岡原（1990［2012］）は，制度としての愛情を結合原理する近代家族において，障害児・者と親たちが閉じられた閉鎖的情緒空間に置かれる問題を示している（岡原1990［2012］）．また石川（1995）は，アイデンティティの観点から，障害児の親が，愛情のもとに育児・世話責任を持ち，社会の迷惑とならないよう子どもの監視を怠らない，というように障害児の親としての適切なふるまいを自らのアイデンティティとして獲得していくことを指摘している（石川1995）．こうして近代家族の母親役割規範を内面化する形で，母親たちが育児や世話を1人で引き受け，責任を果たしてきた．さらに差別の問題も指摘されている．要田（1999）は，「健全者」と「障害者」の区別に基づく障害者差別の枠組みがある中，母親は障害児・者とともに差別される立場から逃れない立場であったことを明らかにしている．同時に，障害があることを隠すなど障害児・者を差別する主体でもあるという両義的存在であることも示された．障害に伴う差別の問題が家族にとっても大きな問題であったといえよう．障害児・者の家族，特に母親たちがケア負担を1人で引き受け，差別に対峙してきた問題は看過できない．しかしながら日本の福祉制度自体が未だ家族ケアを前提に構築されている部分があり，その方向性の転換が求められる．

● **障害児・者の生活を社会で支える**　障害児・者が自己決定に基づき自立した生活を地域で送ることは当然の権利であり，家族によるケアを前提とした社会のあり方も変革していく必要がある．2003年「支援費制度」，2006年「障害者自立支援法」，2013年「障害者総合支援法」と国内法も整備され，福祉サービスも拡大しつつある．また合理的配慮という言葉も認識されるようになり，障害児・者が持つそれぞれの困難や障壁を社会において取り除く努力も浸透しつつある．しかしながら，こうして障害児・者を社会的に支える取組みはようやく緒についたばかりであり，未整備な状況は否めない．さらに福祉や教育の場において家族ケアを前提とする視点は未だに主流である．障害児・者やその家族が人権を享受できるように，障害者福祉を社会全体で支える仕組みが求められる．　　　　　　　　　　　　　　　　　　　　　　　　　　　[山下亜紀子]

【引用・参考文献】石川准（1995），岡原正幸（1990［2012］），杉野昭博（2007），中西正司・上野千鶴子（2003），要田洋江（1999）

8. ホームレス生活者と家族

●「ホームレス問題」の社会問題化　1990年代半ば以降、日本の都市部を中心に、公園、河川敷等で暮らすホームレス生活者が急増した。その多くは、中高年・単身・男性である。こうした人々の急増の背景として、雇用情勢悪化などの要因とともに、しばしば、家族関係の希薄化や、家族が持っていたはずの相互扶助機能の弱体化が指摘される。現代日本のホームレス生活者は、どのような家族に生まれ育ち、どのような家族を形成してきた人々なのだろうか。1999年に大阪市で実施された調査結果から見てみよう（大阪市立大学 2001）。

●ホームレス生活者の家族史　調査対象となったホームレス生活者の97％は男性で、平均年齢は56歳である。彼らの生活史は、その出発点から困難さを伴いがちであった（図1）。例えば、ひとり親という家族構成が、貧困をはじめとするさまざまな社会的不平等と強く結びついていることは繰り返し確認されてきたが、低く見積もっても、彼らの2割強はひとり親世帯や両親ともにいない状況で育っている。これは、同世代と比較しても顕著に高い出現率である。こうした定位家族の抱える困難が、学歴達成に影響を及ぼすことになったのだろう。彼らの最終学歴は6割が中学卒以下であり、同世代の男性よりもかなり低い。

学卒後、彼らの大部分は就業に伴って定位家族を離れ、単身での生活を始める。しかし、初めて就いた仕事の4割は臨時・日雇であり、不安定さをはらみがちな職業生活のスタートとなった。その後、転職を重ねるにつれ、建設業、ブルーカラー労働に従事することが多くなり、臨時・日雇という雇用形態も多くなっていく。結果、野宿直前には、産業では建設業が8割、職業では生産工程・労務作業が9割、雇用形態では日雇・臨時が9割を占めることになる。彼らの職業的キャリアとは、不安定就業階層、とりわけその下層部へと収斂されていく過程である。また、野宿直前の居住形態を見ると、職住丸抱えの「飯場・住み込み」や「ドヤ＝簡易宿所」など、失職が同時にその喪失をもたらす不安定な居住形態が7割を占める。不安定就業へと至る過程は同時に、不安定居住へと至る過程でもある。

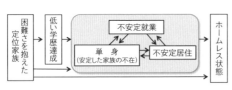

図1　ホームレス生活者の家族史（1999年調査より）

この間、彼らの3割は一度の結婚・同棲もすることなく、単身で過ごしている。一方、結婚や同棲によって7割はパートナーとともに暮らし、そのうちの7割には子

どもがいた．しかし，このようにして形成された家族も，離婚や死別，それに伴う子どもとの別れを通して解体している．また，不安定就業，不安定居住へと至る過程の中で，「田舎に帰ろうか迷ったが，情けなくて帰れんかった」と50代男性が語るように，親兄弟との関係も疎遠になっていく．

彼らの生活史とは，不安定就業，不安定居住，そして「安定した家族」を形成・維持できず，定位家族からも切り離された結果としての単身へと，それらが相互に結びつきながら収斂されていく過程である．困難を抱えた家族に生まれ育ち，貧困・不安定な生活へと至る，「社会的不平等の世代間再生産」というべきこうした過程の末に，バブル経済の崩壊が加速させた労働市場の再編により彼らは労働市場から切り捨てられ，ついには極限の貧困であるホームレス状態へと至ったのである．

こうしたプロセスは，2007年の「ネットカフェ難民」調査において100人中7人が児童養護施設等の出身者——日本において家族という資源を利用困難な典型層——であったことに端的に示されているように，20～30代という若い世代の，広い意味でのホームレス生活者においても見られる（妻木・提 2010）．

●ホームレス生活者と日本型福祉社会　岩田正美（1999）が指摘するように，ホームレス生活者の生活史に見られるのは，「強い個人」の自己決定に駆動される「家族の脱制度化」「近代家族離れ」とは性格を異にする，貧困や不安定就業と結びついた，「昔ながらにある」不安定な家族のありよう，家族の不在である．

ホームレス生活者はしばしば次のように語る．「仕事にでも就いていれば，兄弟に会いにも行けるが，意地もあり，恥ずかしくて行けない」「身体が動くうちは親兄弟を含め，他の人の頼りにはなりたくない．兄弟に迷惑をかけるといけないから，電話番号は捨ててしまった．頼ってしまうから」．こうした語りから見出すことができるのは，伝統的な家族規範，ジェンダー規範に強く同調し，夫・父親・家族の一員としての役割を果たそうとする，あるいは，そうした役割を果たせないが故にせめて依存はしまいとするホームレス生活者の姿である．

労働市場から切り捨てられ出現したホームレス生活者は，不安定な家族／家族の不在を，伝統的な家族規範に同調しつつ生きてきた人々である．問題であるのは，現代日本社会における家族の相互扶助機能の弱体化の結果であると同時に原因でもある，就業・居住の不安定さや貧困そのものであり，日本型福祉社会における家族の相互扶助機能への過剰な依存であろう．　　　　　［妻木進吾］

【引用・参考文献】岩田正美（1999），大阪市立大学都市環境問題研究会（2001），妻木進吾・堤圭史郎（2010）

9. 臨床倫理・死生学と家族

●**臨床倫理**　倫理は社会規範である．倫理は道徳と共通するところが多いが，道徳が心の持ちように重点を置く一方，倫理は「どうあるべきか」について，「なぜそうなのか」も問う．清水（2016）は，「倫理とは社会が平和的に調和を保って存続するために社会の成員が互いに要請し合っていることがら，すなわち，人間関係のあり方に関する社会的要請である」と定義している．では臨床倫理とは何か．臨床倫理は病院や介護施設や在宅医療の場などの臨床現場において，一人ひとりの患者に関する倫理的な問題を扱う．臨床倫理において考えることの多くは患者が直面している具体的な問題であり，問いの中心は治療やケアや療養場所に関する選択と，どのようにその選択に至るか，つまり意思決定プロセスと合意形成のあり方である（清水＋臨床倫理プロジェクト 2016）．チーム医療が推進されている現代，臨床倫理は一人ひとりの患者に関わるすべての職種がチームで対応すべきものである．介護サービスを受けている高齢者の場合は，介護支援専門員や介護ヘルパーも医療・ケアチームのメンバーとなる．多職種による臨床倫理の検討において，まず基本となるのは医学的に適切な判断である．検討の土台としての医学的な判断がしっかりしてはじめて，本人の生活の質（QOL : quality of life）などの医学以外の事柄についての適切な判断が可能となる．臨床倫理ではあらゆる場面において生活の質を問うことが大切である．事例の多くでは医学的なグレーゾーンが大きい場合も少なくない．グレーな部分が大きければ大きいほど，本人と関係者間での話合いが重要になる．臨床倫理は，かつては生命倫理の一領域として認識されていたが，現在では独立した学問分野となっている．臨床倫理は医療と介護の専門職が患者のために何ができるのかを探求し，現実的な解決策を見出すことを目的とする．

●**死生学**　死生学は死生に関わるさまざまな問いに幅広く学際的に取り組む新しい学問である．1つの学問分野として死生学（thanatology）が構想されたのは，おおむね1960〜70年代の欧米においてである．thanatology の語源の意味は「死の学」ではあるが，死そのものを学問対象とすることではなく，死の体験や死の恐れを乗り越える過程の問題が主題とされ，その関係で心理学者が中核の役割を担い，心理学や社会心理学の手法によって分析・考察された．欧米の死生学は，死を隠蔽する現代のあり方を疑問視し，それを変革するために学知を総動員しようとして展開されてきた．その根底には，死から目をそむけることで，逆に人間は死の恐怖に捕らわれるのであり，死を直視することで，死という不

可避な運命にもかかわらず，人間は前向きに生を生きることができる，という見方があった（池澤 2017）．一方で日本の死生学は「死について」の学ではなく，死を生に伴い，また生が伴うものとして，「死生」を一体として捉え，人間が死生をどう理解し対処してきたかを広く考えようとする（島薗 2010）．つまり，生と死を対立ではなく表裏のものと捉え，死を考えることを通してよりよく生きるすべを模索するという方向性を有してきた．そのため，宗教／世俗の枠組みを超えて多様な生死のあり方を比較検討する伝統が形成されてきた．こうしたことから，日本の死生学は欧米の thanatology よりも広いものにならざるを得ず，例えば東京大学の死生学プロジェクトは死生学を，①死生の文化の比較研究，②死生の哲学と倫理に関する理論的考察，③臨床現場への実践的関与の3つを柱とするものとして構想され，展開されてきた．

●**臨床死生学**　死生学の一領域である臨床死生学は病院や介護施設や在宅医療の場などの臨床現場で，本人と家族および医療とケアに携わる人々のニーズに応え，死生学が得た知見を医療とケアに活かすことができるようなかたちにして提供しようとする．臨床死生学は臨床現場で実践の知としてはたらく学問である．そのためこの分野では，本人と家族，現場の医療・ケア従事者と研究者らが協働し，実践の知を社会還元することが求められる．（清水 2017）

●**臨床倫理・死生学と家族ケア**　死生学に関わる臨床場面において臨床倫理的に適切な意思決定プロセスをたどることは，同時に家族ケアにも資する．そうした意思決定は，本人の意思を尊重するために，本人を中心として，本人・家族らが医療・ケアスタッフと情報を共有し相談するためのコミュニケーションを通してなされるからである．こうした本人・家族側と医療者側の共同の意思決定を促進すれば，意思決定のプロセス全体が家族支援となる．本人の生活や人生において治療の目標を設定するためには，本人の価値や人生観・死生観が反映された人生の物語りを傾聴することが大切となる．本人の物語りは，本人にとって重要な関わりを有する人の物語りと重なる部分が多い．生活や人生における関わりの程度は，すなわち，物語りの重なり程度である．本人にとって重要な家族は，本人の物語りにとって重要ということであり，本人にとって重要な意思決定は家族にとっても同様に重要ということである．物語りを傾聴し，物語りに沿った意思決定を求めて医療・ケアスタッフが家族とともにたどるプロセスは，悩める家族の心に寄り添うプロセスそのものといえる（会田 2013）．

[会田薫子]

【引用・参考文献】 会田薫子（2013），池澤優（2017），島薗進（2010），清水哲郎（2016, 2017），清水哲郎＋臨床倫理プロジェクト（2016）

人生100年時代のライフモデル

●**平均寿命の推移と健康長寿社会**　1925年男性42.06歳，女性43.20歳であった平均寿命は，2016年には男性80.98歳，女性87.14歳まで伸長し，約90年間で2倍になった．将来推計人口（国立社会保障人口問題研究所 平成24年1月推計）によれば，2060年には男性84.19歳，女性90.93歳になる．また乳幼児死亡率（出生1,000対比）は，1925年142.4から2015年には1.9に激減し，現代は「産まれて長く生きることが保障される」社会である．しかしその一方で，日常生活に支障がなく自立して過ごせる期間といわれる健康寿命は男性72.14歳，女性74.79歳（厚生労働研究班 2016）とされる．平均寿命と健康寿命との差を縮小させて，いかに健康に長い人生を全うするかが問われている．

●**100年時代の人生戦略**　リンダ・グラットンほか『LIFE SHIFT ライフ・シフト』（2016）は，世界一の長寿国である日本で2007年に生まれた子どもの50％は107歳まで生きると予測して衝撃を与えた．「長寿化時代の私たちの人生には，経済，金融，人間心理，社会，医学，人口構成が影響を及ぼ」し，「人生が長くなるほど，アイデンティティは人生の出発点で与えられたものではなく，主体的に築きうるものになっていく．（中略）まわりのみんなと同じ行動を取るだけでうまくいく時代は終わったのだ．過去の世代には必要なかったことだが，私たちは自分がどのような人間か，自分の人生をどのように組み立てたいか，自分のアイデンティティと価値観を人生にどのように反映させるかを一人ひとり考えなくてはならない」と指摘する．

　図1にあるように，もはや1つのキャリアでは生きられない．モデルなき時代を生きる術を磨くことが求められている．　　　　　　　　　　　　　　　　　　［杉井潤子］

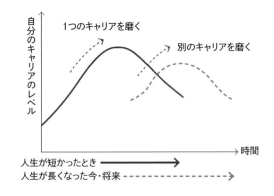

図1　100年時代の人生戦略
（出所：中原淳「人生100年時代　今日から始める大人の自分磨き」『日経ウーマン』2018年4月号）

【引用・参考文献】グラットン, L. & スコット, A.（2016=2016）

第 **10** 章

生活環境と家族

1. 衣食住と家族　152
2. 消費環境と家族　154
3. 情報化と家族　156
4. 生活文化と家族　158
5. 地域社会と家族　160
6. 葬送と家族　162
7. 災害と家族　164
コラム　「共同墓・合葬墓」　166

　本章では，衣食住生活，消費環境，情報化，生活文化，地域社会，葬送，災害という7つの側面に着目して，生活環境と家族との相互作用，両者の関連性を取り上げる．私たちが，生活環境と家族のダイナミズムに迫り，現代的な生活課題の本質を解明することは，未来のウェルビーイングな生活環境を追求し，これからの家族・新たな家族関係を展望する出発点となる．　　　　　　[佐藤宏子]

1. 衣食住と家族

●**衣食住と家族**　生命を維持し，労働力を再生産するためには，衣食住生活の営みが不可欠である．公共のライフラインが整備されておらず，水汲みをし，薪をくべてかまどや囲炉裏で調理をしなければならなかった時代には，衣食住の生活を集約的に行うことが，家族の重要な機能であった．家族の衣服を整える裁縫は，家事労働の中で特に技能を要し，教育が必要であった．明治・大正期に小学校や高等女学校に設置された「裁縫科」は，女子の就学率を上げる役目を担った．既製服，ワンルームマンションが普及し，1人分の食事が容易に手に入る今日，単独世帯は増加する一方である．家族と衣食住生活との関係は，家族の変化を語るとき，看過できない視点である．

●**食卓を囲んだ家族団らん**　「食卓を囲んだ家族団らん」像は，親密で幸せな家族の表象である．人気アニメ『サザエさん』では，チャブ台を囲んで会話を交わす家族の情景が，物語の重要なモチーフの1つとなっている．「心の教育」のあり方についての中教審答申では「家族一緒の食事の大切さ」が強調され（中教審 1998），「家族で共にする食卓は，共に生きることを感じさせる」といわれた（河合 2003）．しかし，このような家族の姿が見られるようになったのは，テーブルが普及した食事室に，一定の時間に家族が揃うことが可能となり，主婦が毎食の食事を整える役割を担うようになるといった生活構造の変化を経た第二次世界大戦後であることが明らかである（表 2010，石毛ほか 1991）．アメリカでも，食事を家族が揃う好機と捉える考え方は，家族が触れ合う頻度が減る都市化，工業化がもたらしたといわれている（Cinotto 2006）．1人で食べる「孤食」が話題になったのは，高度経済成長期が終わり，母親が家庭の外で働くようになったことで，家族の食を支える基盤が揺らいだ1970年代後半から1980年代初めにかけてであった．父親の長時間労働，子どもの塾通いなどが，さらにさまざまな欲求充足の活動単位を縮小させた．家族の個別化が進行し，急速に普及したコンビニが提供する総菜や弁当などの「中食」（なかしょく）は，家族で別々のものを食べる「個食」を可能にした．学校教育やマスメディアが，食の重要性を喧しく訴え，豊かな食空間や道具が準備されても，家族は食品産業への依存度を増している．ひとりで食を営むことの簡便さが家族の個別化を促す一因ともいえる．食は家族の変化を反映するとともに，家族のあり方をも規定する．

●**子育て，食とジェンダー**　男女共同参画が推進され，女性の雇用労働者化が進む今もなお，生活時間調査での家事時間の平均は男性40分に対し女性は2時

間57分，そのうちの50％が炊事などの食事管理に充てられている（総務庁 2017）．中食が普及する今も，家庭の味は女性が作り出すという実態は大きく変わらず，「おふくろの味」は健在，といってよい．一方，子育て不安に関する調査では，「離乳食」を不安に思う母親が増加していたことが報告された（原田 2011）．母親の6割は「手作りを与えたい」と回答し（天野 2011），8割以上が「愛情」面で手作りの方が優れていると考えていることが明らかになった（厚生労働省 2005）．母親は罪悪感を抱きながらベビーフードを使うことが多く，「手軽さと愛情は反比例する」という意識が根強い．このような母親の手作り志向の強さは，子育ての負担感を大きくしており，第2子以降の出生に影響を与えていることが指摘されている．特に知育・徳育・体育の基礎となる教育として国が推奨する「食育」が導入されて以降，離乳食の手作りレシピ本が急増している（表 2012）．ラプトンは「女性が多くの家事に加えて食事の準備もしなければならなかった結果，社会参加が阻まれてきた」と述べた（ラプトン 1996= 1999）．家事・育児労働の中で，1日3度の家族の食を整える労働は大きな比率を占める．欧米諸国と比較して母親の就業率が低いことは，母として毎日の食を支えなければならないという母親自身の強迫観念が一端を担っており，それが日本の女性の社会的地位の低さにつながっているといっても過言ではない．

●**住まいと家族**　住まいもまた，家族関係や子育てに少なからず影響を及ぼしている．1960年代に普及した公団住宅では，家族が団らんする場としてのダイニングキッチンの使用頻度が高まるにつれて，そこを管理する母親の家族全体に対する統制力が高まり，父親の影が薄くなったという．通勤に時間がかかる場所にしか家を持てない住宅事情の貧しさが，家族交流の機会を減少させてしまった（袖井 1994）．引きこもりや非行などの問題は個室と結びつけて論じられがちである．また，近年急増する都市部での超高層住宅における子どもの育ちについて，子どもの遊びの制約など，懸念も指摘されている（渡瀬 2017）．一方，他人と暮らす「シェアハウス」や，複数の世帯が生活の一部を共同化して生活の合理化を図る「コレクティブハウス」は，衣食住の生活共同により，これまで家族が担ってきた機能の一部を代替する暮らし方である．実態は一様ではなく，課題も多いが（久保田 2009），家族の生活が個別化し，高齢者や若者の1人暮らしが増加する今日，注視する必要があるだろう．　　　［表　真美］

【引用・参考文献】　天野信子（2011），石毛直道ほか（1991），表真美（2010，2012），河合隼雄（2003），久保田裕之（2009），厚生労働省（2005），総務庁（2017），袖井孝子（1994），中央教育審議会（1998），原田春美（2011），ラプトン，D.（1996=1999），渡瀬章子（2017），Cinotto, S.（2006）

2. 消費環境と家族

●**消費環境の変化** 少子高齢化の進行，高齢者の単独世帯や夫婦のみ世帯の増加などで世帯の単位が縮小し，消費の個人化が進行している．さらに，クレジットカードや電子マネー等の普及によりキャッシュレス決済が一般化している（消費者庁 2014, 2017）．また，モバイル機器などの普及拡大や，SNS（Social Networking Service）等のソーシャルメディアの利用率の急上昇によって，家庭では家族員が個別に異なる情報に触れ，消費行動をする新たな環境が生まれている（堀 2013）．国民生活センターの『くらしの豆知識』には，「ネット通販の詐欺的サイト」「コンビニ払いを悪用する架空請求」「スマホでワンクリック請求にあったら」「子どものオンラインゲームで高額請求」などの項目が並び，子どもから高齢者までを巻き込んだ現代の複雑な消費環境が窺える．そして，SNSが関連する消費生活相談が増加している（国民生活センター 2016, 2017）．

●**コンビニの増加と家族** 夜間も営業し，野菜や卵などの食材から，総菜，お弁当，さらに日常雑貨まで揃っているコンビニエンスストアは，「利便性を追求したサービス」を提供しており，単身者のみならず，塾帰り・部活帰りの子どもたちにとっても生活の一部に組み込まれている．地元の商店が次々に消えていく中で，高齢者にとってもコンビニは明るく便利な場所であり，馴染みのレジ担当の店員と，顔を合わせて言葉を交わせることを1日の楽しみとする人もいる．しかし，詐欺業者がコンビニ収納代行（事業者が消費者に「支払番号」を教え，その番号を使ってコンビニで支払う方法）の仕組みを使って架空請求するなど，便利であるがゆえにコンビニが犯罪にも利用されている．消費の個人化が進行しているが，被害防止には地域や家族員相互の確認が必要である．

●**ネットショッピングの拡大** スーパー，コンビニ，ディスカウントストア，量販専門店，通信販売（インターネット）などの販売業態のうち，インターネットを通じて商品やサービスを購入するネットショッピングが近年急激な利用率の伸びを示している．ネットショッピングを利用する世帯は，総務省「家計消費状況調査」が開始された2002年の5.3％から一貫して増加を続け，2015年には27.6％と5.2倍，金額も約8倍に拡大している（日本統計協会 2016）．

　ネットショッピングは，乳幼児を抱える若い世代の家族にとっては，自宅に居ながらにして商品選びと買い物ができる利点がある．ネットリテラシー（情報をいつでも適切に取捨選択する能力）を身に付ければ，高齢者世代や販売店の少ない過疎地域に暮らす人々もネットショッピングを活用することができる．

●ネットショッピングの問題点　便利なネットショッピングではあるが,「注文しても商品が届かない」「海外からニセモノが届いた」「連絡が取れない」などのトラブルが多発している. 特に海外サイト利用によるトラブルが増加しており, 被害の救済や取締りは容易ではない. カード払いの場合は, カードの悪用防止も必要となる. インターネットそのものが個人的な要素が強いことから, 子どもや高齢者の消費者被害を家族内で把握するのは難しい. しかし, コミュニケーションの充実, クーリング・オフ制度の利用, 消費生活センターの活用により被害防止は可能である. さらに, 2016年に改正された「消費者安全法」が掲げる地域の「見守りネットワーク」や, 消費者ホットラインの情報を家族内で共有することで, 早期に対応できる.

●消費者問題と家族　インターネット利用が低年齢化しており, 旺盛な好奇心と積極的な消費欲求から, 子どもたちがスマートフォンや携帯電話でさまざまなサイトにアクセスする機会が増えている. 子どもの消費者問題の事例では, スマートフォンのオンラインゲーム使用による高額請求がある. 子どもが保護者や家族のクレジットカードを無断で使用して, 有料ガチャを回し, 高額請求につながったというトラブルである. ゲーム自体は無料なので気軽に始められるが, 有料アイテム集めにはまりやすい仕組みになっている. 一方, 高齢者の消費者被害は「架空請求」「還付金詐欺」などの「詐欺的な手口」が目立つ. なかでも劇場型勧誘, 催眠商法 (SF商法) は高齢者が巻き込まれるトラブルの典型例である. 近年, 高齢者の単身世帯が増加しており, 家族が知らないところで発生する消費者被害も多い. 家族や地域による, 実効性のある「見守り」「気づき」「声かけ」が大切になっている.

●持続可能な消費環境と家族　便利な生活に伴うプラスチックゴミの問題1つとっても, 個人や家庭を超えて, 地域のリサイクル活動や環境保全活動という広がりの中で考えざるを得ない. 現在は, 生活者一人ひとりが「市民」としての自覚を持ち, 持続可能 (サスティナブル) な社会の形成に向けて, 主体的・能動的に参画する「消費者市民社会」の形成が求められている. 2015年に国連が採択した「2030アジェンダ」では, 持続可能な開発目標SDGs (Sustainable Development Goals (持続可能な開発目標)) の中に「持続可能な消費と生産」を掲げている (外務省 2017). 目標達成に向けて, 家族員一人ひとりが消費者市民としての意識を持って行動するように, 家族や地域のライフスタイルを再構築していくことが必要になっている.　　　　　　　　　　　　[臼井和恵]

【引用・参考文献】　外務省 (2017), 国民生活センター (2016, 2017), 消費者庁 (2014, 2017), 日本統計協会 (2016), 堀眞由美 (2013)

3. 情報化と家族

●**情報化とは**　社会の情報化とは，この社会に存在するすべての物財，サービス，システムの持つ機能の中で，実用的機能に比して情報的機能の比重が次第に高まっていく傾向である（林 1969）．情報化の進展は，情報通信技術，ICT（Information and Communications Technology）の発展と不可分で，しばしばICT の普及と同義とみなされる．

●**世帯への ICT 普及**　2016年における情報通信機器の世帯保有率は，「携帯電話・PHS」が94.7%，「パソコン」が73.0%である．携帯電話の中でも「スマートフォン」の普及が著しい（図1）．インターネット利用率には所得格差と世代格差が認められる．世帯年収が200万円未満では利用率が6割に対して，400万円以上の世帯では約9割となっている．年齢階層別に見ると13〜59歳では利用率が9割を超えているが，70代では53.6%，80歳以上では23.4%にとどまる．一方，6〜12歳の利用率は82.6%と前年から大幅に上昇した（総務省 2017）．

●**ICT と家族を捉える視点**　ICT と家族との関連は，技術と社会との関係を捉える3つの視点が援用できる．技術決定論は，技術に社会が影響を受けると考える（Daniels 1970）．兆候論は技術に物事を引き起こす資質はなく，技術の使われ方は社会関係の表出と見る（吉見 1994）．社会構成主義では，社会への影響が技術的特徴に規定される面を認めつつ，どの面でいかに影響するかを含め，構成員の需要や社会関係による規定も大きいとする（村松ほか 1997）．

　ICT は手段であり，問われるのは使い方であるものの，技術的特徴に家族のあり方が影響を受ける側面もある．同時に，使われ方には家族のニーズや家族員相互の関係が如実に反映されよう．

●**離れた家族を確かめる**　単独世帯，夫婦のみの世帯が増加する中で，携帯電話やメール，ビデオ通話，SNS（Social Networking Service）などのコミュニケーション手段は，家族の情報共有や，情緒的繋がりを保つ機会を提供する（内閣府 2007）．インターネットに接続した健康測定機器や家電製品により，遠くに暮らす高齢の親の状況を確認する手段も開発が進む（柏木 2009）．

　同居家族であっても離れた場所で過ごす時間の長い現在，携帯電話に子の居場所や行動を把握する機能が備えられるなど（大野ほか 2013），ICT は離れた場所にいる家族の確認や，連絡や見守りの重要な手段となっている．

●**子育てでの活用と課題**　現代の母親は，育児情報の取得や育児に関する連絡，悩みや心配事の相談に ICT を活用している（石井クンツ 2009）．子育て関連の

ICT 利用は父親の育児参加を促進する面もある（石井クンツ 2013）．

この反面，学童期から青年期の ICT 利用は，長時間利用による遅寝や運動不足など生活習慣への悪影響，肥満，学力や体力への負の関連が示され（AAP 2016），加えてネットいじめや犯罪，架空請求被害などのリスクもある（総務省 2013）．

ICT には依存性が

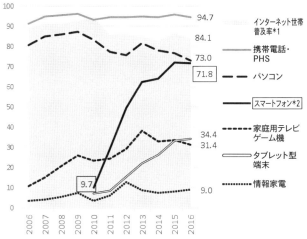

図1　情報通信端末の世帯保有率の推移
＊1　過去1年間に少なくとも1人はインターネットを利用したことがある世帯
＊2　「携帯電話・PHS」の内数
（出典：総務省「通信利用動向調査」（各年）より作成）

あり過剰利用につながりやすいという技術的特徴が指摘される一方，依存は親子関係の乏しさや葛藤関係の表出であり，元々の精神的不健康状態を背景とする（堀川ほか 2013）とも指摘される．ICT 利用のペアレンタルコントロールは成功しているとはいい難く（伊藤 2012），適切な利用をめぐっては親子に新たな葛藤を生じさせているともいわれる（Mesch 2006）．

●家族と仕事の境界の曖昧化　ICT は仕事の場所と時間の制約を減らし，自宅やサテライトオフィスでのテレワークも広まりつつある．自宅就業は通勤時間や付き合い残業を省ける（Sakamoto ほか 2008），職場内 SNS が家族事情への理解を促す（劉 2016）など家族生活に利点がある一方，持ち帰り残業の増加，時間と場所を問わないメール対応など過重労働になる欠点もある（坂本 2015）．ICT と家族との関連について技術的特性による影響を検討する際には，利点と欠点の両面が必ずあることに留意する必要がある．　　　　　　　　［坂本有芳］

【引用・参考文献】　石井クンツ昌子（2009, 2013），伊藤賢一（2012），大野雄基ほか（2013），柏木宏一（2009），坂本有芳（2015），総務省（2013, 2017），総務省ホームページ，内閣府（2007），林雄二郎（1969），堀川裕介ほか（2013），村松泰子ほか（1997），吉見俊哉（1994），劉楠（2016），AAP（2016），Daniels, J. H.（1970），Mesch, G. S.（2006），Sakamoto, Y. ほか（2008）

4. 生活文化と家族

●**人間における生命維持機構と文化**　一般に動物は，身体保全，食，性などの個体維持と種族維持に関わる先天的な欲求を充足させることにより，生命を維持している（生命維持機構）．一方，どのような手段・行動（習性）によってこうした先天的な欲求充足を図るのかについては，環境への適応のしかた等において，その動物特有の生活の方式が見られる．人間の生活の特徴は，環境の影響を受けながら，生活条件に適応する一方で，環境に積極的に働きかけることにより，人間にとって都合のよい独自の生活環境を作り出し，効率的に生命の維持を実現させてきた，という点にある．人間は，高度に発達した大脳を持ち，直立二足歩行を行うことにより自由になった手を使って作り出した道具を使って環境に働きかけ，人間特有の生活環境・生活様式を形成してきた．

　「文化」とは一般に，「特定の社会の人々によって習得され，共有され，伝達される行動様式ないし生活様式の体系」（石川ほか 1987）という意味で使われることが多い．「文化」とは，まさに人間がその発達した大脳の働きを使って創り出した人間特有の生活様式の体系である．人間生活の特質は，文化を持ち，社会を作って生活する，という点であり，文化は，親から子，世代から世代へと受け継がれる，という性格を持っている（田辺 1971）．

●**家族・家庭と生活文化**　高度に文化・社会が発達した現在では，家庭・地域など暮らしの場に見られる生活様式を「生活文化」と呼ぶことが多い．

　単身世帯が増加したとはいえ，現在でも家族は基本的な生活単位であり，家庭は個人・家族の個体維持と種族維持に関わる先天的な欲求をトータルに充足させる家族員の生活拠点である．家庭において，生活をともにする家族員の中で共有され，受け継がれてきた衣食住や子育てなどの生活様式は，「生活文化」の中核をなし，他の動物には見られない人間特有の文化現象である．家族はこうした生活文化形成・継承の担い手であった．例えば，住居を作って住むことにより被服の機能を補完し，自然環境の悪条件から身を守るとともに，外界から隔離された安全な場所でぐっすり安眠することが可能となった．住居内の空間は，そこに暮らす家族員にとって外界とは異なる安全で安心できる生活環境となり，日常生活の場（家庭）と定めることにより，家族員の生活に安定をもたらした．さらに，人間の食文化は，食に関する欲求を充足させることにより個体維持を図るという生命維持機構を出発点としながら，食料獲得の方法や火を使った加熱調理の方法を発明した，という点において，他の動物とは異なる

特徴を有している．衣食住の調達に関する家族員間の分業・協力・扶助のあり方もまた，他の動物には見られない文化現象である（田辺1971）．

現代において家庭では，衣食住にとどまらない生活資源の獲得と管理，消費，家事労働，子どもの社会化や家族員のケア，コミュニケーション，価値の伝達等さまざまな機能が営まれている（日本家政学会家政学原論部会2002）．生活文化は高度化する一方，社会化・多様化・個別化が進んでいる．

●**子ども・家族の発達・ライフステージと生活文化**　家庭という文化的な環境の形成は，妊娠期間が長く母体の負担が大きい上に，難産により子どもが生まれ，しかも成人に達するまで時間がかかるという人間の種族維持の特性に対し，安定した生活基盤を提供し，効果的な生命（種族）維持を実現した．お宮参り，お食い初め，初節句などの節目を設けて子どもの健やかな成長を祝う文化も世界各地で観察される．ひとり立ちできるまでの長い期間を家庭で過ごす子どもは，最初に出会う社会である家族の中で一次的社会化（しつけ）が図られ，やがて生活文化の担い手，人間社会の一員として成長していく．文化の中で生まれ育つ人間の子どもにとって，教育の果たす役割は大きい．また，結婚，出産など家族のライフステージ，人生の節目となる時期に，ときには儀式や通過儀礼を伴った生活文化が形成されてきた．長寿を尊ぶわが国では，還暦，古稀，喜寿など多くの節目を設けて，お年寄りの長寿を祝う風習も伝えられている．こうした生活文化は，家族のつながりを深め，人生に彩りを添える（臼井1997）．また，多くの国や地域に見られる結婚や家族に関する法律，制度，慣習等は，家族が安定した生活を営むために整備された生活文化である．

●**これからの生活文化の担い手としての家族**　人間は，より効率的に生命を維持するために自然環境に働きかけ，人間が暮らしやすい文化的な生活環境を形成してきた．社会や文化は時代とともに変化を遂げる．時代や社会の変化に対応して，家族員のよりよい生活を実現するために，新しい生活文化を形成してきた．個人・家族が環境の変化に対応し，よりよい生活のあり方を探究し，生活改善，環境醸成を行った結果形成された生活様式の体系が「生活文化」といえよう．社会の変化は，家族や家庭のあり方に影響を及ぼす一方で，家族が創造する新しい生活様式・生活文化は，社会に影響を及ぼし変化をもたらす．変化が著しい現代社会において，よりよい生活環境を創造するために，これからの生活文化の担い手としての家族が果たす役割は大きい．　　　［八幡（谷口）彩子］

【引用・参考文献】　石川栄吉ほか（1987），臼井和恵（1997），亀高京子・仙波千代（1981），河合利光（1995），川崎裕子・茂木美智子（2002），田辺義一（1971），日本家政学会（1991，2004），日本家政学会家政学原論部会（2002），原ひろ子（1986）

5. 地域社会と家族

●**地域社会と家族との関連性**　家族にとって直接的に関わる社会は，地域社会というコミュニティ体系であり，家族はより直接的には地域経済に関わり，地域の政治，権力に影響され，地域の集団に参加し，地域文化や慣習に左右されて，その特質を作り上げていく（松原 1979）．地域社会は，何らかの地域的な広がりにおいて形成される生活の共同を意味する．しかし，地域的な広がりは近隣，町内，町村，県や地方など多様であること，また生活の共同の内実が多様であることから，多分に曖昧な概念とされている（蓮見 1993）．

　日本における伝統的な家族と地域社会の関わりは，伝統的なイエを累世代的に継承して，その存在基盤である地域社会の維持発展を図る共存関係であった．イエは地域の基礎単位であり，家族の世代交代・子孫繁栄がそのまま地域社会の存続・発展に直結し，ムラ・マチの共同生活が，家族生活の維持・発展を支援し保証した（土田 1994）．しかし，高度経済成長期には，地域の産業・就業構造の大転換，都市化・過疎化，生活圏の拡大，高齢化の進展によって，地縁的な協働の必要性が低下し，地域における人のつながり，連帯感や支え合いの意識が希薄化し，家族と地域社会の相互補完的な依存・協力関係は薄れた．

●**家族の変化と地域性**　高度経済成長期以降に核家族化の進行，三世代世帯の減少，単独世帯の増加，世代間関係や家族関係の変化，家族意識や老後意識の変容が進んだ（佐藤 2007）．しかし，清水（2013）は人口移動・人口高齢化が，家族構造の地域差を平準化させないところに日本の社会構造，とりわけ地域社会の持つ「文化の固有性」があると指摘している．また，2011年に実施された「第7回人口移動調査」でも，直系家族優位地域（東北・北陸）と核家族優位地域（四国・九州）では親子の別居確率に差異が認められる（千年 2013）．

　さらに，家族を取り囲む社会環境（コミュニティ）を社会的ネットワークとして捉えるネットワーク論の視点から，野沢（2009）は東京近郊都市と地方都市における夫婦間の関係と夫婦それぞれの世帯外のパーソナル・ネットワークとの関連を比較分析し，地域間の差異を明らかにした．また，野邊（2013）は過疎山村の高齢女性は都市の高齢女性よりも，多くの親族関係と近隣関係を保有し，ネットワーク規模が大きいことから，親族と近隣者から多くのサポートを入手できる傾向があると指摘している．

●**子どものウエルビーイングと地域社会**　日本家政学会家族関係学部会の研究活動委員会は，子どもの視点から見た地域社会を4つの側面から捉え，地域社

会における子どものウエルビーイングを測定する5つの尺度を作成した．本研究から，かつて地域社会が持っていた子どもの社会化機能は十分に発揮されていないが，地域行事への参加を楽しみ，自分の住んでいる地域を気に入っている子どもが多いこと（松岡 2004），地域の中で「居場所」のある子どもほど，「自分ウエルビーイング」（「子どもの精神面での健康な発達の状態」を指標化）は高いことが明らかにされた（家族関係学部会研究活動委員会 2005）.

●育児援助ネットワークと地域社会　内閣府の「家族と地域における子育てに関する意識調査」（2013）では，子育てをする人にとって地域の支えが『重要だと思う』（「とても重要」と「やや重要」の計）と答えた者は9割を占めた.

　山根（2017）は，首都圏では男女共同育児と育児援助ネットワーク創出が，母親への育児責任の集中と育児援助ネットワークの減少から脱却するために有効であるのに対して，地方都市では親との居住関係や近接性によって，育児をめぐる困難や実体的育児援助が異なっていることを明らかにした．さらに，日本を含むアジア6地域の比較研究からは，日本や韓国のように育児期に仕事を中断する母親が多い「M字型社会」では育児援助が脆弱で，母親に育児役割が集中しているが，育児期に共働きしている「共働き社会」では育児援助の担い手が多岐にわたっていることが指摘されている（落合・山根・宮坂 2007）.

●現代家族と地域社会の絆　人口減少，少子高齢社会を迎えて，国民の福祉コミュニティ形成への期待は大きい．町内会・自治会などの地縁で結ばれた地域活動に参加する住民は減少する一方，地域の課題に対応するボランティア活動やNPO活動に自発的に参加する住民が増えている．藤崎（2013）は，地域社会が子どもや高齢者およびその家族に対して担うことのできる役割として，子どもや要介護高齢者とケアする家族に対して，さまざまな担い手によるケアの「隙間」を埋めること，慣れ親しんだ地域社会の景観や近隣の人との何気ない会話など，地域社会という「場」で形成される人やモノとの関係性が，ケアする人／受ける人の日常性の感覚保持に寄与すること，地域内の市民活動や地域活動は，「顔の見えるつながり」「お互いさまの緩やかな関係」を活かして，ケアに対する積極的・組織的な支援活動を行うことができると指摘している.

[佐藤宏子]

【引用・参考文献】　落合恵美子ほか（2007），家族関係学部会研究活動委員会（2005），佐藤宏子（2007），清水浩昭（2013），千年よしみ（2013），土田英雄（1994），内閣府（2014），野沢慎司（2009），野邊政雄（2013），蓮見音彦（1993），藤崎宏子（2013），松岡英子（2004），松原治郎（1979），山根真理（2017）

6. 葬送と家族

●**家族の個人化**　1980年代終わり，家族の「個人化」が指摘され，個人の意志によって任意の家族形態や生活スタイルが選択されること，個人が家族を1つの「ライフ・オプション（生き方の選択）とみること」（目黒 1987）を容認する意識が前提となる家族成員のメンタリティが注目された．それを山田（2004）は「選択」の多様性と捉え，選択不可能かつ解消困難な関係と把握されてきた家族に対し，個人が直面する現実において「選択可能性」を増大させていくことであるとしている．つまり，婚姻，出産，労働など，家族に関わるあらゆる分野で選択の幅が広がり，個人が自由に選択できるという意識が浸透することである．この多様な選択を死後にまで延長すれば，墓制・葬送の選択ともなろう．子どもがいない夫婦，未婚の単身者は，夫婦墓，個人墓，共同墓など継承を前提としないお墓を選択する可能性が高い．一方で，幾代も継承されているお墓を所有していても，他の選択も可能となる．こうした選択可能性が広がる中で，次世代に継承を求めない新しい墓制・葬送が，マスコミ等々を通して浸透しつつあり，個人の意思により選択できる．

●**墓制・葬送の変化**　1990年代に新しいお墓・埋葬形態が登場し，森謙二，槇村久子，井上治代などによって研究が進められた．井上は，新しい墓制と現代家族の変動との関係に注目し，墓制について2つの変化を指摘している．第1の変化は，祖先祭祀が単系的な系譜を前提にしたものから，妻方と夫方の双系を対象とする両家墓の登場である（井上 2003）．これを一種の「脱家現象」とみなせば，続く第2の変化は，「墓の脱継承」である．それは，子孫による墓地の管理や祭祀を前提としない埋葬法によって特徴づけられる．つまり，従来の檀家や宗派にはとらわれず，生前に永代供養を委託する合同墓・合葬墓や，自然葬と呼ばれる死後にカタチを残さない樹木葬，散骨の登場である．このような変化は，墓石そのものにもあらわれている．一般に「伝統的なお墓」とされる基本型は，石碑と納骨室（カロート）から構成されるが，石碑の形態が最近では多様化している．伝統的な墓碑は角柱型（和型）であるが，近年，洋型として横長で高さも低い形が増えてきている．さらには，デザイン墓石とも呼ばれる故人が愛した物（サッカーボール，漫画等のキャラクターなど）を墓碑とすることもある．また，墓碑銘は，「○○家之墓」「○○家先祖累代之墓」などと家名や，あるいは宗派の題目，お経を刻むのが一般的であるが，墓碑のカタチの変化とともに，刻む文字も変化してきている．洋型では，「愛」「絆」「やす

らぎ」など想いを表す言葉，詩，俳句などを刻み，「家」の継承を暗示する家名を刻むことを選ばない家族もある．同時に，少子化が問題視されるようになった1990年代，寺院において納骨堂の建築が目立ち始めている．それは，次世代に負担をかけないという選択，「永代供養」を背景にするものであり，最近ではさまざまな納骨堂が建設され，納骨堂ブームとさえ見える．

●墓制・葬送の今後　かつては墓地の特徴として「永続性」や「固定性」が挙げられていたが（槇村 2004），実生活の中で人々は流動的に居住地を移動し，墓地だけが一定の場所に留まり続けている．その結果，墓地の特徴である「永続性」「固定性」が揺らぎ，管理できないお墓の増加，つまり無縁化が起こっている．この対応策であろうか，最近では「墓じまい」が話題となっている．「墓じまい」は，地方にある先祖のお墓をお参りや管理が可能な自宅近くに移転する「改葬」のことであり，そこには，新しい墓制が求められている．新しい墓制の特徴として槇村（2005）は，「共同化」「無形化」「有期限化」を挙げている．「共同化」は，血縁関係によらない人々のお墓を1つにする合葬方式であり，個人単位による継承が必要でないため，無縁化を防ぐことになる．次の「無形化」では，遺骨を海洋に撒く散骨や，山林に遺骨を骨壺に入れずに埋葬して樹木や草花を植える樹木葬などの自然葬がある．これらは無形であるから継承は無縁であり，当然，無縁化は起こらない．近年では，公共墓地に樹木などを植え，その土中に骨壺を埋葬するという自然葬と墓地を融合させた樹木型墓地も注目されているが，これは共同化である．3つ目の「有期限化」では，寺院や墓地の管理者に死後の祭祀や維持管理を委託する，いわゆる永代供養のことであり，納骨堂方式（ロッカー式とも呼ばれ，規模の大きな霊廟に遺骨を安置する）が多く，一定期間の後は合葬するため，無縁化は解決される．このように，「共同化」「無形化」「有期限化」という墓制のあり方は，寺院や各地方自治体が直面しているお墓の無縁化の防止ばかりでなく，かつて問題となっていた「墓地不足」の解決策という側面もある．

　墓制・葬送のあり方は，少子化・個人化・流動化する家族に適応するように，そのカタチを変化させ，選択肢を多様化させている．その選択肢に情報通信技術までもが加わり，コンピューターの画面上でお参りができるなど，商業ベースに乗ってますます多様性を進化させている．　　　　　　　　[安藤喜代美]

【引用・参考文献】　安藤喜代美（2013），井上治代（2003），槇村久子（1996，2004，2005），目黒依子（1987），森謙二（2000），山田昌弘（2004）

7. 災害と家族

●**自然災害が多い日本**　わが国は，地形・地質・気象などの自然的条件から地震，津波，台風，豪雨，洪水，土砂災害，豪雪，火山噴火などによる災害を受けやすく，世界有数の自然災害国である．平成以降の自然災害の中で，1995年の阪神・淡路大震災と2011年の東日本大震災はその被害の大きさから突出しているが，豪雨や豪雪などの異常気象による自然災害においても多くの人が命を落とし，家族を喪っている．未曾有の災害といわれた東日本大震災は，2011年3月11日に発生した東北地方太平洋沖地震による災害とこれに伴う福島第一原子力発電所事故による災害であり，1都1道20県と広範囲にわたって死者・行方不明者18,434人の人的被害と甚大な建物・インフラ被害をもたらした（警視庁 2018）．この震災では，津波により瞬時にして家族や住宅が流されたこと，福島第一原子力発電所の事故により避難指示が出されたことが重なり，多くの家族がそれまで営んでいた生活基盤を失った．

●**避難生活と家族**　東日本大震災発生直後には約47万人が避難所で過ごした（内閣府 2012）．その後，自宅に戻れない人たちは数か月に及ぶ避難所での生活を余儀なくされた．災害時における避難所の機能は，時間の経過とともに段階的に変化していく．応急対応期には，避難者の生命・身体の安全を守ることにある．その後，住宅を失った人や住宅倒壊の恐れがある人の生活の場に移行した際に，プライバシーと安全性が大きな問題として顕在化してくる．東日本大震災では，阪神・淡路大震災の教訓が十分にいかされず，授乳や着替え，トイレ，睡眠などの行為のプライバシーや安全が確保されない環境の中で危険と不安を抱えながら生活していた．災害の種類や規模によって，被災者が被災地を離れ他地域に避難することがあるが，東京電力福島第一原発事故（2011年）があった福島県では，2018年時点でも34,095人が県外に避難している（福島県 2018）．幼い子どもを放射線の健康被害から守りたいと願う母親が，職場を離れることができない父親を残して県外に避難する「母子避難」では，先の見えない不安が解消されないまま帰宅できない状況が長期化している．

●**家族のストレス**　災害が引き起こすストレスには，悲惨な状況や死を意識する恐怖体験，大切な人を亡くす喪失体験，ライフラインの遮断や避難所生活などの生活ストレス，生活復興への不安によるストレスがある（富永 2006）．東日本大震災による災害遺児・孤児たちは，親を亡くした喪失感や自分が助かったことに対する罪悪感，これからの生活・人生に対する不安感といった複合的

なストレスを抱えている．震災孤児の養育者となった祖父母やおじ・おば，きょうだいなども被災者である場合が多く，生活の喪失と再建の見通しのなさ，自身の健康問題，新たに加わった養育役割への不安等によるストレスを抱えている．災害とは同時多発的な喪失体験であり，その全人的苦痛（身体的・精神的・社会的・スピリチュアル）に対する全人的ケアが必要である．

●災害とジェンダー　災害という非日常事態においては，災害に対する社会の脆弱性が顕在化し，災害時の女性の生活条件を悪化させ，男女の格差を増大させる結果になる．東日本大震災の避難所でも，女性や子育て・介護ニーズにうまく対応できず，介護用品，育児用品，女性用の下着や生理用品・化粧品などの不足や配布時の配慮不足が問題として指摘された（宮城県 2012）．また，避難所や仮設住宅などでは女性や子どもの安全確保の優先順位が低く，性被害や性暴力，DVなどが発生しているが，それに対して訴えにくい状況があった（東日本大震災女性支援ネットワーク 2015）．これらの困難や被害をなくすためには，防災，復興に関する政策や計画策定への女性参画，女性の能力開発が喫緊の課題である．

●多様な家族に対する配慮と支援　社会条件や年齢が異なれば，人々の自然災害による被害には差異が生じる．情報・判断・対応力などの面でハンディを持つ人に対しては，避難時や避難所での生活において配慮と支援が必要である．具体的には高齢者・障害者・乳幼児・妊産婦・傷病者・外国人などとその家族といった災害の影響をより大きく受けやすい人が該当する．また，ひとり親家庭においても，仕事と家庭生活，子どものケアの両立は平時以上に困難であり，支援が必要である．東日本大震災では，食物アレルギー患者への対応が不十分であることが顕在化し，アレルギー対応食品の備蓄や情報入手などの支援が課題となった．

●災害リスクの低減　人々や社会の脆弱性を可能な限り小さくすることによって，災害リスクは低減する．そのためには，被害を受けやすいステークホルダーの意見が反映される仕組みづくりが求められるとともに，家族やコミュニティが危機に対応する力と災害などの危機によって受けたダメージから回復する力を意識的に育成する必要がある．これまでの災害を振り返ると，被害を受けた家族の生活再建とケアには多様な社会的支援の受容が必要であることから，「新しい関係性を作り，ネットワーク化していく力」こそ，災害が多発する時代において家族に求められる力であるといえるだろう．　　　　　［渡邊千恵子］

【引用・参考文献】　警察庁（2018），冨永良喜（2006），内閣府（2012），東日本大震災女性支援ネットワーク（2015），福島県（2018），宮城県共同参画社会推進課（2012）

共同墓・合葬墓

　近年，次世代によるお墓の管理や継承を前提としない脱継承化が進んでいる．その基本となるのが永代供養であり，維持管理を寺院などに委託するもので，契約期間を過ぎれば，合葬される．それは「合同墓」「合葬墓」と呼ばれ，檀家関係や宗派にはとらわれないことが多い．新潟市の角田山妙光寺は，1989年に新しい墓制のカタチとして合同墓の「安穏廟」(図1)を建立し，マスメディアや学術分野など多方面で紹介され，人々の知るところとなった．そのため，埋葬希望者は増え，増設を重ねても需要を充たすことができず，新たな敷地に「杜の安穏」が建立されるも，すでに完売している．「安穏廟」の開設当時は，東京など都市部の契約者が多かったようであるが，都市部において宗派を問わないビル型納骨堂が多く建設されるようになってからは，山間の静かではあるが地理的に遠く，交通の利便性に欠けるこの地に埋葬を希望する人は，新潟市内とその近郊住民に変わってきたそうである．

図1　角田山妙光寺「安穏廟」
(http://www.myoukouji.or.jp/annon/index.html)

　公営墓地で合葬墓形式を取り入れ，モデルケースとなっているのが，2007年に使用を開始した横浜市営墓地「メモリアルグリーン」である．以前は，「横浜ドリームランド」という遊園地であった場所を横浜市が購入し，市営墓地とした．ここは洋風庭園型の公園墓地で，芝生型納骨施設，慰霊碑型合葬式納骨施設，樹木型合葬式納骨施設の3つのタイプがある．芝生型納骨施設は，1区画に骨壺が6つ入るサイズに区画整備され，プレートが設置されている．慰霊碑型合葬式納骨施設と樹木型合葬式納骨施設(図2)では，前者には慰霊碑が設けられ，後者のタイプにはけやき，くすのきなどのシンボルツリーが植樹してある．どのシンボル施設の下に埋葬されるかは希望できるが，どの位置に埋葬されたかは方角くらいしか知らされず，「合葬墓」となる．横浜市内にあるこの墓地は，妙光寺とは対照的で，周囲には高層階の団地が建ち並び，交通のアクセスは良く，すべての墓地施設は完売している．

　2ヶ所の墓地は広大な面積を有するが，ともに収容数は充足し，空きを待つ人たちがいる．しかし，以前に問題となっていた，「墓地不足」とは様相が異なる．継承，宗派にとらわれず，家族ではなく，そこに埋葬される本人自身が選択し，永代供養を基本とする「継がないお墓」，合同墓・合葬墓を求めているのである．

[安藤喜代美]

図2　「メモリアルグリーン」合葬式樹木型納骨施設
(http://www.memorialgreen.jp/wp-content/themes/memorialgreen/img/cemetery03.jpg)

第 **11** 章

グローバリゼーションと家族

1. 国際結婚の動向　168
2. 国際結婚をめぐる諸問題　170
3. 国際結婚と子ども　172
4. 外国につながりのある子どもへの支援　174
5. 海外からのケア労働者　176
コラム「ハーグ条約と日本における実施法」　178

　本章は，国際結婚の動向と国際結婚に伴う諸課題を，家族や夫婦，子どもの視点から概説する．さらに近年，さまざまな理由で外国につながりのある子どもが増えていること，また外国から多くのケア労働者が日本に来ていることを踏まえて，それぞれの現状と課題，そして支援の動向や共生について概説する．　　　　　　　　　　　[李　璟媛]

1. 国際結婚の動向

● **国際結婚とは**　「国際結婚」という語は法律上の用語ではなく，日本人と外国人の結婚，日本人同士による外国での結婚，外国人同士による日本での結婚を含めた概念である．これらは2か国以上の国の法律が関係するため広義の国際結婚である．しかし，一般的には日本国籍を有する人と有しない人との結婚を「国際結婚」と指すことが多い．「intermarriage」や「mixed marriage」という語が，国籍，人種，民族，宗教，言語などが異なる男女間の結婚を指し，多様な意味を包摂しているのに対し，「international marriage」という語がほとんど使用されないことを考えると，「国際結婚」とは日本独特の呼び名といえる（山田 1998）．

● **国際結婚の推移**　国際結婚は1970年には結婚全体のわずか0.5％に過ぎなかったが，1980年代後半から2000年代にかけて急激に増加し2006年には6.1％に達した．その後は一転して減少し，2016年現在，件数にして約2万1,000件，日本の結婚全体の約3.4％を占めている．組合せでは，かつては夫が外国人で妻が日本人という事例が圧倒的多数であったが，この傾向は1975年に逆転し，現在は妻が外国人で夫が日本人のカップルの方が多い（図1）．

外国人配偶者の国籍は，外国人が夫である場合は韓国・朝鮮，アメリカ，中国が多い．その他，ブラジルも2016年には5.0％を占めている．韓国・朝鮮，アメリカの割合は低下し「その他」の国籍が増えている．一方，外国人が妻で

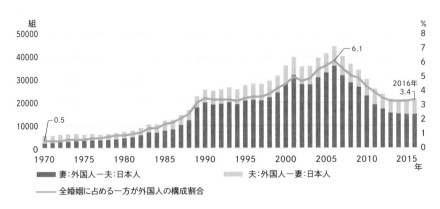

図1　夫妻の一方が外国人である婚姻件数の年次推移
（出所：厚生労働省「人口動態統計」より作成 http://www.mhlw.go.jp/）

表1　夫妻の一方が外国籍の婚姻件数，国籍別割合の推移（1970～2016年）　　　　　（単位：件・%）

年	総数	夫外国人・妻日本人							妻外国人・夫日本人						
		総数	計	韓国・朝鮮	中国	アメリカ	フィリピン	その他	総数	計	韓国・朝鮮	中国	アメリカ	フィリピン	その他
1970	5,546	3,438	100.0	40.3	5.7	45.7	8.3		2,108	100.0	72.9	13.3	3.6	10.3	
1980	7,261	2,875	100.0	57.4	6.7	21.7	14.1		4,386	100.0	56.0	20.8	4.1	19.1	
1990	25,626	5,600	100.0	48.6	12.6	19.5	19.3		20,026	100.0	44.6	18.0	1.3	36.0	
2000	36,263	7,937	100.0	31.6	11.1	18.7	1.4	37.2	28,326	100.0	21.9	34.9	0.7	26.5	15.9
2010	30,207	7,364	100.0	26.9	12.4	18.0	1.9	40.8	22,843	100.0	16.0	44.5	1.0	22.8	15.7
2016	21,180	6,329	100.0	25.7	12.5	16.7	2.4	42.7	14,851	100.0	13.7	37.2	1.7	22.7	24.8

注　フィリピンについては1992年から調査しており，それまでは「その他の国」に含まれる
（出所：厚生労働省「人口動態統計」より作成）

ある場合は中国，フィリピン，韓国・朝鮮が多い．その他，タイが2016年には6.5%を占めている．韓国・朝鮮の割合は大きく低下している．

　国際結婚は1970年代までは欧米人男性と日本人女性の結婚，1980年代以降は日本人男性とアジア人女性の結婚が典型的な事例であったが，2000年以降は多様な国籍の外国人との婚姻が大きな割合を占めているのである（表1）．

●国際結婚の背景　1980年代以降に国際結婚が増加した背景には，農村男性の結婚難がある．勤労者世帯と比較して収入が不安定であること，夫の親との同居や密接な近隣付き合いを敬遠し，農家へ嫁ぐことを日本人女性が選択しない風潮があり，農村男性にとって日本人女性と結婚することが難しくなる中，日本より経済水準が低いアジア諸国の女性が結婚相手として選択されるようになったからである．これらの国々の女性にとって，結婚成立時に実家へ贈られる結納金も含め，日本人男性との結婚は，内情がどうであれ，経済的に魅力を持ったものとして感じられたのである．このような日本人女性の身代わりとしての結婚は，「結婚の商業化」「人身売買」との批判を後に受けることとなる（佐藤 1989）．

●結婚と国籍　日本では，日本国憲法施行後に制定された新国籍法（1950年）において，日本国憲法第14条（法の下の平等），第24条（家族生活における個人の尊厳と両性の平等）の理念のもと，夫婦の国籍独立主義を採用している．国際結婚をしても，外国籍配偶者に対して日本国籍を自動的に付与する制度はない．配偶者のどちらかが国籍変更をしない限り，基本的に出自国の国籍を維持することになる．　　　　　　　　　　　　　　　　　　　　　　　　［岡部千鶴］

【参考文献・資料】厚生労働省ホームページ，小山騰（1995），佐藤隆夫編（1989），松岡明子ほか（1995），山崎ひろみ（1988），山田鐐一ほか（1998）

2. 国際結婚をめぐる諸問題

●国際結婚と異文化への適応と葛藤　日本において国際結婚の状況が大きく変わるようになったのは，農村男性の結婚難とそれに伴う後継者対策のために，自治体が，政策の一環として，アジア諸国の女性との国際結婚を行政主導のもとで公に推進した1980年代に入ってからである．1980年代半ば以降の国際結婚は，後継者対策に重きを置いたこともあり，「アジアからきた花嫁」には，早期妊娠，出産が期待され，同時に日本の習慣や婚家のしきたりに慣れ，同化することが優先された（松岡ほか1995，中澤1996）．

　吉田（2010）は，「日本では，これまで「国際結婚」を国籍の異なる人たちの結婚とみなしてきたが，実際には，国際結婚で異なるのは国籍だけでなく，言語，民族，宗教，階層，人種など多くのことが異なることから，国際結婚は「異文化結婚」である」と指摘する．その言葉とおり，国際結婚は，当事者はもちろん，家族，親族においても，多様な異文化に出会い，受け入れ，適応し，対処していく過程が必要である．しかし，当時の「農村の国際結婚」のような集団見合いで短期間に結婚に至る状況では，相手を理解する時間がないだけでなく，コミュニケーション手段である言語能力も十分でないケースがほとんどであった．そうした状況の中で，日本の文化，特に婚家の文化を受け入れ，期待に沿うことを要求される外国人妻において，異文化に適応していく過程は，トラブルやストレスの原因になっていた．実際に，農村に嫁いだアジア系妻のほとんどは，夫の親と同居し，日本文化に同化されることを強いられ，婚家の文化に葛藤を感じ，家庭と地域社会で二重に疎外されていた様子が報告されている（中澤1996）．

●国際結婚とストレス　国際結婚後に東北農村部で暮らす外国人妻の生活を分析した桑山（1995）は，彼女らが日本に適応する過程においてさまざまな場面でストレスを抱え，悩んでいた様子を報告している．例えば，結婚前に抱いていた日本のイメージと農村部の実態とのギャップによるストレス，存在感のない夫と支配的な姑との間で受けるストレス，早期妊娠，出産を期待する日本の家族と子育てをめぐるギャップから生じるストレスなどである．桑山は，外国人妻たちには，衣食住などの基本的な生活ギャップだけでなく，母国と異なる日本の気候すらもストレスの原因になっていたこと，彼女らが家庭と地域で孤立している場合は，なおさらストレスを解消できず，苦しんでいたことを報告している．その他，言語能力や意思疎通不足により夫婦間で十分な会話ができ

なかったため，夫婦関係が悪化したり，精神医学的なトラブルが生じた際も初期対応が遅れ苦しんでいる外国人妻の状況や（大西ほか1995），子育てや子育てネットワーク，子どもの教育，子どもへの多重言語教育をめぐる悩みや課題に関する事例も報告されている（谷口2011，白2015，劉2006，魏2015）．

●**国際離婚**　国際結婚夫婦の離婚を指す国際離婚が増えている．1992年には，離婚総数の179,191件のうち，国際離婚が7,716件で，4.3％を占めたが，2015年現在は，6.0％（離婚総数226,215件，国際離婚13,675件）を占めている．夫婦の組合せは，夫日本人・妻外国人が76.3％である．離婚申立ての理由は，夫，妻ともに性格の不一致が最も多い（夫65.1％，妻47.5％）．その他の理由として，妻は，暴力，経済問題，精神的な虐待，異性関係などを挙げ，夫は，暴力，精神的な虐待，家族・親族との関係などを挙げている（裁判所ホームページ）．

　国際結婚によって日本に移住する場合，「出入国管理及び難民認定法」第2条2の規定により日本人の配偶者等の資格で，6か月から最長5年のビザを取得，更新することができる．一方，離婚などの理由で配偶者としての活動を6か月以上行わない場合は，同法第24条4の7の規定により，在留資格の取消しの対象になる（ただし，「正当な理由」がある場合は取消しの対象にならないこともある）．したがって，離婚する場合は，外国人配偶者が日本滞在を望んでも，望み通りにならない可能性が高い．その他，夫婦関係がこじれた場合においても，在留資格をめぐって離婚できない（主に外国人妻側），または離婚に応じない（主に日本人夫側）事例も増えている．この場合は外国人妻の在留資格だけでなく，子どもの親権，養育権の問題が絡むことも多く，その結果の1つとして，「ハーグ条約」（本章コラム参照）の適用を受ける事例も発生している．そして，こうした問題は国際結婚夫妻の対等でない関係から生じることが多い．

●**国際結婚と共生**　今日の国際結婚夫妻の出会いは，結婚仲介業者による斡旋のみならず，恋愛や知人からの紹介など方法も多様になってきている．しかし，国際結婚が異文化を持つ人との結婚であることは変わらない．したがって，国際結婚生活を維持していくためには，夫婦関係が対等であること，互いの国の文化を理解し，尊重すること，共生の姿勢を持つことが必要である．そのためには国際結婚当事者の努力だけでなく，家族，親族を含む地域社会の配慮と行政の支援が伴わなければならない．　　　　　　　　　　　　　　　　［李　璟媛］

【**引用・参考文献**】アジア・太平洋人権情報センター（ヒューライツ大阪）（2009），荒牧重人ほか（2017），大西守ほか（1995），魏薇（2015），桑山紀彦（1995），武田里子（2011），谷口恭子（2011），中澤進之右（1996），白琇晶（2015），松岡明子ほか（1995），吉田正紀（2010），劉榮純（2006）

3. 国際結婚と子ども

●日本型国際結婚の特徴　日本の国際結婚のうち，中国，フィリピンなどのアジア人女性と日本人男性のカップルは7割〜8割を占めている．結婚に至る経緯について，「商業的形態の結婚移住」や「元留学生の自由恋愛による結果的結婚移住」(賽漢卓娜 2017),「パブという空間で演出される恋愛結婚による移住」(高谷 2015)，ジェンダー化された社会からの脱出である「ライフスタイル移民」としての結婚移住（李善姫 2017）などのパターンが典型である．

　これらの日本における国際結婚は，「トランスナショナルな家族」であり，「ナショナルなメンバーシップ」を所持していないにもかかわらず，またそれゆえに厳しく管理されているにもかかわらず，現実では「ナショナルな標準家族」のイデオロギーをかなり継承させられている（賽漢卓娜 2017）．それは，国家による近代家族になることの強要，性別役割分業化されている労働市場の排除から伺われる．国際結婚家族は，性別分業型家族モデルから脱却するどころか，むしろ国家，市場により強化されている特徴がある．

●子どもという観点からの「国際結婚」　現在，少なくとも34万組を超える国際結婚夫婦が日本で生活しており，さらに40万人以上の子どもが国際結婚家族に生まれている（佐竹 2017）．この他，帰化などによって，統計上日本人としてカウントされる者も増加している．国際結婚と子どもを考える際，ふたり親家族の子どもだけではなく，未婚のままの出産や離婚，死別等でひとり親家族の子ども，さらに，国際再婚の場合の連れ子など多様な形があることを指摘しておきたい．

　子どもの国籍は，両親のいずれかの国籍や複数国籍などが想定される．国籍が居住国でないときには在留資格の問題が生じる．また，親が結婚せず認知もされていない場合に困難が生じる．さらに，言語，文化等の継承や，教育を受けさせる国の選択なども国際結婚家族にとって切実な課題である．

●国際結婚家庭の子どもが抱える困難　国際結婚家族の子どもたちが抱える問題も多岐にわたっており，学習問題やいじめ，アイデンティティ形成に関するものなどが挙げられる．文科省による「日本語指導が必要な児童生徒の受入状況等に関する調査（平成28年度）」では，日本語指導が必要な日本国籍の児童生徒のかなりの割合は国際結婚家庭の子どもだと推測される．日本語指導が必要な日本国籍の児童生徒は9,612人であり，言語別に見ると，フィリピノ語を使用する者が31.6％で全体の約3割を占め，最も多い．次いで，中国語が21.5％，

日本語が12.7%，英語が10.9%で，これら4言語で全体の76.6%を占めている．日本人父親の多忙さあるいは無関心，外国人母親の日本文化への理解不足，母子家庭などにより，子どもが日本語，とりわけ学習言語としての日本語能力の壁に直面しやすい．さらに，子どもは外国人親側の言語の習得と文化継承における困難や「アジア系・日本ハーフ」としてのアイデンティティの葛藤が指摘されている．例えば，日中ハーフが中国にルーツを持つことを肯定的に捉えられない背後に，日中関係に対するマスメディアの報道姿勢や子どもの周囲の心ない一言などがある（李原翔 2017）．

　日本人との国際結婚の子どもや認知されている子どもは，国籍法の規定で日本国籍を有しており，憲法26条の適用を受け，教育の機会は保障されている．また，日本が締結している「世界人権宣言」「社会権規約」「子どもの権利条約」等から見ても，国籍にかかわらず教育を受ける権利が否定されない．しかし，日本国籍がないと就学義務の対象とされていないため，教育へのアクセスが十分ではない（近藤 2017）．宮島（2014）は，外国人子どもの教育保障として，①ホスト国の言語能力と基礎学力を身につけること，②アイデンティティや家族とのつながり，また母語・母文化教育の保持・発達を促すこと，③ホスト社会および成員が当人の言語や文化を尊重，理解する環境の必要性，などの基本課題を提示した．これらの課題は国際結婚家族の子どもにも適用するといえる．

●**国際結婚家族の子どもとともに生きる社会づくり**　外国文化の受容やアイデンティティや言語，文化の継承については，多言語の教育機会の提供や異文化間教育の取組みなどがなされている国がある（近藤 2017）．単一視点の解消に向けて，教育現場も，外国人教員が安定的地位で関わり，教員の多様性も含めて考える時期に来ている．教育現場における希望を持てる兆しの1つに，「義務教育の段階における普通教育に相当する教育の機会の確保等に関する法律」（2016年公布）で，夜間学校の推進が図られ，国籍や年齢にかかわらず教育機会の提供が明文化されたことである．

　国際結婚と子どもの問題への対応は，「マイノリティ」に対する「支援」に留めるべきではなく，社会の発展や国際的な国家としての立ち位置を示す重要なものでもある．社会のあらゆる構成員の健やかな成長と，諸外国の文化や人々とつながりながら多様性を認める社会を形成するためにも，国際結婚家族の声に耳を傾けることが求められる．　　　　　　　　　　　　　　　[賽漢卓娜]

【引用・参考文献】李善姫（2017），近藤敦（2017），賽漢卓娜（2017），佐竹眞明（2017），宮島喬（2014），李原翔（2017）

4. 外国につながりのある子どもへの支援

●**外国につながりのある子ども数の増加**　厚生労働省「外国人雇用状況」の届
出状況まとめによると，2017年10月末現在，外国人労働者数は約128万人とな
り過去最高を更新した．また，外務省「海外在留邦人数調査統計平成30年要約
版」によると，国外に在留する日本人の総数は約135万人であり，こちらも継
続的に増加している．こうした国内の外国人労働者や国外の日本人の増加に伴
い，両親も外国籍で日本に暮らす外国籍の子どもや，海外で生まれたり生活し
たりした後，日本に帰国した日本国籍の子ども，また国際結婚の親を持つ子ど
もなど，外国につながりのある子ども（以下，「外国につながりのある子ども」
と称する）数が増加している．文部科学省「日本語指導が必要な児童生徒の受
入状況等に関する調査（平成28年度)」によると，公立学校に在籍している外
国籍の児童生徒数は80,119人，また日本語指導が必要な日本国籍の児童生徒数
は9,612人で，いずれも過去最多を記録し，学校教育現場でもグローバル化が
進行している．

●**外国につながりのある子どもへの学校教育における支援**　このような状況か
ら，2016年12月に公示された中央教育審議会「幼稚園，小学校，中学校，高等
学校及び特別支援学校の学習指導要領等の改善及び必要な方策について（答
申)」は，「こうした子供たちが，一人一人の日本語の能力に応じた支援を受け，
学習や生活の基盤を作っていけるようにすること」（p.8）が大きな課題である
と指摘した．また，これに先立ち，文部科学省初等中等教育局は，「外国人児
童生徒の受け入れの手引き」を作成し，外国人児童生徒が学校教育に適応でき
るよう教師側ができる支援の仕方やポイントをまとめている．また，日本語の
言語指導に関しては，各学校において，「日本語指導担当教員」や「日本語指
導協力者」[注]により教育，支援が行われ，主に日本に来たばかりの子どもが日
本語の習得のために通う教室として「日本語教室」も展開されている．

●**外国につながりのある子どもへの生活文化に関する支援**　前述の答申は，
こうした子どもたちが学習だけではなく，生活基盤を形成することも課題である
と言及した．そのためには，言語習得だけではなく，日本で暮らしていく上で
の衣食住に関わる生活文化に関する理解が必要である．では，生活文化に関わ
る内容を学校教育で扱う家庭科教育では，外国につながりのある子どもたちに
対する教育にどう取り組んでいるのだろうか．日本家庭科教育学会の2014～
2016年度課題研究グループが，「グローバル化と家庭科」をテーマに取り組ん

だ研究の1つに，外国につながりのある児童の指導経験を持つ小学校教員に対して行った聞き取り調査がある（伊藤ほか2016）．この調査は，日本語指導が必要な外国籍の児童生徒数が多い複数県で実施された．ここでは，調査結果の中から，製造業が盛んで全国で最も日本語指導が必要な外国籍の児童生徒数が多い愛知県で，外国籍児童が全児童数の過半数を占める小学校における調査事例を紹介する．調査当時，この小学校では，日本語教育担当教員が同時に家庭科を専科として担当していた．その担当教員によると，家庭科の授業における知識習得学習のとき，難しい言葉や漢字があり，視覚教材がない場合，外国につながりのある子どもの中には興味関心を持続することが難しい子どもたちがいるということだった．生活文化に関わる課題としては，そうした子どもたちの実生活と学習内容の乖離が挙げられた．例えば，打ち水，風鈴，冬の重ね着，風呂の水の洗濯への利用，コンポストでのごみの削減，ごみの出し方など，日本での生活に関わる事柄が外国につながりのある子どもたちの実生活と結びつかないときがある．こうした課題に対し，この学校では，家庭科担当教員と学級担任がチームティーチングを行い子どもたちを支援していた．また，例えば，スプレー缶をごみとして出すときの処理は，空気抜きの道具だけではなく，釘と金槌で空気を抜くやり方を実際にやって見せるなど，実物での師範や視覚教材により日本での生活への理解を促す工夫をしていた．

●「外国につながりのある子どもへの支援」を超えて　このように外国につながりのある子どもが日本での生活基盤を形成できるよう学校教育においてさまざまな取組みが行われていることは確かである．しかし，今後グローバル化がより進んでいく中では，「支援」という視点を乗り越え，「共生」という視点での取組みを学校だけではなく地域で行っていくことが求められる．日本で生まれ育った子どもにとっても，外国につながりのある子どもにとっても，母文化や自分が生活する地域の文化に誇りを持つと同時に，他の国の文化を理解することはグローバルな共生社会を築く上で必要なことである．日本の生活文化と他の国の生活文化を学び合い，子ども一人ひとりが地球市民として成長していく必要性は増している．　　　　　　　　　　　　　　　　　　　　　　　　［上野顕子］

【引用・参考文献】伊藤葉子ほか（2016），外務省（2018），厚生労働省（2017），中央教育審議会（2016），文部科学省（2017），文部科学省初等中等教育局国際教育課（2011）

....

注）「外国人児童生徒の受け入れの手引き」（文部科学省，2011）によると，「日本語指導担当教員」とは，教員免許状を有し日本語教育を担当する教員を指し，「日本語指導協力者」とは，子どもの母語がわかり，日本語指導や教科指導等の補助を行う者を指す．

5. 海外からのケア労働者

●**海外からのケア労働者の受け入れ**　厚生労働省は，2025年，全人口の30.3%が65歳以上「認知症高齢者の日常生活自立度」Ⅱ以上が470万人となるという予測のもと，介護職員が約38万人不足すると試算している．現在，日本では介護従事者の確保が急務となり，量質ともにそろった海外の優秀なケア人材に関心を寄せている．日本で外国人ケア労働者の受け入れが本格化したのは，2008年経済連携協定（EPA）からである（石田 2016）．以降，EPAの一環としてインドネシア・フィリピン・ベトナム，3か国出身の看護師・介護福祉士が日本でケア労働に従事している．しかし，近年，外国人技能実習制度に「介護職種」が追加されたことによる介護技能実習生の受け入れ，また国家戦略特区での「家事支援外国人受入事業」による外国人家事支援人材の受け入れ等により，外国人ケア労働者の受容規模が広がりを見せている．それに伴いケア労働者を取り巻くさまざまな課題について議論が活発化している．

●**EPA 研修生・技能実習生の受け入れ後の壁と課題**　約10年間実施してきたEPAを例に挙げると，受け入れに対する課題は山積みである．詳細は国によって異なるが自国にて一定の学歴や資格を持ち，実務経験があったとしても，日本では看護師・介護福祉士「候補者」となる．訪日後，高度な日本語習得，ならびに病院・介護施設での就労・研修を行い，その一方で看護師・介護福祉士の国家試験のための勉強に励まねばならないという異国でのハードな生活，さらに規定回数内に合格できない場合は帰国というプレッシャーも重くのしかかる（安里 2011）．日本語（一部英語表記）受験等の理由により，国家試験合格率（2017年度）は看護師14.5%，介護福祉士49.8%と低い．厚生労働省はEPA研修生の受け入れは労働力不足を補完するためのものでないと言明し，2008年から2017年までの受け入れ総数は，看護師1,203人，介護福祉士3,492人にとどまる．下野恵子（2016）はEPA研修生の受け入れ・養成システムの効率の悪さを指摘する．このような中，『朝日新聞』によるとEPAでは人材養成が間に合わないため，2018年「外国人技能実習機構」は技能実習制度介護職種枠で中国人女性実習生2名の受け入れに踏み切った．日本語と介護を学びながら最長5年間介護施設で働ける仕組みであり，今後中国，東南アジアからの実習生の受け入れが加速するであろう（2018年5月13日）．以上より，EPAとは異なった他機関の参入によって，EPAが呈した課題は未解決のままに私たちの眼界から消えゆくのではないかと危惧する．

●**グローバル・ケアが内包する序列化されたジェンダー**　一方，前掲「家事支援外国人受入事業」では，認定を受けた特定機関がケア労働者の人材育成・管理を行い，日本人の自宅で家事代行サービスを行う．高齢者・共働き世帯をターゲットとし，「一億総活躍社会」の政策の目玉として，2018年5月より実績のあるフィリピン人女性の派遣を開始している（『日本経済新聞』2017年4月17日）．就労期間は3年間で住み込み禁止，日本人と同等の給与水準という原則の下，子どもの世話を含めた家事全般を行う．人材不足の解消，企業の市場開拓，日本女性の社会参画促進という点で捉えれば，上記は大きな可能性を秘めている．しかしジェンダーの視点から検討すると，日本女性が従前まで担っていたケアを他国の女性たちにシフトさせただけで，性別役割分業規範の温存，男性を家事・ケア（私）領域から遠ざけることにもつながりかねず，ジェンダー政策の後退も懸念される（青木 2014）．

　無論，EPA・技能実習制度にせよ，家事支援外国人受入事業にせよ，ケア労働者の受け入れ条件として性別が規定されているわけではない．だが性別分業規範を内包している日本のケア役割は，家庭だけでなく社会・市場においても女性の領域として専門化しており，利用者も女性の手によるケアを望むケースも多い．そのため，ケア領域におけるジェンダーの再生産に加え，エスニシティ要素を含んだ女性たちの複雑な序列化も憂慮される．

●**持続可能なケア・システム構築に向けて**　以上より外国人ケア労働者の受け入れに関わる諸問題は「ケアの社会化」再考の機会となる．今後，送り出す側，および受け入れ側の両者が，持続的な送り出し・受け入れ，そして日本での長期就労を望むのであるならば，ケア労働者を積極的に受け入れている諸外国で生じている問題にも目を向ける必要がある．複雑に絡み合ったジェンダーとエスニシティ構造が引き起こす，賃金格差・不安定な雇用・人権侵害などの問題を学び，その問題に対し公正・平等，かつ人権を遵守できる法律を完備するべきである（宮島・鈴木 2014）．さらに，国内のシステムのみを精査するだけでは不十分であり，ケア労働者らの不在によって母国の地域社会や家族の親密性が瓦解してしまう問題（下野 2017），ケア労働者の日本への移住（移民）政策の可能性（上林 2015）についても思案を巡らせ，対策を講じながら，持続可能なグローバル・ケア就労システムを構築すべきであると考える．　　　［磯部　香］

【引用・参考文献】青木千賀子（2014），安里和晃（2011），石田路子（2016），上野加代子（2017），上林千恵子（2015），厚生労働省（2017），下野恵子（2016），宮島喬ほか（2014），『朝日新聞』（2018），『日本経済新聞』（2017）

ハーグ条約と日本における実施法

●ハーグ条約　正式名称は，「国際的な子の奪取の民事上の側面に関する条約」（CONVENTION ON THE CIVIL ASPECTS OF INTERNATIONAL CHILD ABDUCTION）である（1980.10.25採択，1983.12.1発効）．目的は，子の監護において子の利益を最重要視し，16歳未満の子（4条）が，国境を越えて不法に連れ去られ，又は留置された場合，子を常居所地国に迅速に返還することである（1条）．効力は本条約を締約した地国との間で発生し，2018年5月現在の締約国は98か国である（外務省HP）．一方子の返還を拒否することも可能で，子の不法な連れ去りなどの日から1年を経過し，かつ子が新しい環境に慣れている場合（12条），子が返還されることを拒み，かつその意見を考慮できる年齢及び成熟度に達していると認められる場合（13条），要請をうけた国の人権及び基本的自由の保護に関する基本原則により認められない場合（20条）などが，それにあたる．

●日本での実施法と実施状況　日本では，2013年6月19日に「国際的な子の奪取の民事上の側面に関する条約の実施に関する法律」（「実施法」と称する）（2014.4.1発効）を公布した．同法は，国際離婚夫婦において子の親権や養育権をめぐり問題が発生した際，子の一方の親が他方の親の承諾を得ず，子を連れて母国に帰国し，戻ってこない場合における適用が主に想定されるが，その他に，日本人同士，外国人同士にも適用される．実際，ハーグ条約の日本での初適用は別居中の日本人夫婦に対する子の返還命令で，英国裁判所（2014.7.22付）は，母子が父との約束を守らず英国に滞在し続けるのはハーグ条約に違反するとし，子を日本に返還するように命じている（『朝日新聞』2014.7.30付）．

　また，締約国の外務大臣は，条約の実施に中心的な役割を担う「中央当局」として指定されており，子の返還，子との面会交流の実現のための援助を実施することが求められている．日本での実施状況は表1のとおりである．　　　　　　　　　　　　［李　璟媛］

表1　子の返還と子との面会交流実現のために外務大臣に申請された援助状況

年度	申請事案総件数	外国へ返還援助			日本国へ返還援助			日本国面会交流援助			外国面会交流援助		
		申請事案	申請者		申請事案	申請者		申請事案	申請者		申請事案	申請者	
			父	母		父	母		父	母		父	母
2014	113	26	23	3	18	10	8	55	53	2	14	13	1
2015	69	19	18	1	21	14	7	20	19	1	9	7	2
2016	55	23	19	4	17	11	6	16	14	2	4	1	2
2017	42	34（返還援助総数）						8（面会交流援助総数）					

注1：「外国へ返還援助」とは，日本国にいる子を他国へ返還させるための援助，「日本国へ返還援助」とは，他国にいる子を日本国へ返還させるための援助，「日本国面会交流援助」とは，日本国に所在する子との面会交流のための援助，「外国面会交流援助」とは，日本国以外の締約国に所在する子との面会交流のための援助を指す．
注2：2017年度は，援助申請の内訳がわからないため合計のみ示した．
（出所：外務省「ハーグ条約実施状況」各年度より作成．https://www.mofa.go.jp/mofaj/ca/ha/page25_000833.html#section1（最終閲覧日：2018年6月24日））

【引用・参考文献】外務省ホームページ

第 **12** 章

これからの家族の展望

1. 社会的包摂の理念と家族　180
2. ケアと共生　182
3. これからの家族　184
コラム「北欧社会の家族と子育て」　186

　本章は，未婚化・晩婚化，少子高齢化の進行，グローバル化の進行で家族が大きく変わる中で，これからの家族のゆくえを検討する．排除と包摂，ケアと共生といった概念を中心に，個人と家族を支える仕組みを取り上げる．さらに，家族研究の進展が多様なライフコース，多様な家族を捉えることを可能にしたことを概説する．　　　［久保桂子］

1. 社会的包摂の理念と家族

●社会的排除/包摂とは　本項での社会的包摂は「社会的に弱い立場にある市民一人ひとりをも，社会の一員として受け入れ支え合う考え方」のことで，反対の概念は社会的排除である（Collins English Dictionary）．

　日本における社会的包摂政策は，2009年以来歴代の内閣や首相が政策提言を重ね，2011年には「一人ひとりを包摂する社会」特命チームを設置し，社会的包摂のための緊急提言をまとめたが（宮本 2012），東日本大震災で中断している．一方，ヨーロッパでは経済のグローバル化で雇用も家族も不安定となり，20世紀型福祉国家が立ち行かなくなった．そこで2000年から10年間の意欲的な中期発展計画を立て，欧州金融市場の統合と社会的排除と闘うこととを優先分野とした．EUの社会的排除除去（＝包摂）政策は雇用への参加を中心に位置づけつつも，資源・権利・財・サービスへの万人のアクセスも促進する．その際最も弱い立場にいる人の包摂を支援することを強調（中村 2012）している．社会的排除と包摂は上記雇用からサービスまでを含む広い概念であるが，本項では家族分野での排除と包摂について検討する．

●戦後家族と社会的排除/包摂　戦後，「家」制度が廃止され，新たに一代限りの夫婦平等の家族制度が導入された．近代家族の特徴である家族が愛情で結ばれ，夫と妻は性別役割分業を行い，夫が強い権力を持たないという家族モデルは，平和と民主主義を求める国民には受け入れやすかったことだろう．近代家族の理念はそれを支える家族政策の実施で長期にわたり機能してきた．

　1960年代の高度経済成長で産業化・都市化が進み，労働力が不足してくると，雇用者世帯における有配偶女性（専業主婦）が注目された．当時は夫の収入をやりくりして生計を立てるのが主婦の務めで，働きに出ることは非難覚悟であり，労働市場では排除の対象ですらあった．しかし，1960年代後半になると主婦はパートタイムで労働市場に参入し始める．家事・育児と両立させ夫の収入の単なる補助的収入であることが強調され，兼業主婦という名の主婦の属性を保ったままのパート就労は，社会的に包摂された家庭外就労であった．

　その後の1980年には雇用者世帯のうち片働き夫婦が1,114万世帯で，共働き夫婦は614万世帯に過ぎなかったが，1996年にほぼ同数となり，2015年には片働き夫婦が664万世帯に対し，共働き夫婦は1,129万世帯と逆転している（総務省統計局 2014，2017）．妻の就労が進むなかで性別役割分業の家族理念は薄れ，労働市場における有配偶女性への排除も弱まりつつある．

1. 社会的包摂の理念と家族

●**現代家族と社会的排除／包摂**　ライフコースが多様化し，同性愛者などの LGBT の人々の権利についての認識も高まるなかで，かつては社会的排除の対象にされがちであった個人や家族が受容されつつある．

家族の性別役割分業体制は揺らぎ，直系家族意識も過去のものになっているにもかかわらず，日本の家族政策は，依然として性別役割分業家族観・直系家族観を内包している．2006 年当時の首相は，自著で「『お父さんとお母さんと子どもがいて，おじいちゃんもおばあちゃんも含めてみんな家族だ』という家族観」（安倍 2006）を述べた．その後も家族に期待し家庭教育に力を注いでいる（木村 2017）．現実には，共働き家族が増え，世帯の小規模化が進行している．現在も主張する首相の家族観に基づく家族政策では実態に対応しきれない．政府は保育所不足や女性の低賃金，母子家庭の貧困などの家族に関わる諸問題を解決できずにいる．困難を抱えた家族に必要な政策が行き届かず，そうした家族は社会的排除の状態に置かれているといえる．

しかし，周辺化された表象を包摂しようと取り組む主体として個人や集団がある．例えば家族を統合する姓よりも個人のアイデンティティに価値をおいた夫婦別姓の選択を求める裁判は，当事者と支援者による取組みだった．最高裁で敗訴したが，15 人中 5 人の裁判官が選択の自由を認めない民法 750 条は違憲とする意見を述べ，社会に一石を投じた．NPO 東京レインボープライドでは「性的指向および性自認」の如何にかかわらず「すべての人がより自分らしく誇りをもって，前向きに楽しく生きていける社会の実現」を目指すという．いずれも周辺にいる人々や集団からの包摂を求める運動である．

●**今後の課題**　多様な家族の時代だが，性別役割分業体制は揺らいでも性別役割分業意識はいまだ根強く，女性に過重負担を強い，夫婦のワーク・ライフ・バランスの実現も妨げている．問題解決型の政策は不可欠だが，さらに家族や個人の生き方に関わる権利に万人がアクセスできる社会的包摂政策を推し進めることが望まれる．また個人や地域での主体的な取組みも重要であり，その際 EU のいう最も弱い人々の包摂という視点は持ちたい．山根は，近代家族というパラダイムでは問題を解決できなくなっているが，家族を個々人ではなく集団としてとらえているからだと指摘する．一人ひとりが主体となってつくる家族というパラダイム転換を提言している（山根 2005）．主体者意識の醸成が新しい家族をつくっていくことだろう．　　　　　　　　　　　　　　［酒井はるみ］

【引用・参考文献】安倍晋三（2006），落合恵美子（1994），木村涼子（2017），総務省統計局（2014，2017），中村健吾（2012），宮本太郎（2012），山根真理（2005）

2. ケアと共生

●「ケア」とは　英語圏において「ケア（care）」は，心配，配慮，世話などの意味を持つ日常的なことばであった．日本では1970年代に，疾患の治癒のみに関心を置く従来の医療のあり方への反省が，「キュア（cure）からケアへ」という標語として語られた（三井 2013）．ここでは「ケア」が，狭義の医学的治療に対する看護の役割，疾患を持つ「人」への関心や配慮，治療の術のなくなった人へのターミナルケアの重要性など，比較的限定された意味合いで用いられた．

　しかし，1990年代後半以降の日本では，「ケア」を育児，介護，介助，看護などを包括的に指すことばとして，社会学，哲学，看護学，教育学，ジェンダー論など多様な学問領域で用いるようになった（井口 2017）．その背景には3つの要因がある．第一に，家族や女性のライフスタイルの変化により，高齢者介護や子育てなどを家庭内のみで担い続けることが困難となった．第二に，前述の点とも関連して，育児や介護・介助などを社会的に支援することを理念とする政策が立案・実施された．そして第三に，家族研究や社会福祉研究において，「家族と福祉」「家族とケア」という枠組みにより，幅広いケア問題を考察することの有効性が認識されるようになった．このような背景のもと，実践，政策，研究分野においてケアへの関心が高まっていった（藤崎 2000，2014）．

●ケアするもの・ケアされるもの　ここで改めて，「ケア」を極力平易に定義しておきたい．「食事，排泄，移動など，日常生活に必要な行為を自身では十分におこなえない人びとに，その身体的・心理的・社会的ニーズを充たす行為及び関係」——この定義の最も大きな特徴は，ケアを「するもの」「されるもの」の相互行為（interaction）と見る視点である．上野（2011）らもケアの相互行為性を強調しているが，従来の研究や実践ではもっぱら「ケアするもの」の負担やストレスなどに関心が置かれ，「ケアされるもの」の視点は十分とはいえなかった．このように等閑視されてきた「ケアされるもの」の視点に注意喚起をするきっかけの1つは，1970年代から盛り上がりを見せるようになった障がい者の自立生活運動である（安積ほか 1990）．他者によるケアなしには生活が成り立たない重度障がい者らが，家庭でも施設でもなく，地域における自立生活とそれを支える社会的支援を求める声を上げ始めた．「自分の人生を決めるのは自分自身だ」という当たり前の主張は，やがて「当事者主権」（中西・上野 2003）の理念へと連なっていく．福祉実践の領域でも，権利擁護やオンブズマンの制度が導入され，ケアを「するもの」「されるもの」はそれぞれ，ケアする

権利／ケアしない権利，ケアを受ける権利／ケアを受けない権利（森川 2008，上野 2011）があるという人権理論への経路を拓いていくことになった．

●ケアの社会化　1990年代以降の日本では，子育てや介護，障がい者福祉の領域で，「ケアの社会化」を理念とする制度改革が進んだ．まず高齢者福祉領域のゴールドプラン（1990～1999年度）が先導し，子育て支援のエンゼルプラン（1995～2004年度）がこれに続く．さらに2000年代に入ると介護保険制度が導入され，障がい者福祉領域では，支援費制度（2003年）の導入を経て，障害者自立支援法（2005年），障害者総合支援法（2012年）が制定された．いずれの制度改革でも，公的なケアサービスを受けることの権利性が強調された．

　ただし，ケアの「社会化」は，私から公へと一方向的に進行してきたわけではなく，政治や経済の動向に左右されつつ「再家族化」とも呼ばれる停滞や揺り戻しもある（藤崎2009）．また，「ケアの社会化」の含意は，①労働，②費用，③管理・責任に分節化して，それぞれの動向を評価する必要がある（藤崎2006）．公的サービスの量的拡大が図られても，費用的な制約から使えない，あるいは多種のサービスを管理するという新たな家族役割の出現により，就労とケアの両立ができないなどの問題が生じうることにも留意する必要がある．

●共生への展望　第二次世界大戦後，多くの西欧先進諸国は福祉国家の建設を最重要の国家目標として掲げ，日本もこれに追随した．しかし1973年秋の第一次オイルショックを契機とする長期的な経済停滞により，国民の福祉の実現を国家のみに期待することが困難となり，福祉多元主義の時代へと移行した．N. ジョンソン（1987＝1993）は，福祉多元主義のもとでは，福祉・保健サービスが，行政，ボランタリー，営利，インフォーマルの4部門により提供され，その混合システムの構築が課題となると述べている．今日でもなお，国や自治体の責任は大きいとはいえ，市場サービス，NPO，コミュニティ，家族などがケアの役割と責任を分有する体制を構築していかなければならない．

　そのような状況のもとで，改めてコミュニティの役割が注目されている．少子高齢化のさらなる進行，2011年の東日本大震災をはじめとする度重なる自然災害に遭遇した21世紀の日本社会．緊密に編み込まれた共同性ではないとしても，身近なコミュニティの中で，「共生」を理念とする緩やかなつながりから生まれる安心感，そして助け合いの輪が拡がっていくことを期待したい．

[藤崎宏子]

【引用・参考文献】安積純子ほか（1990），井口高志（2017），上野千鶴子（2011），中西正司・上野千鶴子（2003），ジョンソン，N.（1987＝1993），広井良典（2000，2013）藤崎宏子（2000，2006，2009，2014），三井さよ（2013），森川美絵（2008）

3. これからの家族

●**家族の捉え方の変化**　本書の中でもすでに取り上げたように，日本の家族の捉え方をめぐる議論の発展は，アリエスの著作『〈子供〉の誕生』（1960＝1980）の成果に負うところが大きい．アリエスは，著作の中で，愛情によって結ばれ子どもを中心に編成された家族は，近代になって誕生した1つの歴史的家族類型に過ぎないことを明らかにした．母親は子どもを可愛がり，子どもの生活のあらゆることに心を傾けるという観念は，近代以降に形成されたものであり，文化的・社会的産物であるとした．こうした近代家族論は，これまで普遍的モデルとされていた「父－母－子」の関係で結ばれた核家族を相対化し，家族の多様性に関する認識の広がりに寄与した．

　さらに，アリエスと同じ社会史研究の流れをくむバダンテールの著作『母性という神話』（1980＝1991）は，母性愛を相対化した著作として，母性愛神話に苦しむ女性たちの解放の書となった．一方で，母性という神聖なものに対する冒涜の書として非難された．バダンテールは，これまでごく自然なものとされていた愛と献身という母性の特性は，生まれることもあれば，消滅することもある，母性愛は付け加わったものであるとした．バダンテールの主張の背景には，1960年代後半から1970年代にかけて盛り上がりを見せたフェミニズムの思潮がある．フェミニズムは，自然的とされ，変えることのできないとされた性差を相対化するために，「生物学的性別」を「セックス」とし，「社会的・文化的性別」を「ジェンダー」として，社会的，文化的，歴史的につくられたものは変えることができるという認識を広げた（上野 1995）．そして，「ジェンダー」とともに「セクシュアリティ」という概念で性を説明する用語も生まれ，性現象も歴史と文化によって多様性があるものと考えられるようになった．こうした家族をめぐる議論は，多様な家族のあり方や多様な生き方を容認する動きを推し進めた．

　また，ライフコース論や社会的ネットワーク論など，「個人」を単位として「家族」を捉え直すことを可能とする研究アプローチ法も，1980年代には家族研究領域で受容され（藤崎 2017），個人を単位とする捉え方により，多様な家族やライフコースを捉えることが可能となった．

●**個人の尊重と家族**　1979年に国際連合で採択された「女性差別撤廃条約」は，男女の完全な平等の達成に貢献することを目的に，女性に対するあらゆる差別を撤廃することを基本理念としている．家族関係についても女性が個人として

尊重される重要な条約である。しかし、日本はいまだに国連から徹底のための改善を求められている。特に、民法の夫婦同氏の規定は女性に夫の氏を選択せざるを得なくさせている差別的な規定であるとして、国連の女性差別撤廃委員会から法改正を要請されており（内閣府 2016）、取り組むべき課題である。

子どもについては、1989年に国連で採択された「子どもの権利条約」で、子どもの意見表明権など、子どもを権利行使の主体として位置づけるとともに、親の虐待・放任から保護される権利など、子どもを個人として尊重する意思が強く示された。条約の理念は民法改正にもつながり、虐待する親に対する子どもの親権停止の申し立てなどが実現し、法的にも子どもを親とは独立した個人として尊重する規定が整いつつある。しかし、待機児童問題に見られるように、働く親を持つ子どもの保育を受ける権利（条約第18条）は十分保障されておらず、子どもに不利益が生じないように配慮が必要である。

●**個人と家族を支える社会** 社会が家族や個人の権利を保障し、支援していくことが求められている。特に、子どもや高齢者、さらに障がい者などのケアに関わる権利を保障するためには、本章の「2. ケアと共生」でも述べたように、ケアを受ける者の視点にも関心を持つことである。2000年に創設された介護保険制度は、要介護の当事者が尊厳を保持し、その能力に応じ自立した日常生活を営むことができるように、国民の共同連帯の理念に基づき設けられた制度である。しかし、実質的には家族介護を前提に運用されており、9章で述べたように、介護を担う家族にとっては雇用や子育てとの板挟みにもなっている。家族員一人ひとりの権利の同時保障のためには、介護のための休業保障の充実とともに、家族に介護責任を負わせない仕組みの充実が必要である。

●**家族を超えた支え合い** 65歳以上の高齢者のうち単身世帯に暮らす高齢者割合は、1970年の6.0％から2015年には17.7％になり、施設等で暮らす者は2.2％から6.0％となった（総務省統計局 2016）。すでに約4人に1人が家族という単位の暮らしを営んでいない。手助けが必要な高齢者は、通所介護や在宅介護のサービスを受けたり、高齢者施設に入居するなどして、地域の施設やサービスに支えられて生活している。

個人が社会の基本的な生活単位として浮かび上がってきている現在、個人は、家族や親族、友人、公的機関、さらにNPOなどの地域コミュニティの資源、市場のサービスなどを組み合わせ、自らのニーズの充足を図ることになるだろう。そのためにも地域の生活支援体制の整備が望まれる。　　　　　［久保桂子］

【**引用・参考文献**】アリエス, P.（1960=1980）, 上野千鶴子（1995）, 総務省統計局（2016）, 内閣府（2016）, バダンテール, E.（1980=1991）, 藤崎宏子（2017）

北欧社会の家族と子育て

●北欧社会の家族　家族の多様なかたちを認めている社会として，北欧の国々がある．一例として，ここではデンマークの家族を見ていこう．表1に示すように，デンマーク統計局（Danmarks Statistik）は「家族」を8つに分類している．このうち「親と暮らしていない18歳未満の子ども」を除く7つは，パートナー形態のありようが家族を類別する指標となっている．

表1　デンマークの家族形態別世帯割合（2017年）

	シングル（男性）	シングル（女性）	法律婚（異性）	法律婚（同性）	非法律婚	同棲	登録パートナーシップ	親と暮らしていない子ども	計
デンマーク全体	25.6	28.5	33.8	0.1	4.3	7.1	0.1	0.5	100%
子どもがいる家族	3.2	16.9	61.4	0.1	13.9	3.3	0.1	1.1	100%

（出所：Danmarks Statistik *Statistikbanken*（2018年3月1日閲覧）をもとに筆者が作成）

　日本では馴染みがない家族形態に，同性カップルの存在がある．デンマークでは，婚姻は異性カップルだけでなく同性カップルにも認められ（2012年），「法律婚（同性）」が家族形態の1つとみなされている．また，パートナー形態が婚姻関係のみに限定しないことも日本と大きく異なる点である．同居するカップルが婚姻関係にはなくとも2人の間に子どもがいる場合は「非法律婚」の家族とみなされる．同様に，同居する子どもがカップル共通の子どもではない（例えばどちらかの連れ子の）場合は「同棲」として，法律婚に準じた同性同士のカップルがつくる家族は「登録パートナーシップ」として認められている．
●子育ては2人で　北欧社会の育児政策は，「2人稼ぎ手・2人ケアラーモデル」と称される（エスピン-アンデルセン 1990=2001）．高福祉国家として知られる北欧社会であるが，それを支えているのは，すべての国民による就労と高い納税の義務である．子育て中の親の就労を支えるため，国家は「ケアの社会化」による保育施設の充実を図る一方，ノルウェーの「パパ・クオータ制」導入（1993年）に代表されるような，母親だけでなく父親にも積極的に育児に参加する政策を実施している．たとえパートナー関係の解消により子どもと別居することになっても，原則として，親は子どもとの定期的な面会交流を行い，養育費を支払い続けることが義務とされているのである（青木 2018）．　　　［青木加奈子］

【引用・参考文献】青木加奈子（2018），エスピン-アンデルセン, G.（1990=2001），デンマーク統計局ホームページ

附録：戦後の家族をめぐる主な出来事

	国内動向	国際動向
1945～ （昭和20～）	1945.8. 天皇，終戦の詔勅を放送 　　9. 降伏文書に調印 　　12. 「改正選挙法」（女性参政権）公布 1946.11. 日本国憲法公布（1947.5. 施行） 1947.3. 教育基本法公布・施行（男女共学） 　　4. 労働基準法公布（9月施行） 　　4. 日本国憲法の施行に伴う民法の応急的措置 　　に関する法律公布（5月施行） 　　12. 家事審判法公布（1948.1. 施行） 　　12. 児童福祉法公布（1948.1. 一部施行，4月全面 　　施行） 　　12. 民法の一部を改正する法律（法222）公布 　　（1948.1. 施行） 　　12. 改正戸籍法公布（1948.1. 施行） 1948.7. 優生保護法公布（9月施行） 1949.1. 家庭裁判所開設 　　4. 新制大学発足	1945.5. ドイツ降伏 　　6. 国際連合憲章採択 　　10. 国際連合，正式に発足 1946.1. 国連第1回総会ロンドンで開催 　　2. 国連，国際連盟の機能・活動・資産 　　の引継ぎ決議 　　4. 国際連盟解散 1947.8. インド独立 1948.12. 世界人権宣言採択 　　8. 大韓民国成立 　　9. 朝鮮民主主義人民共和国成立 　　12. 世界人権宣言を採択 1949.5. ドイツ連邦共和国（西独）成立 　　7. ILO 総会，労働者の団結権・団体交 　　渉権条約を採択 　　10. ドイツ民主共和国（東独）成立中華人 　　民共和国成立
1950年代 （昭和25～）	1950.5. 生活保護法公布，施行 　　5. 国籍法で妻の国籍選択自由化 1951.5. 児童憲章制定 　　5. 世界保健機関（WHO）に正式加盟 　　6. 住民登録法公布（7月施行） 　　9. サンフランシスコ講和会議で対日平和条約・ 　　日米安全保障条約調印 　　10. 家庭裁判所調査官制度発足 1952.2. 最高裁，「有責配偶者からの離婚請求を認め 　　ない」判決 1955.2. 石垣綾子「主婦という第二職業論」発表　第 　　一次主婦論争 1956.5. 売春防止法公布（1957.4. 一部施行，1958.4. 　　全面施行） 1959.4. 皇太子明仁，民間出身正田美智子と結婚 　　4. 国民年金法公布（1961.4. 全面実施）	1950.6. 朝鮮戦争勃発 1951.6. ILO 同一報酬条約（100号）採択（日 　　本は1967.8. 採択） 1952.6. ILO 総会「母性保護に関する条約」採 　　択（日本未批准） 1953.3. 国連総会，婦人の参政権に関する条 　　約採択（1955年日本批准） 1954.3. アメリカビキニ水域で水爆実験（日 　　本漁船第5福竜丸被災） 1957.3. 欧州経済共同体（EEC）設立 　　10. ソ連，人工衛星スプートニク1号打 　　ち上げ 1958.6. ILO 総会，雇用及び職業についての 　　差別待遇に関する条約採択 1959.11. 国連総会，児童の権利に関する宣言 　　採択
1960年代 （昭和35～）	1960.6. 日米新安保条約発効 　　4. 磯野富士子「婦人解放論の混迷」発表．第二 　　次主婦論争 　　12. 池田内閣，所得倍増計画決定 1961.11. 児童扶養手当法公布（1962.1. 施行） 1962.4. 中学校新学習指導要領実施 　　　中学に技術・家庭科新設（女子家庭，男子 　　技術の区分け） 1963.8. 老人福祉法施行 1964.4. 日本が OECD に加盟 　　7. 母子福祉法公布・施行 　　8. 日本母親大会で「ポストの数ほど保育所を」 　　論議 　　10. 新幹線開通 　　10. 東京オリンピック 1965.8. 母子保健法公布（1966.1. 施行）	1960. アフリカの年　17国独立 　　9. 石油輸出国機構（OPEC）結成 1961.11. 西ドイツでサリドマイド回収決定 1962.12. 国連総会，婚姻の同意，最低年齢及 　　び登録に関する条約採択 1963.11. 国連総会，人種差別撤廃に関する国 　　連宣言を採択 1965.6. 米機，北ベトナムのタンホイ基地を 　　爆撃（北爆開始） 　　6. ILO が家庭の責任を持つ女性の雇用 　　に関する勧告採択 　　11. 中国で文化大革命はじまる 　　12. 国連総会，人種差別撤廃条約採択 1966. 全米女性機構 NOW 発足 　　12. 国際人権規約採択（1977. 日本批准） 1967.11. 女性に対する差別撤廃宣言採択

	国内動向	国際動向
1960年代 (昭和35〜)	1965.10. 大阪高裁，交通事故死した幼女に成人後の女性労働賃金を換算した逸失利益を認める判決 1966.12. 東京地裁，女子のみの結婚退職制について初の違憲判決 1968.5. 消費者保護基本法公布・施行	1969.7. 米アポロ11号月面着陸
1970年代 (昭和45〜)	1970.3. 万国博覧会開催(大阪) 6. 日米安保条約自動延長 10. 国民生活センター設立 11. 日本で初のウーマンリブ集会 1971.5. 児童手当法公布(1972.1.施行) 7. 環境庁発足 1972.2. 札幌冬季オリンピック 5. 沖縄返還 12. 日中共同声明調印(日中国交正常化) 1973.4. 産婦人科医菊田医師の赤ちゃん斡旋広告問題に 1974.12. 雇用保険法公布(1975.4.施行，失業保険法から改称) 1976.4. 特定職種児童休業法施行(女子教職員，看護婦*，保母*) 6. 民法，戸籍法の一部改正(離婚後の婚氏続称制度の新設) 1977.2. 政府が「婦人の10年国内行動計画」発表 10. 国立婦人教育会館開設	1973.10. 第4次中東戦争始まる 11. 第1次石油危機 1974.8. 世界人口会議開催．人口行動計画を採択 1975. 国際女性年 4. ベトナム戦争終結 12. 国連総会，1976〜1985年を国連女性の10年に 1978.7. 世界初の試験管ベビー，英国で誕生 12. 中国，改革・開放政策に着手 1979. 国際児童年 1. 第2次石油危機 1. 中国，一人っ子政策検討・実施へ 12. 国連総会，女性に対するあらゆる形態の差別撤廃に関する条約(女性差別撤廃条約)採択
1980年代 (昭和55〜)	1980.5. 民法及び家事審判法改正公布(配偶者相続分引上げ)(1981.1.施行) 7. 女子差別撤廃条約署名 1984.5. 国籍法改正(父または母が日本国籍の子に日本国籍を認める)(1985.1.1.から施行) 1985.5. 国民年金法改正(女性の年金権確立)(1986.4.施行) 6. 男女雇用機会均等法公布(1986.4.施行) 7. 女子差別撤廃条約批准 1986.1. 労働基準法改正(女子保護規定一部廃止，母性保護規定の拡充)(1986.4.施行) 1987.7. 林真理子がアグネス・チャンの子連れ出勤を批判，アグネス論争へと展開 9. 最高裁，有責配偶者の離婚請求承認の新判例 9. 民法改正(特別養子縁組制度の新設)(1988.1.施行) 1989.4. 「消費税」が3%でスタート 12. 「高齢者保健福祉推進10か年戦略」(ゴールドプラン)策定	1980.7. 第2回世界女性会議(コペンハーゲン) 9. イラン・イラク戦争勃発(〜1988) 10. 国際的な子の奪取の民事上の側面に関する条約(通称「ハーグ条約」)採択 1981.6. ILO第156号条約(家族的責任を有する男女労働者の機会及び待遇の均等に関する条約)採択 1985.7. 第3回世界女性会議(ナイロビ) 1986.4. ソ連，チェルノブイリ原子力発電所で事故 1987.6. 韓国，民主化宣言 7. 台湾，戒厳令解除 1989.5. デンマークで世界初のパートナー法告知(同性カップルに男女の結婚に準ずる権利認める．1989.10.施行) 6. 中国，天安門事件 11. 国連総会，子どもの権利条約採択
1990年代 (平成2〜)	1990.6. 1989年の合計特殊出生率が1.57と発表 1991.5. 育児休業法公布(1992年施行) 1993.4. 中学校での家庭科の男女共修実施 1994.4. 高校での家庭科の男女共修実施 4. 子どもの権利条約批准 12. 「今後の子育て支援のための施策の基本的方向について」(エンゼルプラン)策定 1995.1. 阪神・淡路大震災	1990.9. 世界子どもサミット開催 10. 東西ドイツが統一 1991.1. 湾岸戦争開始(2月28日戦闘終結) 6. ユーゴスラヴィア内戦勃発(〜1993) 7. ワルシャワ条約機構解体 12. ソビエト連邦消滅 1992.6. 地球環境サミット開催(リオ・デ・ジャネイロ)

附録：戦後の家族をめぐる主な出来事 189

	国内動向	国際動向
1990年代 （平成2～）	6. 育児・介護休業法公布（介護休業に関する部分を追加, 1999.4. から実施） 6. ILO156号条約批准 1996.1. 法制審議会民法改正要綱案の提出 6. 優生保護法を改正し, 母体保護法公布・施行 1997.4. 「消費税」5%に 6. 男女雇用機会均等法改正（1999.4. 施行） 11. 北海道拓殖銀行, 山一証券経営破たん 12. 介護保険法公布（2000.4. 施行） 1998.6. 夫婦以外の卵子による体外受精・出産公表（長野県下諏訪町のクリニック） 9. 労働基準法改正（1999.4. 施行） 10. 埼玉医大で初の性転換手術 1999.5. 児童買春・児童ポルノ処罰法公布・施行 6. 男女共同参画社会基本法公布・施行 12. 「重点的に推進すべき少子化対策の具体的実施計画について」（新エンゼルプラン）策定 12. 民法等改正（成年後見制度の導入）（2000.4. 施行）	1994. 国際家族年 9. 国連, 国際人口開発会議（カイロ） 11. EU（欧州連合）発足 1995.9. 第4回世界女性会議（北京） 1997.1. アイルランド高等法院, 離婚を認める初の判決 1999. 国際高齢者年 ILO 総会, 最悪の形態の児童労働条約採択 10. 国連, サライェヴォで誕生した男児が世界人口60億人目と認定 10. フランス「連帯の市民協約（PACS）」法案可決（11月施行） 10. オランダ, 売春宿を合法化する法律成立 11. WHO 国連エイズ計画, 世界5000万人がエイズに感染と発表
2000年代 （平成12～）	2000.5. 児童虐待防止法, ストーカー規制法公布（12月施行） 5. 消費者契約法公布（2001.4. 施行） 2001.1. IT法（高度情報通信ネットワーク社会形成基本法）公布・施行 4. 配偶者からの暴力の防止及び被害者の保護に関する法律公布（10月施行） 4. 少年法改正・施行 2002.8. 健康増進法公布（2003. 施行） 2003.5. 個人情報保護法公布・施行 7. 次世代支援対策推進法公布・施行 7. 少子化対策基本法公布（9月施行） 7. 性同一性障害者の性別の取扱いの特例に関する法律公布（2004.7. 施行） 2004.6. 消費者基本法公布・施行 8. 児童虐待防止法改正（10月施行, 同居人による虐待の放置をネグレクト, 児童の目前でのDVを心理的虐待と定義に追加） 2005.6. 食育基本法公布（7月施行） 11. 高齢者虐待の防止, 高齢者の養護者に対する支援等に関する法律（2006.4. 施行） 2006.4. 等 介護保険法改正施行（介護予防重視型システムへの転換, 施設給付の見直し） 2007.3. 最高裁小法廷, 米国人女性が代理出産した双子と依頼人夫妻との親子関係を認めず 4. 離婚時年金分割制度発足 5. 熊本の慈恵病院, 「こうのとりのゆりかご」運営開始 12. ワーク・ライフ・バランス憲章と行動指針一政労使決定 2008.6. 国籍法改正（非婚の両親の子に日本国籍を認める）	2000.6. 国連特別総会「女性2000年会議」（ニューヨーク） 11. オランダ, 安楽死合法化 2001.4. オランダ, 同性のカップルにも男女の結婚と同じ権利を認める法律施行 8. ドイツ, 生活パートナーシップ法（同性愛者のカップルに夫婦と同じ法的権利の承認）施行 9. アメリカで同時多発テロ 2002.2. SARS 感染拡大 3. ノルウェー, 児童家庭問題相, 企業役員の最低各40%の男女割り当て方針を発表 5. ベルギー, 下院で安楽死合法化法案可決 2003.3. 米英によるイラク攻撃開始 6. ベルギー, 同性婚法施行 2004. 国連・奴隷制との闘争とその廃止を記念する国際年 12. スマトラ沖大地震 2005.2. 国連婦人の地位委員会「北京＋10」会合（ニューヨーク） 7. スペイン, カナダ, 同性婚法施行 12. イギリス, 同性市民パートナーシップ法施行 2006.11. オランダ, 公共の場でのブルカ着用禁止法案の閣議決定 11. 南アフリカ, 同性婚法施行 2008.1. 韓国で戸籍制度を廃止. 一人1籍の身分登録に 9. リーマン・ショック起こる 2009.1. ノルウェー, 同性婚法施行 5. スウェーデン, 同性婚法施行

	国内動向	国際動向
2000年代 （平成12〜）	2009.6. 消費者安全法公布（9月施行） 9. 消費者庁発足	
2010年代 （平成22〜）	2010.1. 「188（いやや！）」（消費者ホットライン）の運用を全国で開始 6. 児童扶養手当法改正（8月施行，父子家庭の父にも支給） 2011.3. 東日本大震災・福島第一原発事故発生 5. 民法・児童福祉法改正（親権2年以内の停止） 5. 介護保険法改正施行（地域包括ケアシステムの実現） 5. 家事事件手続法公布（家事審判法の廃止）（2013.1. 施行） 6. 障害者虐待の防止，障害者の養護者に対する支援等に関する法律公布（2012.10. 施行） 11. 消費者庁紛争消費センター開設 2012.4. 民法改正（離婚後の面会交流，養育費の分担明記） 8. 改正労働契約法公布（有期雇用5年を超えたとき無期労働契約へ） 8. 消費者教育推進法公布（12月施行） 8. 子ども・子育て関連三法成立（2015.4. 施行） 2013.6. 国際的な子の奪取の民事上の側面に関する条約の実施に関する法律公布（2014.4. 施行） 6. 子どもの貧困対策推進法公布（2014.1. 施行） 6. 障害者差別解消法公布（2016.4. 施行） 9. 最高裁大法廷判決，婚外子の相続分の民法規定は憲法違反 12. 民法改正（婚外子の相続分の規定の削除） 2014.4. 「消費税」8%に 4. 母子及び寡婦福祉法を母子及び父子並びに寡婦福祉法に改称（父子も支援対象であることを明確化） 11. まち・ひと・しごと創生法公布・施行 2015.4. マイナンバー法公布（10月施行） 11. 渋谷区と世田谷区，同性カップルに結婚に相当する証明書の交付を開始 12. 最高裁大法廷，733条女性の再婚禁止期間の100日を超える部分は違憲判決 2016.3. 「保育園落ちた日本死ね」ブログが話題に 4. 熊本地震 6. 民法改正（再婚禁止期間短縮）公布，施行 児童福祉法改正（順次施行，子どもの権利条約に則り，児童の主体的権利の尊重を明記） 12. SDGs推進本部が持続可能な開発目標（SDGs）実施指針を決定 2017.10. 違法残業事件で電通の有罪判決が確定 2018.6. 民法改正（成年年齢の引下げ，婚姻適齢の男女統一）（2022.4. 施行予定） 7. 民法改正（配偶者居住権の新設等）（施行未定）	2010.3. 国連婦人の地位委員会「北京＋10」会合（ニューヨーク） 6. ポルトガル，アイスランド，同性婚法施行 7. アルゼンチン，同性婚法施行 9. フランス上院，公共の場でのブルカ着用禁止法成立 2011.9. アメリカDADT（Don't Ask, Don't Tell）政策（同性愛者が同性愛者であることを公表しなければ，軍隊に入隊許可）廃止 2012.6. デンマーク，同性婚法施行（登録パートナーシップ法は廃止） 10. パキスタン，反タリバーンを訴えていた少女マララ・ユスフザイ（2014年ノーベル平和賞）が銃撃される 12. インド，デリーのバス内で女性に集団暴行 2013.5. ブラジル，同性婚法施行 5. フランス，同性婚法施行 8. ウルグアイ，ニュージーランド，同性婚法施行 2014.3. イングランドとウェールズ，同性婚法施行 4. ローマ法王フランシスコ，カトリック聖職者による未成年者への性的虐待問題で公式謝罪 12. スコットランド，同性婚法施行 2015.1. ルクセンブルク，同性婚法施行 6. アメリカ，連邦最高裁判所が同性婚を認める判断示す 9. 国連サミットで「持続可能な開発のための2030アジェンダ」採択 11. アイルランド，国民投票で同性婚法施行 2016.1. 中国，一人っ子政策の廃止 4. コロンビア，同性婚合法化 6. イタリア，シビルユニオン（同性パートナー法）施行 6. イギリス，国民投票でEU離脱決定 2017.3. フィンランド，同性婚法施行 9. マルタ，同性婚法施行 10. ドイツ，同性婚法施行 12. オーストラリア，同性婚法施行 2018.5. アイルランド，国民投票で中絶合法化へ

＊当時の名称

引用・参考文献一覧

本文各項目の「引用・参考文献」欄に掲載した文献の書誌を一括して，以下の規準で並べた．
1. 邦語文献（邦訳文献を含む）は，編著者名読みの五十音順に配列した．邦訳文献は，邦訳刊行年の後ろに（　）で原著の刊行年を記載した．
2. 欧語文献は，邦語文献の後に，編著者名のアルファベット順に配列した．
3. Web ページは，欧語文献の後に記載した．編著者，または HP 作成元の読みの五十音順に配列し，URL を記載した．Web ページは複数の項目に記載されている場合もあるので，取得年月日は省略した．
4. 同一編著者は，単著，単編著，共編著の順にそれぞれの刊行年順に並べた．同一編著者かつ同一刊行年の場合は，年の後ろに a，b，c…を付した．

【邦語文献】

会田薫子「認知症ケア―共同の意思決定による家族支援」『家族看護』11 巻第 1 号，29-37 頁（日本看護協会出版会，2013 年）

青木加奈子「デンマークの家族政策と親子関係―子どもへの養育義務から考える『親』観―」『福祉生活デザイン研究』1 号，7-15 頁（2018 年）

青木千賀子「外国人家事労働者の受け入れに関するジェンダー政策としての課題」『日大生活研報』37，3-12 頁（2014 年）

赤石千衣子『ひとり親家庭』（岩波新書，2014 年）

秋元美世・大島巖・芝野松次郎・藤村正之・森本佳樹・山縣文治（編）『現代社会福祉辞典』（有斐閣，2003 年）

安積純子・岡原正幸・尾中文哉・立岩真也『生の技法―家と施設を出て暮らす障害者の社会学』（藤原書店，1990 年）

安里和晃「EPA による看護師・介護士受け入れ制度について」安里和晃（編）『労働鎖国ニッポンの崩壊―人口減少社会の担い手はだれか』（ダイヤモンド社，2011 年）

アジア・太平洋人権情報センター（ヒューライツ大阪）『アジア・太平洋人権レビュー 2009―女性の人権の視点から見る国際結婚』（大学図書，2009 年）

芦野由利子「日本におけるリプロダクティブ・ヘルス／ライツ政策」原ひろ子・根村直美（編著）『健康とジェンダー』（明石書店，2000 年）

安達正嗣『高齢期家族の社会学』（世界思想社，1999 年）

安達正嗣「高齢期の人間関係」吉田あけみ・山根真理・杉井潤子（編著）『ネットワークとしての家族』（ミネルヴァ書房，2005 年）

安達正嗣「高齢者から家族と地域を考えなおす」田尾雅夫・西村周三・藤田綾子（編）『超高齢社会と向き合う』（名古屋大学出版会，2003 年）

安達正嗣「高齢者のきょうだい関係」渡辺秀樹・稲葉昭英・嶋﨑尚子（編）『現代家族の構造と変容―全国家族調査［NFRJ98］による計量分析』（東京大学出版会，2004 年）

安達正嗣「高齢期家族研究のパースペクティヴ再考―「家族」から「家庭」再構築へ」『家族社会学研究』第 22 巻第 1 号，12-22 頁（2010 年）

阿藤誠「国際人口開発会議（カイロ会議）の意義―新行動計画とその有効性」『人口問題研究』50-3，1-17 頁（1994 年）

阿部彩『子どもの貧困―日本の不公平を考える』（岩波新書，2008年）

阿部彩『子どもの貧困Ⅱ―解決策を考える』（岩波新書，2014年）

阿部彩「第四章 子供の貧困―国際比較の視点から」国立社会保障・人口問題研究所（編）『子育て世帯の社会保障』（東京大学出版会，2005年）

安倍晋三『美しい国へ』（文芸春秋社，2006年）

天野信子「1歳半検診受診者の母親を対象とした離乳食に関する実態調査」『帝塚山大学現代生活学部紀要』7号，55-63頁（2011年）

鮎川潤「構築主義的アプローチ」野々山久也・清水浩昭『家族社会学の分析視角―社会学的アプローチの応用と課題』（ミネルヴァ書房，2001年）

荒牧重人ほか（編）『外国人の子ども白書―権利・貧困・教育・文化・国籍と共生の視点から』（明石書店，2017年）

アリエス，P. 1980（1960）『〈子供〉の誕生―アンシャン・レジーム期の子供と家族生活』（杉山光信・杉山恵美子訳）みすず書房

有田啓子・藤井ひろみ・堀江有里「交渉・妥協・共存する『ニーズ』―同性間パートナーシップの法的保障に関する当事者のニーズから」『女性学年報』27，4-28頁（2006年）

安藤藍『里親であることの葛藤と対処―家族的文脈と福祉的文脈の交錯』（ミネルヴァ書房，2017年）

安藤喜代美『現代家族における墓制と葬送―その構造とメンタリティの変容』（学術出版会，2013年）

安藤孝敏「ペットとの情緒的交流が高齢者の精神的健康に及ぼす影響」『横浜国立大学教育人間科学部紀要Ⅲ（社会科学）』第10号，1-10頁（2008年）

井口高志「ケアの社会学と家族研究」藤崎宏子・池岡義孝（編著）『現代日本の家族社会学を問う 多様化のなかの対話』（ミネルヴァ書房，2017年）

池澤優「死生学とは何か」清水哲郎・会田薫子（編）『医療介護のための死生学入門』（東京大学出版会，2017年）

池田真朗『ボワソナードとその民法』（慶應義塾大学出版会，2011年）

石井クンツ昌子『IT社会における育児期のインフォーマルネットワークと世代間関係：日米比較から』（平成19〜20年度科学研究費補助金研究報告書）（お茶の水女子大学，2009年）

石井クンツ昌子「父親の役割と子育て参加―その現状と規定要因，家族への影響について」『季刊 家庭経済研究』81，16-23頁（2009年）

石井クンツ昌子『情報社会における育児期の親のIT利用と家族関係：日米比較から』（平成22〜24年度科学研究費補助金研究報告書）（お茶の水女子大学，2013年）

石井クンツ昌子『「育メン」現象の社会学―育児・子育て参加への希望を叶えるために』（ミネルヴァ書房，2013年）

石川栄吉ほか（編）『文化人類学事典』（弘文堂，1987年）

石川准「障害児の親と新しい『親性』の誕生」井上眞理子・大村英昭（編）『ファミリズムの発見』25-59頁（世界思想社，1995年）

石川稔『家族法における子どもの権利―その生成と展開』（日本評論社，1999年）

石毛直道・井上忠司（編）『現代日本における家庭と食卓―銘々膳からチャブ台へ』（国立民族学博物館研究報告冊，1991年）

石田路子「日本における外国人介護労働者に関する政策と今後の課題」『城西国際大学紀要』24（3），1-16頁（2016年）

石原邦雄「家族と社会福祉」正岡寛司・望月嵩（編）『現代家族論』（有斐閣，1988年）

和泉広恵『里親とは何か―家族する時代の社会学』（勁草書房，2006年）

李善姫「「ライフスタイル移民」としての日韓国際結婚と移住女性たちのモビリティ」佐竹眞明・金愛慶（編著）『国際結婚と多文化共生』（明石書店，2017年）

伊田広行『シングル単位の社会論―ジェンダー・フリーな社会へ』（世界思想社，1998年）

【邦語文献】

伊藤公雄『増補新版「男女共同参画」が問いかけるもの―現代日本社会とジェンダー・ポリティクス』（インパクト出版会，2009年）

伊藤公雄・樹村みのり・國信潤子『女性学・男性学―ジェンダー論入門 改訂版』（有斐閣，2011年）

伊藤賢一「青少年のモバイル・インターネット利用に対する保護者のリスク認知―群馬県高崎市調査より」『群馬大学社会情報学部研究論集』第19巻，1-15頁（2012年）

伊藤葉子・河村美穂・上野顕子・福留奈美・堀江さおり・松本由香『日本家庭科教育学会2014～2016年度課題研究「日本にいる外国につながる児童の家庭科をめぐる現状の検討」報告書』（2016年）

乾彰夫「変わる若者の生活環境とライフスタイル―「戦後型青年期」の解体・再編と若者のなかの困難」『生活経営学研究』37（2002年）

犬塚都子「明治中期の「ホーム」論―明治18～26年の『女学雑誌』を手掛かりとして」『お茶の水女子大学人文科学紀要』42，49-61頁（1989年）

井上清美『現代日本の母親規範と自己アイデンティティ』（風間書房，2013年）

井上清美「子育て支援とファミリー・サポート」岡崎友典・梅澤実（編著）『乳幼児の保育・教育―乳幼児を育てるということ』（放送大学教育振興会，2015年）

井上輝子・江原由美子・加納実紀代・上野千鶴子（編）『岩波女性学事典』（岩波書店，2002年）

井上治代『墓と家族の変容』（岩波書店，2003年）

岩上真珠『家族』（有斐閣，2003年）

岩上真珠（編著）『〈若者と親〉の社会学』（青弓社，2010年）

岩崎健二「長時間労働と健康問題―研究の到達点と今後の課題」『日本労働研究雑誌』No.575，39-48頁（2008年）

岩田正美「『ホームレス』としての現代の失業・貧困」社会政策学会（編）『日雇労働者・ホームレスと現代日本』（御茶の水書房，1999年）

岩田美香「階層差から見た父子家庭の実態」『季刊 家計経済研究』81巻（2009年）

岩間暁子・大和礼子・田間泰子『問いからはじめる家族社会学』（有斐閣，2015年）

植戸貴子『ソーシャルワークの基盤と専門職』相澤譲治（監修）・植戸貴子（編）（みらい，2010年）

上野加代子「シンガポールの外国人家事労働者」松岡悦子（編）『子どもを産む・家族をつくる人類学―オールターナティブへの誘い』（勉誠出版，2017年）

上野千鶴子『家父長制と資本制―マルクス主義フェミニズムの地平』（岩波書店，1990年）

上野千鶴子『近代家族の成立と終焉』（岩波書店，1994年）

上野千鶴子「ファミリィ・アイデンティティのゆくえ」『近代家族の成立と終焉』（岩波書店，1994年）

上野千鶴子『ジェンダーの社会学』（岩波書店，1995年）

上野千鶴子『ケアの社会学―当事者主権の福祉社会へ』（太田出版，2011年）

上野千鶴子『女たちのサバイバル作戦』（文藝春秋，2013年）

臼井和恵（編）『生活文化の世界―人生の四季に寄せて』（酒井書店，1997年）

唄孝一「人工生殖について思ってきたこと・再論」家永登・上杉富之（編）『生殖革命と親・子―生殖技術と家族Ⅱ』（早稲田大学出版部，2008年）

SAJ・野沢慎司（編）『ステップファミリーのきほんをまなぶ―離婚・再婚と子どもたち』（金剛出版，2018年）

エスピン-アンデルセン，G. 2001（1990）『福祉資本主義の三つの世界 比較福祉国家の理論と動態』（岡沢憲芙・宮本太郎共訳）ミネルヴァ書房

江原由美子『ジェンダー秩序』（勁草書房，2001年）

江原由美子「制度としての母性」天野正子ほか（編）『新編 日本のフェミニズム5 母性』（岩波書店，2009年）

エリクソン，E. H. 2011（1959）『アイデンティティとライフサイクル』（西平直・中島由恵訳）誠信書房

遠藤利彦「人との関係の中で育つ子ども」遠藤利彦・佐久間路子・徳田治子・野田淳子（編）『乳幼児のこ

ころ』（有斐閣，2011年）

大石美佳「パートナーの選択」日本家政学会家政教育部会（編）『家族生活の支援―理論と実践』（建帛社，2014年）

大阪市立大学都市環境問題研究会『野宿生活者（ホームレス）に関する総合的調査研究報告書』（2001年）

大沢真知子『女性はなぜ活躍できないのか』（東洋経済新報社，2015年）

大沢真理『生活保障のガバナンス―ジェンダーとお金の流れで読み解く』（有斐閣，2002年）

大西守・山寺亘・中山和彦「国際結婚例における心身医学的問題」『心身医』35（3），229-233頁（日本心身医学会，1995年）

大野雄基ほか「TLIFESを利用した徘徊行動検出方式の提案と実装」『情報処理学会論文誌コンシューマ・デバイス＆システム（CDS）』3巻3号，1-10頁（2013年）

大日向雅美「母性概念をめぐる現状とその問題点」天野正子ほか（編）『新編　日本のフェミニズム5　母性』（岩波書店，2009年）

大日向雅美「母性神話・3歳児神話をどう見るか」広田照幸（編）『理想の家族はどこにあるのか？　教育のエポケー第1巻』（教育開発研究所，2002年）

大日向雅美『母性の研究』（川島書店，1984年）

大豆生田啓友『支え合い，育ち合いの子育て支援』（関東学院大学出版会，2006年）

大村敦志『家族法　第3版』（有斐閣，2010年）

大村敦志ほか（編）『比較家族法研究―離婚・親子・親権を中心に』（商事法務，2012年）

大森真紀『転換期の女性労働　1990年代～2000年代』（法律文化社，2014年）

大山治彦「現代家族とジェンダー・セクシュアリティ」松信ひろみ（編）『近代社会のゆらぎと新しい家族のかたち』（八千代出版，2012年）

岡崎陽一『人口分析ハンドブック』（古今書院，1993年）

岡原正幸「制度としての愛情―脱家族とは」安積純子・岡原正幸・尾中文哉・立岩真也『生の技法―家と施設を出て暮らす障害者の社会学　第3版』（生活書院，1990年［2012年］）

岡村清子『テキストブック　エイジングの社会学』（日本評論社，1997年）

岡村重夫・黒川昭登『家族福祉論』（ミネルヴァ書房，1971年）

小川真理子『ドメスティック・バイオレンスと民間シェルター―被害当事者支援の構築と展開』（世織書房，2015年）

奥田紋子・上原康祐・愛沢隆一・園田巌・勝部麗子・高橋久雄「特集座談会 これからの児童養護施設―地域で子どもと家族を支援する」『季刊　児童養護』46巻，4号，6-23頁（2016年）

小熊英二『1968　上　若者たちの叛乱とその背景』（新曜社，2009年）

小熊英二『1968　下　叛乱の終焉とその遺産』（新曜社，2009年）

オークレー，A. 1986（1974）『主婦の誕生』（岡島茅花訳）三省堂

小此木啓吾『モラトリアム人間の時代』（中公文庫，1981年）

小澤千穂子「パートナーの選択と結婚」長津美代子・小澤千穂子（編）『新しい家族関係学』（建帛社，2014年）

落合恵美子「育児援助と育児ネットワーク」『家族研究』1号，109-133頁（1989年）

落合恵美子『近代家族とフェミニズム』（勁草書房，1989年）

落合恵美子『21世紀家族へ―家族の戦後体制の見かた・超えかた』（有斐閣，1994年）

落合恵美子『新版　21世紀家族へ―家族の戦後体制の見かた・超えかた』（有斐閣，1997年）

落合恵美子『21世紀家族へ―家族の戦後体制の見かた・超えかた　第3版』（有斐閣，2004年）

落合恵美子・山根真理・宮坂靖子（編）『アジアの家族とジェンダー』（勁草書房，2007年）

落合恵美子・赤枝香奈子（編）『アジア女性と親密性の労働』（京都大学学術出版会，2012年）

「夫（恋人）からの暴力」調査研究会『ドメスティック・バイオレンス（新版）実態・DV法解説・ビジョン』（有斐閣，2002年）

【邦語文献】

表真美「家庭科は離乳食をどのように教えてきたか：過去をふりかえり今後を考える」『日本家庭科学会大会・例会・セミナー研究発表要旨集』55号（2012年）

表真美『食卓と家族 家族団らんの歴史的変遷』（世界思想社，2010年）

戒能民江『ドメスティック・バイオレンス防止法』（不磨書房，2002年）

外務省（監訳）『国際人口・開発会議「行動計画」—カイロ国際人口・開発会議（1994年9月5-13日）採択文書』（世界の動き社，1996年）

カウフマン，フランツ゠クザファー 2011（2005）『縮減する社会—人口減少とその帰結』（原俊彦・魚住明代訳）原書房

柏木惠子・若松素子「「親となる」ことによる人格発達—生涯発達的視点から親を研究する試み」『発達心理学研究』5巻，72-83頁（1994年）

柏木宏一「健康機器向け通信プロトコルとその標準化動向」『情報処理学会誌』50巻12号，1215-1221頁（2009年）

柏女霊峰『これからの子ども・子育て支援を考える—共生社会の創出をめざして』（ミネルヴァ書房，2017年）

春日キスヨ『父子家庭を生きる—男と親の間』（勁草書房，1989年）

春日キスヨ「高齢者虐待防止支援の現場からみえてくるもの—中・壮年単身子と同居する高齢者世帯が増大する家族変化の中で」『家族関係学』31，15-23頁（2012年）

片岡佳美「合意制家族と子どもの権利」『同志社社会学研究』14巻47-53頁（2010年）

家庭科教育学会家庭科教育問題研究委員会『高等学校家庭科男女必修の成果と課題—高校生・教師・社会人調査の結果』（2007年）

加藤邦子『両親のペアレンティングが未就園児の社会的行動に及ぼす影響—包括的理論の構築とその実証的検討』（風間書房，2017年）

上林千惠子「介護人材の不足と外国人労働者受け入れ— EPA による介護士候補者受け入れの事例から」『日本労働研究雑誌』57（9），88-97頁（2015年）

神谷哲司「乳児の泣き声に対する父親の認知」『発達心理学研究』13巻，284-294頁（2002年）

神谷哲司「親としての発達」平木典子・柏木惠子（編）『日本の親子—不安・怒りからあらたな関係の創造』（金子書房，2015年）

亀高京子・仙波千代『家政学原論』（光生館，1981年）

苅谷剛彦『学力と階層』（朝日新聞出版，2012年）

河合利光（編著）『生活文化論—文化人類学の視点から』（建帛社，1995年）

河合隼雄『縦糸横糸』（新潮社，2003年）

川崎衿子・茂木美智子（編著）『生活文化を考える』（光生館，2002年）

川崎末美・吉野舞起子「若者の『関係性のなかでの自立』の促進要因と抑制要因の検討—デンマークと日本との比較を通して」『東洋英和女学院大学大学院 大学院紀要』第13号，17-33頁（2017年）

河原和枝『子ども観の近代—「赤い鳥」と「童心」の理想』（中央公論社，1998年）

神田直子・山本理恵「乳幼児を持つ親の，地域子育て支援センター事業に対する意識に関する研究」『保育学研究』39（2），216-222頁（2001年）

神田直子ほか「保育園ではぐくまれる共同的育児観」『保育学研究』45（2），146-156頁（2007年）

神原文子『子づれシングル ひとり親家族の自立と社会的支援』（明石書店，2010年）

神原文子『子づれシングルと子どもたち—ひとり親家族で育つ子どもたちの生活実態』（明石書店，2014年）

菊地真美「継母になるという経験—結婚への期待と現実のギャップ」『家族研究年報』30号，49-63頁（2005年）

菊地真美「ステップファミリーにおける継母子間の形成とストレス—再インタビュー調査による縦断的分析から」『家庭教育研究所紀要』30号，150-159頁（2008年）

菊地真理「ステップファミリーにおける継親子間の養子縁組と別居親子関係—インタビュー事例にみる離

婚・再婚後の家族形成と法制度」松岡悦子（編）『子どもを産む・家族をつくる人類学－オールターナティブへの誘い』（勉誠出版，2017年）

菊地真理「継子が語るステップファミリー経験と日本の家族制度の課題」北野雄司（編）『変化を生きながら変化を創る―社会変動論への試み』（法律文化社，2018年）

北村安樹子「何を「標準」とするか」『LIFE DESIGN REPORT SPRING』2013年4月，37-48頁（第一生命経済研究所ライフデザイン研究本部，2013年）

キティ，E. F. 2010（1999）『愛の労働あるいは依存とケアの正義論』（岡野八代・牟田和恵監訳）白澤社

ギデンズ，A. 1995（1992）『親密性の変容』（松尾精文・松川昭子訳）而立書房

ギデンズ，A. 2005（1991）『モダニティと自己アイデンティティ』（秋吉美都・安藤太郎・筒井淳也訳）ハーベスト社

木下安子「介護」庄司洋子・木下康仁・武川正吾・藤村正之（編）『福祉社会事典』（弘文堂，1999年）

木村直子「子どもの権利」『社会的養護』（ミネルヴァ書房，2010年）

木村涼子『家庭教育は誰のもの？　家庭教育支援法はなぜ問題か』（岩波書店，2017年）

許末恵「子どもの権利と家族法についての一素描」『一橋論叢』112巻4号，650-664頁（1994年）

魏偉「国際結婚家族における外国人母親の生活と子育てネットワーク」『教育福祉研究』20，107-119頁（2015年）

ギリガン，C. 1986（1982）『もう一つの声　男女の道徳観のちがいと女性のアイデンティティ』（岩男寿美子監訳）川島書店

ギリス，J. R. 1985（1981）『〈若者〉の社会史―ヨーロッパにおける家族と年齢集団の変貌』（北本正章訳）新曜社

木脇奈智子「子育てネットワークに関する考察：子育てサークルの類型と今日的課題」『家族関係学』17，13-22頁（1998年）

久木元真吾「若者の大人への移行と「働く」ということ」小杉礼子（編）『若者の働きかた―叢書・働くということ 第6巻』（ミネルヴァ書房，2009年）

久場嬉子・竹信三恵子『「家事の値段」とは何か―アンペイドワークを測る』（岩波ブックレット，1999年）

グブリアム，J. F.・ホルスタイン，J. A. 1997（1997）『家族とは何か―その言説と現実』（中河伸俊・湯川純幸・鮎川潤訳）新曜社

久保桂子「働く母親の個人ネットワークからの子育て支援」『日本家政学会誌』52巻2号，135-145頁（2001年）

窪田充見『家族法　第3版』（有斐閣，2017年）

久保田裕之『他人と暮らす若者たち』（集英社，2009年）

グラットン，L.，スコット，A. 2016（2016）『LIFE SHIFT ライフ・シフト―100年時代の人生戦略』（池村千秋訳）東洋経済新報社

栗原彬『やさしさのゆくえ―現代青年論』（筑摩書房，1981年）

栗山直子「児童福祉」社会調査協会（編）『社会調査事典』（丸善出版，2014年）

クローセン，J.A. 1987（1986）『ライフコースの社会学』（佐藤慶幸・小島茂訳）早稲田大学出版会

黒田祥子「長時間労働と健康，労働生産との関係」『日本労働研究雑誌』No.679，18-28頁（2017年）

黒田俊夫『日本人の寿命・世界最長寿国の光と影』（日本経済新聞社，1978年）

桑山紀彦『国際結婚とストレス―アジアからの花嫁と変容するニッポンの家族』（明石書店，1995年）

ケニストン，K. 1973（1968）『ヤング・ラディカルズ―青年と歴史』（庄司興吉・庄司洋子訳）みすず書房

小池泰「男性死亡後に保存精子を用いた人工生殖によって生まれた子の親子関係」『別冊ジュリスト225号民法判例百選III親族・相続』，68-69頁（有斐閣，2015年）

小泉智恵「生殖医療と夫婦」柏木惠子・平木典子（編）『日本の夫婦―パートナーとやっていく幸せと葛藤』（金子書房，2014年）

厚生省『厚生白書　平成10年版』（ぎょうせい，1998年）

【邦語文献】

厚生労働省『厚生労働白書　平成24年版』（日経印刷，2012年）

厚生労働省『人口動態統計　平成28年　上巻』（厚生労働統計協会，2016年）

厚生労働省「平成28年版　国民生活基礎調査の概況」（2016年）

国土庁『我が国の人口移動の実態―「人口移動要因調査」の解説』（国土庁計画調整局，1982年）

国民生活センター『2017年版　くらしの豆知識』（2016年）

国民生活センター『2018年版　くらしの豆知識』（2017年）

国立女性教育会館（編）『男女共同参画，向老期をともに生き，ともに学ぶ―豊かな高齢社会に向けて』（財務省印刷局，2002年）

小崎恭弘「家庭科教育における父親の子育て支援」小崎恭弘・田辺昌吾，松本しのぶ（編）『家族・働き方・社会を変える父親への子育て支援―少子化対策の切り札』（ミネルヴァ書房，2017年）

小杉礼子『若者と初期キャリア―「非典型」からの出発のために』（勁草書房，2010年）

小杉礼子・宮本みち子（編著）『下層化する女性たち―労働と家庭からの排除と貧困』（勁草書房，2015年）

小谷敏『若者論を読む』（世界思想社，1993年）

小谷みどり「高齢者の夫婦関係」『LIFE DESIGN REPORT SPRING』2015年4月，1-10頁（第一生命経済研究所ライフデザイン研究本部，2015年）

小浜逸郎『人はなぜ結婚するのか』（草思社，1992年）

小山静子『子どもたちの近代―学校教育と家庭教育』（吉川弘文館，2002年）

小山隆（編著）「現代家族の親子関係―しつけの社会的背景」『現代家族の親子関係』1-16頁（培風館，1973年）

小山騰『国際結婚第一号』（講談社，1995年）

近藤敦「日本における多文化家族支援政策のあり方」佐竹眞明・金愛慶（編著）『国際結婚と多文化共生』（明石書店，2017年）

近藤清美「発達論的アプローチから見るペアレント・トレーニング」『臨床発達心理実践研究』Vol.12，No.1，5-9頁（2017年）

近藤理恵『日本，韓国，フランスのひとり親家族の不安定さのリスクと幸せ―リスク回避の新しい社会システム』（学文社，2013年）

コンネル，R. 2008（2002）『ジェンダー学の最前線』（多賀太監訳）世界思想社

最高裁第二小法廷昭和37年4月27日判決，民集16巻7号1247頁

最高裁第二小法廷平成18年9月4日判決，民集60巻7号2563頁

最高裁第二小法廷平成19年3月23日決定，民集61巻2号619頁

最高裁第三小法廷昭和27年2月19日判決，民集6巻2号110頁

最高裁第三小法廷平成5年10月19日判決，民集47巻8号5099頁

最高裁第三小法廷平成8年3月26日判決，民集50巻4号993頁

最高裁第三小法廷平成25年12月10日決定，民集67巻9号1847頁

最高裁大法廷昭和62年9月2日判決，民集41巻6号1423頁

最高裁大法廷平成27年12月16日判決①，民集69巻8号2427頁

最高裁大法廷平成27年12月16日判決②，民集69巻8号2586頁

税所真也「親族後見人から第三者後見人へ――高齢者ケアにおける『管理・調整』主体の変化」『家族関係学』33，41-55頁（2014年）

税所真也「成年後見制度の市町村長申立てにおいて中間集団が果たす機能」『社会福祉学評論』第16号，1-14頁（2016年）

税所真也「「成年後見の社会化」からみるケアの社会化―士業専門職化が及ぼす家族への影響」『家族社会学研究』28（2），148-160頁（2016年）

賽漢卓娜「「ナショナル標準家族」としての日本の国際結婚」平井晶子・床谷文雄・山田昌弘（編著）『家族研究の最前線②　出会いと結婚』（日本経済評論社，2017年）

坂本有芳「ICT の高度化が就業者の仕事・家庭生活に及ぼす影響」『日本労働研究雑誌』第663号，34-46頁（2015年）

桜井徳太郎（1973），「婚姻後の習俗」青山道夫・竹田旦・有地亨・江守五夫・松原治郎（編）『講座家族3. 婚姻の成立』282-305頁（弘文堂，1973年）

佐々木くみ子「親の人格的発達に影響を及ぼす諸要因─妊娠期から乳児期にかけて」『母性衛生』46巻4号，580-587頁（2006年）

佐々木尚之「JGSS 累積データ 2000-2010 にみる日本人の性別役割分業意識の趨勢─ Age-Period-Cohort Analysis の適用」『日本版総合的社会調査共同研究拠点 研究論文集』12（2012年）

笹島芳雄「ホワイトカラー・エグゼンプションの日本企業への適合可能性」『日本労働研究雑誌』No.670，101-106頁（2016年）

佐竹眞明「多文化家族のあらまし」佐竹眞明・金愛慶（編著）『国際結婚と多文化共生』（明石書店，2017年）

佐藤隆夫（編）『農村と国際結婚』（日本評論社，1989年）

佐藤博樹（編）『子育て支援シリーズ2　ワーク・ライフ・バランス　仕事と子育ての両立支援』（ぎょうせい，2008年）

佐藤博樹・永井暁子・三輪哲（編）『結婚の壁─非婚・晩婚の構造』（勁草書房，2010年）

佐藤宏子『家族の変遷・女性の変化』（日本評論社，2007年）

佐藤裕紀子「家族関係学の成果と課題─家族と家族・個人の生活条件に関する研究を中心に」『家族関係学』30，15-23頁（2011年）

沢山美果子「近代日本の家族と子育ての思想」『順正短期大学研究紀要』15巻，81-92頁（1986年）

三部倫子『カムアウトする親子』（御茶の水書房，2014年）

重松清『定年ゴジラ』（講談社，1998年）

篠原聡子・空間研究所・アサツーディケイ『多縁社会─自分で選んだ縁で生きていく』（東洋経済新報社，2015年）

嶋崎尚子「人生の軌跡と移行の社会変動」『放送大学研究年報』第13号，1-15頁（放送大学，1995年）

嶋崎尚子『ライフコースの社会学』（学文社，2008年）

島薗進『ケア従事者のための死生学』清水哲郎・島薗進（編）（ヌーヴェルヒロカワ，2010年）

島田陽一「労働時間法政策のこれから」『日本労働研究雑誌』No.677，64-76頁（2016年）

清水新二「家族問題・家族病理研究の回顧と展望」『家族社会学研究』10（1），31-83頁（1998年）

清水新二「私事化のパラドクス─「家族の個人化」「家族の個別化」「脱私事化」論議」『家族社会学研究』13（1），97-104頁（2001年）

清水哲郎＋臨床倫理プロジェクト『臨床倫理セミナーテキスト　臨床倫理エッセンシャルズ2016年春版』（2016年）

清水浩昭『高齢化社会日本の家族と介護─地域性からの接近』（時潮社，2013年）

下夷美幸「ケア政策における家族の位置」『家族社会学研究』27巻1号，49-60頁（2015年）

下野恵子「EPA による外国人看護師・介護福祉士の受け入れ政策の問題点─医療・介護サービス産業の人材育成と就業継続策」『中央大学経済研究所年報』第48号，41-68頁（2016年）

社会福祉士養成講座編集委員会（編）『新社会福祉士養成講座15　児童や家庭に対する支援と児童・家庭福祉制度　第6版』（中央法規出版，2016年）

社会福祉専門職団体協議会国際委員会『IFSW（国際ソーシャルワーカー連盟）の「ソーシャルワークのグローバル定義」新しい定義案を考える10のポイント』（2014年）

シャッファー, H.R. 2001（1998）「子どもには両性の親が必要か」『子どもの養育に心理学がいえること─発達と家庭環境』86-97頁（無藤隆・佐藤恵理子訳）新曜社

主婦と生活社（編）『私のエンディングノート』（主婦と生活社，2005年）

庄司洋子「低成長期の家族問題と家族政策」日本社会事業大学（編）『社会福祉の現代的展開─高度成長期から低成長期へ』（勁草書房，1986年）

【邦語文献】

庄司洋子（編）『親密性の福祉社会学―ケアが織りなす関係』（東京大学出版会，2013年）

庄谷怜子「父子家庭問題についての覚え書」『社會問題研究』32巻2号，205-210頁（1983年）

ショーター, E. 1987（1975）『近代家族の形成』（田中俊宏ほか訳）昭和堂

ジョーンズ, G., ウォーレス, C. 2002（1992）『第2版　若者はなぜ大人になれないのか―家族・国家・シティズンシップ』（宮本みち子監訳・鈴木宏訳）新評論

ジョンソン, N. 1993（1987）『福祉国家のゆくえ―福祉多元主義の諸問題』（青木郁夫・山本隆訳）法律文化社

白波瀬佐和子『日本の不平等を考える』（東京大学出版会，2009年）

施利平『戦後日本の親族関係：核家族化と双系化の検証』（勁草書房，2012年）

施利平ほか「親への援助のパターンとその変化」稲葉昭英ほか（編）『日本の家族　1999-2009』（東京大学出版会，2016年）

ジール, J. Z. , エルダー, G. H. 2003（1998）『ライフコース研究の方法―質的並びに量的アプローチ』（正岡寛司・藤見純子訳）明石書房

菅原ますみ「抑うつと母子・家族関係」坂本真士・丹野義彦・大野裕（編）『抑うつの臨床心理学』（東京大学出版会，2005年）

菅原ますみ・北村俊則・戸田まり・島悟・佐藤達哉・向井隆代「子どもの問題行動の発達：Externalizing な問題傾向に関する生後11年間の縦断研究から」『発達心理学研究』10 No.1，32-45頁（1999年）

杉井潤子「祖父母と孫との世代間関係―孫の年齢による関係性の変化」『奈良教育大学紀要』第55巻第1号（人文・社会），177-189頁（2006年）

杉井潤子「脱家族化，そして新たなる家族的関係の構築」『家族関係学』第31号，25-35頁（2012年）

杉野昭博『障害学―理論形成と射程』（東京大学出版会，2007年）

スコット, J.W.1992（1988）『ジェンダーと歴史学』（荻野美穂訳）平凡社

スティーブンス, W.N. 1971（1963）『家族と結婚』（山根常男・野々山久也訳）誠信書房

諏澤宏恵「日米の実証研究にみる祖父母―孫関係の発達的変化：祖父母・親・孫のライフステージを単位とした検討」『人間文化研究科年報（奈良女子大学）』第28号，121-131頁（2013年）

千田有紀『日本型近代家族―どこから来てどこへ行くのか』（勁草書房，2011年）

総務省『スマートフォン時代における安心・安全な利用環境の在り方に関する WG 最終とりまとめ スマートフォン安心安全強化戦略』（2013年）

総務省『平成29年版情報通信白書』（日経印刷，2017年）

総務省統計局「平成27年国勢調査 世帯構造等基本集計結果 結果の概要」（2016年）

ソコロフ, N.J. 1987（1980）『お金と愛情の間』（江原由美子ほか訳）勁草書房

袖井孝子『住まいが決める日本の家族』（TOTO 出版，1994年）

袖井孝子「少子高齢化社会の諸問題」日本家政学会編『家政学事典』（朝倉書店，2004年）

袖井孝子『高齢者は社会的弱者なのか』（ミネルヴァ書房，2009年）

染谷俶子「社会変動と日本の家族―老親扶養の社会化と親子関係」『家族社会学研究』14巻2号，105-114頁（2003年）

高橋朋子・床谷文雄・棚村政行『民法7　親族・相続　第5版』（有斐閣，2017年）

武田里子『ムラの国際結婚再考―結婚移住女性と農村の社会変容』（めこん，2011年）

橘木俊詔・迫田さやか『夫婦格差社会―二極化する結婚のかたち』（中公新書，2013年）

田中俊之『男がつらいよ―絶望の時代の希望の男性学』（KADOKAWA，2015年）

田中通裕『親権法の歴史と課題』（信山社，1993年）

田辺義一『家政学総論』（光生館，1971年）

谷口（井手）恭子「国際結婚家庭の外国人母親による子どもへの母語教育の困難さ―タイ人母親の事例から」『日本語・日本文化研究』21，177-188頁（2011年）

太郎丸博（編）『フリーターとニートの社会学』（世界思想社，2006年）

千年よしみ「近年における世代間居住関係の変化」『人口問題研究』69（4），4-24頁（2013年）

千葉隆之「ライフスタイルと就業意識」佐藤博樹・佐藤厚（編）『仕事の社会学改訂版』（有斐閣，2012年）

チョドロウ，N. 1981（1978）『母親業の再生産─性差別の心理・社会的基盤』（大塚光子・大内菅子訳）新曜社

柘植あづみ「女性の人権としてのリプロダクティブ・ヘルス　ライツ」『国立婦人教育会館研究紀要』第4号，9-14頁（2000年）

辻村みよ子『概説ジェンダーと法　第2版』（2016年，信山社）

土田英雄「家族と地域社会」『都市問題研究』46（3），45-56頁（1994年）

土屋敦『はじき出された子どもたち─社会的養護児童と「家庭」概念の歴史社会学』（勁草書房，2014年）

筒井淳也『結婚と家族のこれから』（光文社，2016年）

筒井淳也『仕事と家族』（中央公論新社，2015年）

堤修三『介護保険の意味論─制度の本質から介護保険のこれからを考える』（中央法規出版，2010年）

妻木進吾・堤圭史郎「家族規範とホームレス」青木秀男（編著）『ホームレス・スタディーズ─排除と包摂のリアリティ』（ミネルヴァ書房，2010年）

土井隆義『つながりを煽られる子どもたち』（岩波書店，2014年）

東京地裁平成25年3月14日判決，判時2178号3頁

同性婚人権救済弁護団『同性婚　だれもが自由に結婚する権利』（明石書店，2016年）

利谷信義『家族の法　第3版』（有斐閣，2010年）

殿村琴子「先進諸国における婚外子増加の背景─フランス・スウェーデンの『家族』をめぐる歴史から」『ライフデザインレポート』5-6，16-23頁（第一生命経済研究所ライフデザイン研究本部，2006年）

冨永良喜「14. 災害心理学　災害とトラウマ」『応用心理学事典』（丸善，2006年）

内閣府『平成17年版国民生活白書─子育て世代の意識と生活』（国立印刷局，2005年）

内閣府『平成19年度版 国民生活白書 つながりが築く豊かな国民生活』（時事画報社，2007年）

内閣府『平成29年版　子供・若者白書』（日経印刷，2017年）

内閣府『高齢社会白書　平成29年版』（日経印刷，2017年）

中澤進之右「農村におけるアジア系外国人妻の生活と満足度」『家族社会学研究』8，81-96頁（1996年）

中谷奈津子「当事者であるお母さんたちのインフォーマルなネットワーク」牧里毎治・山野則子（編）『児童福祉の地域ネットワーク』（相川書房，2009年）

中谷奈津子「地域子育て支援拠点事業利用による母親の変化」『保育学研究』52（3），319-331頁（2014年）

中田裕康（編）『家族法改正─婚姻・親子関係を中心に』（有斐閣，2010年）

長津美代子「家族の多様化と個別化」『日本家政学会誌』47（8），769-775頁（1996年）

長津美代子『中年期における夫婦関係の研究』（日本評論社，2007年）

長津美代子「夫婦関係の諸相」長津美代子・小澤千穂子（編）『新しい家族関係学』（建帛社，2014年）

中西正司・上野千鶴子『当事者主権』（岩波書店，2003年）

中西雪夫「男女共通必修家庭科の実施が高校生の家族・保育に関する意識に与えた影響（第1報）─家族・結婚に関する意識の変化」『日本家庭科教育学会誌』Vol.44-4，336-346頁（2002年a）

中西雪夫「男女共通必修家庭科の実施が高校生の家族・保育に関する意識に与えた影響（第2報）─性別役割分業観・家事参加の変化」『日本家庭科教育学会誌』Vol.44-4，347-353頁（2002年b）

中西雪夫「男女共通必修家庭科の実施が高校生の家族・保育に関する意識に与えた影響（第3報）─高齢者観・親になることへの準備状態の変化」『日本家庭科教育学会誌』Vol.44-4，354-360頁（2002年c）

中西雪夫・小林久美・貴志倫子（共編）『小学校家庭科の授業をつくる　理論・実践の基礎知識』（学術図書出版社，2017年）

中原純・藤田綾子「向老期世代の現在の生き方と高齢期に望む生き方の関係」『老年社会科学』29巻1号，30－36頁（2007年）

中村健吾「EUの雇用政策と社会的包摂政策─リスボン戦略から『欧州2020』へ」福原宏幸・中村健吾（編

【邦語文献】

著）『21世紀のヨーロッパ福祉レジーム』（糺の森書房，2012年）

中村二朗・菅原慎矢「同居率減少という誤解」『季刊社会保障研究』Vol.51 No.3・4，355-368頁（2016年）

永易至文『ふたりで安心して最後まで暮らすための本』（太郎次郎社エディタス，2015年）

成清敦子『ソーシャルワークの理論と方法Ⅰ』相澤譲治（監修）・津田耕一（編）（みらい，2010年）

西川祐子『近代国家と家族モデル』（吉川弘文館，2000年）

西希代子「代理懐胎の是非」『ジュリスト』No.1359，42-49頁（有斐閣，2008年）

西村純子『ポスト育児期の女性と働き方-ワーク・ファミリー・バランスとストレス』（慶應義塾大学出版会，2009年）

二宮周平「家族法—同性婚への道のりと課題」三成美保（編著）『同性愛をめぐる歴史と法—尊厳としてのセクシュアリティ』（明石書店，2015年）

二宮周平『家族法　第4版』（新世社，2013年）

日本家政学会（編）『新版　家政学事典』（朝倉書店，2004年）

日本家政学会（編）『生活文化論』（朝倉書店，1991年）

日本家政学会家政学原論部会（翻訳・監修）『家政学　未来への挑戦』（建帛社，2002年）

日本家政学会家族関係学部会研究活動委員会『子どものウエルビーイングと家族・地域社会』（2005年）

日本家政学会家族関係学部会研究活動委員会『ひとり親家庭等に関する都道府県および政令指定都市調査・支援策資料集』（2008年）

日本統計協会『統計でみる日本 2017』（2016年）

日本弁護士会（編）『問われる子どもの人権—日本の子どもたちがかかえるこれだけの問題』（駒草出版，2011年）

日本労働政策研究・研修機構『壮年非正規雇用労働者の仕事と生活に関する研究—正社員転換を中心として』（2017年）

日本労働政策研究・研修機構『若年者の就業状況・キャリア・職業能力開発の現状』（2014年）

人間開発報告書 / 国連開発計画（UNDP）（編）・広野良吉ほか（監修）『ジェンダーと人間開発』（国際協力出版会，1999年）

根ケ山光一・柏木惠子（編著）『人の子育ての進化と文化—アロマザリングの役割を考える』（有斐閣，2010年）

野沢慎司「パーソナル・ネットワークのなかの夫婦関係」松本康（編）『増殖するネットワーク』（勁草書房，1995年）

野沢慎司「核家族の連帯性とパーソナル・ネットワーク—夫婦・親子間紐帯の構造分析」『家計経済研究』49，25-35頁（2001年）

野沢慎司・茨木尚子・早野俊明（編）『Q&A ステップファミリーの基礎知識—子連れ再婚家族と支援者のために』（明石書店，2006年）

野沢慎司『ネットワーク論に何ができるか「家族・コミュニティ問題」を解く』（勁草書房，2009年）

野沢慎司「ステップファミリーの若年成人子が語る同居親との関係—親の再婚への適応における重要性」『成城大学社会イノベーション研究』10号2巻，59-83頁（2015年）

野沢慎司「家族社会学からみた現代の家族」『総研報』13号，2-27頁（2017年）

野沢慎司・菊地真理「ステップファミリーにおける家族関係の長期的変化—再インタビュー調査からの知見」『明治学院大学社会学部付属研究所年報』40号，153-164頁（2010年）

野沢慎司・菊地真理「若年成人継子が語る継親子関係の多様性—ステップファミリーにおける継親の役割と継子の適応」『明治学院大学社会学部付属研究所年報』44号，69-87頁（2014年）

野々山久也（編）『論点ハンドブック家族社会学』（世界思想社，2008年）

野原真理「母親の育児に関する意識及び行動の変化」『小児保健研究』66（2），290-298頁（2007年）

野邊政雄「過疎山村に住む高齢女性のパーソナル・ネットワークとソーシャル・サポート」『家族関係学』No.32，5-15頁（2013年）

野辺陽子『養子縁組の社会学』（新曜社，2018年）

野辺陽子・松木洋人・日比野由利・和泉広恵・土屋敦『〈ハイブリッドな親子〉の社会学—血縁・家族への
こだわりを解きほぐす』（青弓社，2016年）

ハイデン, D. 1991（1984）『アメリカン・ドリームの再構築：住宅，仕事，家庭生活の未来』（野口美智子
ほか訳）勁草書房

蓮見音彦「地域社会」森岡清美他編『新社会学辞典』有斐閣，1993年）

パーソンズ, T. 1971（1954）山根常男「家族の診断と家族治療の諸問題」『家族の社会学理論』（山根常男
訳編）誠信書房

パーソンズ, T., ベールズ, R. F. 1970（1956）『核家族と子どもの社会化（上）（下）』（橋爪貞雄ほか訳）黎
明書房

パーソンズ, T., ベールズ, R. F. 1981（1955）『家族：核家族と子どもの社会化』（橋爪貞雄・溝口謙三・高
木正太郎・武藤孝典・山村賢明訳）黎明書房

バダンテール, E. 1991（1980）『母性という神話』（鈴木晶訳）筑摩書房

服部良子「少子高齢化と日本福祉型レジーム 労働レジームと家族的責任」『家族社会学研究』第27巻1号，
20-23頁（2015年）

バトラー, J, 1998（1990）『ジェンダー・トラブル—フェミニズムとアイデンティティの攪乱』（竹村和子訳）
青土社

濱口桂一郎『日本の雇用と労働法』（日本経済新聞出版社，2011年）

濱島朗・竹内郁郎・石川晃弘（編）『社会学小辞典』（有斐閣，1977年）

早川眞一郎「外国における代理出産によって出生した子の出生届」『別冊ジュリスト225号 民法判例百選
III親族・相続』，70-71頁（有斐閣，2015年）

林雄二郎『情報化社会』（講談社現代新書，1969年）

原田尚「家族形態の変動と老人同居扶養」『社会学評論』29（1），50-66頁（1978年）

原田春美「子育て不安の実態と保健師支援の課題」『人間と科学』11巻1号，53-62頁（2011年）

原田正文『子育て支援とNPO』（朱鷺書房，2002年）

原ひろ子（編）『家族の文化誌』（弘文堂，1986年）

原ひろ子『ヘヤー・インディアンとその世界』（平凡社，1989年）

原ひろ子・近江美保・島津美和子（編）『男女共同参画と男性・男児の役割』（2007年，明石書店）

檜垣博子「保育所における子育て支援に関する一研究」『大阪女子短期大学紀要』26，79-89頁（2001年）

久富善之・佐藤郡衛「乳幼児の家庭生活・しつけと産育」柏市教育計画研究委員会『柏市教育計画樹立の
ための基礎調査報告書』（1985年）

平岡さつき・奥田雄一郎・後藤さゆり・呉宣児・大森昭生・前田由美子「産育意識の変遷と「親になること」
に関する一考察」『共愛学園前橋国際大学論集』10巻，243-254頁（2010年）

平山亮・古川雅子『きょうだいリスク 無職の弟，非婚の姉の将来は誰がみる？』（朝日新聞出版，2016年）

広井良典『ケア学—越境するケアへ』（医学書院，2000年）

広井良典（編著）『講座ケア1 ケアとは何だろうか—領域の壁を越えて』（ミネルヴァ書房，2013年）

ファインマン, M. A. 2009（2004）『ケアの絆—自律神話を超えて』（穐田信子・速水葉子訳）岩波書店

福島みのり「大学院進学とポスト青年期の関連性についての考察—高学歴世代の「実存の危機」をめぐって」
『現代韓国朝鮮研究』第6号（2006年）

藤井ニヌエラみどり・高橋睦子『安心・平等・社会の育み—フィンランドの子育てと保育』（明石書店，
2007年）

藤崎宏子「老年期の社会的ネットワーク」副田義也（編）『日本文化と老年世代』（中央法規出版，1984年）

藤崎宏子「育てることと看取ること—ケアの意味づけ」藤崎宏子（編）『親と子—交錯するライフコース』（ミ
ネルヴァ書房，2000年）

藤崎宏子「「介護の社会化」—その問題構成」『法律時報』78巻11号，37-43頁（日本評論社，2006年）

【邦語文献】

藤崎宏子「介護保険制度と介護の「社会化」「再家族化」」『福祉社会学研究』6号，41-57頁（2009年）

藤崎宏子「子育て・介護の「社会化」と地域社会の役割」『家族関係学』No.32，39-50頁（2013年）

藤崎宏子「ケア政策が前提とする家族モデル—1970年代以降の子育て・高齢者　介護」『社会学評論』64巻4号，604-624頁（2014年）

藤崎宏子「家族研究の継承と課題［3］—「対話」によるアイデンティティ模索」藤崎宏子・池岡義孝（編）『現代日本の家族社会学を問う—多様化のなかの対話』（ミネルヴァ書房，2017年）

藤間公太『代替養育の社会学—施設養護から〈脱家族化〉を問う』（晃洋書房，2017年）

藤森克彦『単身急増社会の希望』（日本経済新聞出版社，2017年）

舩橋恵子「3歳児神話」「母性神話」神原文子・杉井潤子・竹田美知（編著）『よくわかる現代家族』（ミネルヴァ書房，2009年）

舩橋恵子・宮本みち子（編著）『雇用流動化のなかの家族—企業社会・家族・生活保障システム』（ミネルヴァ書房，2008年）

プラース，D.W. 1985（1980）『日本人の生き方—現代における成熟のドラマ』（井上俊・杉野目康子訳）岩波書店

フリーダン，B. 2004（1963）『新しい女性の創造 改訂版』（三浦冨美子訳）大和書房

フロイト，S. 1965（1913）『フロイト著作集第3巻　トーテムとタブー—未開人と神経症者との精神生活における若干の一致点について』（西田越郎訳）人文書院

ブロンフェンブレンナー，U. 1996（1979）『人間発達の生態学』（磯貝芳郎・福富護訳）川島書店

白玉晶「国際結婚家庭における子どもの母語教育を支える要因と問題点：「韓国人の母親・日本人の父親」の事例研究」『日本語・日本文化研究』25，156-167頁（2015年）

ペーニング，ユテほか（編）2003（2001）『ジェンダー主流化と雇用戦略—ヨーロッパ諸国の事例』（高木郁朗・麻生裕子訳）明石書店

ペーパーナウ，P. L. 2015（2013）『ステップファミリーをいかに生き，育むか—うまくいくこと，いかないこと』（中村伸一・大西真美監訳）金剛出版

朴木佳緒留・鈴木敏子（編）『資料からみる戦後家庭科のあゆみ—これからの家庭科を考えるために』（学術図書出版社，1990年）

ポストマン，N. 1985（1982）『子どもはもういない』（小柴一訳）新樹社

ホックシールド，A. R. 2000（1983）『管理される心—感情が商品になるとき』（石川准・室伏亜希訳）世界思想社

堀川裕介ほか「スマートフォンによる青少年のインターネット依存および親子関係と依存の関連」『社会情報学会（SSI）学会大会研究発表論文集』（2013年）

堀越栄子「介護労働はいかにあるべきか—ペイドワークとアンペイドワークの狭間で」『女性労働研究』36号，10-15頁（1999年）

堀眞由美「消費社会の変遷と消費行動の変容」『中央大学政策文化総合研究所年報』第17巻，137-153頁（2013年）

ポロク，L. A. 1988（1983）『忘れられた子どもたち』（中地克子訳）勁草書房

ポロック，O. 1971（1964）望月嵩「家族の診断と家族治療の諸問題」『家族の社会学理論』（山根常男訳編）誠信書房

前田尚子「パーソナル・ネットワークの構造がサポートとストレーンに及ぼす効果」『家族社会学研究』第16巻1号，21-31頁（2004年）

牧野カツコ「乳幼児をもつ母親の生活と〈育児不安〉」『家庭教育研究所紀要』第3号，34-56頁（1982年）

牧野カツコ「働く母親と育児不安」『家庭教育研究所紀要』第4号，67-76頁（1983年）

牧野カツコ・渡辺秀樹・舩橋恵子・中野洋恵『国際比較に見る世界の家族と子育て』（ミネルヴァ書房，2010年）

横村久子『お墓と家族』（朱鷺書房，1996年）

槇村久子「家族構造と都市構造の変化における死生観と墓地の研究—都市型共同墓所と新たなコミュニティの形成へ・二つの事例研究」『研究紀要』17，87-108頁（2004年）

槇村久子「墓・墓地の共同化，無形化，無期限化への動向と背景—合祀墓への過渡的形態と樹木葬墓地の事例研究から」『研究紀要』18，239-254頁（2005年）

増本敏子・井戸田博史・久武綾子『氏と家族—氏〔姓〕とは何か』（大蔵省印刷局，1999年）

松岡明子・植木武・村上征勝「農村に始まった国際結婚—アジアから来た農家の花嫁」『共立女子大学総合文化研究所年報』1，77-93頁（1995年）

松岡英子「地域社会と子どものウエルビーイング」『家族関係学』No.23，31-34頁（2004年）

松川正毅『民法 親族・相続 第5版』（有斐閣，2018年）

松田茂樹『何が育児を支えるのか』（勁草書房，2008年）

松原治郎「家族とコミュニティ—地域社会と家族の機能的連関」『法学セミナー増刊 総合特集シリーズ 日本の家族〈特集〉：現代の社会と家族』（日本評論社，1979年）

マードック，G.P. 1978（1948）『社会構造 核家族の社会人類学』（内藤莞爾訳）新泉社

丸山美貴子「育児ネットワーク研究の展開と論点」『社会教育研究』31，11-21頁（2013年）

水町勇一郎『労働法入門』（岩波書店，2011年）

三井さよ「キュアとケア」福祉社会学会編『福祉社会学ハンドブック—現代を 読み解く98の論点』（中央法規出版，2013年）

光吉利之「親族の構造と機能」青山道夫ほか（編）『講座家族6 家族・親族・同族』（弘文堂，1974年）

南野知恵子・福島みずほ・山本香苗・神本美恵子・吉川春子（監修）『詳解DV防止法』（ぎょうせい，2001年）

三宅良美「家族の定義」金井淑子（編）『ワードマップ家族』（新曜社，1988年）

宮坂靖子「Ariès, Ph. の近代家族論の再検討—家族機能論の視点から」『家族研究年報』11，67-82頁（1985年）

宮坂靖子「育児不安と育児ネットワーク—『公園づきあい』の視点から」『家族研究論叢』(6)，55-76頁（2000年）

宮坂靖子「親イメージの変遷と親子関係のゆくえ」藤崎宏子（編）『親と子：交錯するライフコース』（ミネルヴァ書房，2000年）

宮島清「家庭養護の歴史・現状・これから—子どものための里親委託と養子縁組のために」山縣文治・林浩康（編）『社会的養護の現状と近未来』（明石書店，2007年）

宮島清「里親支援体制の構築とソーシャルワーク」『ソーシャルワーク研究』43巻1号，34-42頁（2017年）

宮島喬『外国人の子どもの教育』（東京大学出版会，2014年）

宮島喬・鈴木江理子『外国人労働者受け入れを問う（岩波ブックレット916）』（岩波書店，2014年）

宮本太郎「社会的包摂のポリティクス—包摂戦略の対抗と政策過程」武川正吾・宮本太郎（編著）『講座現代の社会政策第6巻 グローバリゼーションと福祉国家』（明石書店，2012年）

宮本みち子「社会変動下の〈若者と家族〉研究の展開と方法—イギリス青年社会学を中心にして」『家族社会学研究』12巻1号，95-109頁（2000年）

宮本みち子『若者が〈社会的弱者〉に転落する』（洋泉社，2002年）

宮本みち子『ポスト青年期と親子戦略—大人になる意味と形の変容』（勁草書房，2004年）

宮本みち子「成人期への移行モデルの転換と若者政策（少子化社会の成人期移行（その3））」『人口問題研究』68（1），32-53頁（2012年）

宮本みち子・岩上真珠・山田昌弘『未婚化社会の親子関係』（有斐閣，1997年）

村上節「女性不妊と生殖補助医療」日本卵子学会（編）『生殖補助医療（ART）胚培養の理論と実際』（近代出版，2018年）

ミレット，K. 1985（1970）『性の政治学』（藤枝澪子ほか訳）ドメス出版

牟田和恵『戦略としての家族』（新曜社，1996年）

【邦語文献】

牟田和恵（編）『家族を超える社会学―新たな生の基盤を求めて』（新曜社，2009年）

牟田和恵「変貌する家族」石川実・大村英昭・塩原勉（編）『ターミナル家族』（NTT出版，1993年）

六鹿桂子「チベット族における兄弟型一妻多夫婚の形成理由の考察」『多元文化』11: 145-157頁（2011年）

村松泰子ほか『女性のパソコン利用と情報社会の展望』（富士通経営研修所，1997年）

目黒依子「家族と社会的ネットワーク」正岡寛司・望月嵩（編）『現代家族論―社会学からのアプローチ』（有斐閣，1988年）

目黒依子『個人化する家族』（勁草書房，1987年）

望月彰「子どもの権利条約批准20周年の意義と課題―国連子どもの権利委員会「最終所見」の視点から」『生涯発達研究』第7号51-58頁（2014年）

望月嵩「1-2 家族概念の再検討」森岡清美（監修）・石原邦雄・佐竹洋人・堤マサエ・望月嵩（編）『家族社会学の展開』（培風館，1993年）

森岡清美・望月崇『新しい家族社会学』（培風館，1983年）

森岡清美・望月崇『新しい家族社会学　四訂版』（培風館，1997年）

森岡清美（編）『家族社会学』（有斐閣双書，1967年：新版1983年）

森岡清美『家族周期論』（培風館，1973年）

森岡清美「老親の扶養」森岡清美・望月嵩『新しい家族社会学　四訂版』（培風館，1997年）

森岡孝二「労働時間の決定における労使自治と法的規制」『日本労働研究雑誌』No.677, 53-63頁（2016年）

森岡孝二「労働時間の二重構造と二極分化」『大原社会問題研究所雑誌』No.627, 1-18頁（2011年）

森川美絵「ケアする権利／ケアしない権利」上野千鶴子ほか（編）『ケア その思想と実践4　家族のケア家族へのケア』（岩波書店，2008年）

森謙二『墓と葬送の現在―先祖祭祀から葬送の自由へ』（東京堂出版，2000年）

国立社会保障・人口問題研究所（編）『日本の人口動向とこれからの社会―人口潮流が変える日本と世界』（東京大学出版会，2017年）

文部省『高等学校学習指導要領解説　家庭編』（実教出版，1989年 c）

文部省『小学校指導書　家庭編』（開隆堂，1989年 a）

文部省『中学校指導書　技術・家庭編』（開隆堂，1989年 b）

保田時男「親子のライフステージと世代間の援助関係」渡辺秀樹・稲葉昭英・嶋﨑尚子（編）『現代家族の構造と変容』（東京大学出版会，2004年）

柳昌子・甲斐純子（編著）『家族科教師の実践力』（建帛社，2000年）

柳昌子・中屋紀子（編著）『家庭科の授業をつくる　授業技術と基礎知識―小学校編』（学術図書出版社，2009年）

山極寿一「インセスト回避がもたらす社会関係」川田順造（編）『近親性交とそのタブー　文化人類学と自然人類学の新たな地平』（藤原書店，2001年）

山口喜一「人口の静態と動態」岡﨑陽一・安川正彬・山口喜一・広岡桂二郎『人口論』（青林書院新社，1974年）．

山崎ひろみ「『国際結婚』は嫁不足を解消しない」内海愛子・松井やより（編）『アジアから来た出稼ぎ労働者たち』（明石書店，1988年）

山崎亮『縮充する日本「参加」が創り出す人口減少社会の希望』（PHP研究所，2016年）

山下敏雅「性的マイノリティは親になれるのか？」『セクシュアリティと法』（法律文化社，2017年）

山下敏雅・服部咲「LGBTと子の繋がり」『法学セミナー』62巻10号，39-42頁（日本評論社，2017年）

山田昌弘「家族の定義をめぐって」江原由美子ほか『ジェンダーの社会学―女たち／男たちの世界』（新曜社，1989年）

山田昌弘『近代家族のゆくえ―家族と愛情のパラドックス』（新曜社，1994年）

山田昌弘『パラサイト・シングルの時代』（筑摩書房，1999年）

山田昌弘「愛情装置としての家族―家族だから愛情が湧くのか，愛情が湧くから家族なのか」目黒依子・

渡辺秀樹（編）『講座社会学2　家族』（東京大学出版会，1999年）

山田昌弘「家族の個人化」『社会学評論』54（4），341-354頁（2004年）

山田昌弘『家族ペット』（文芸春秋，2007年）

山田昌弘『少子化社会日本—もうひとつの格差のゆくえ』（岩波新書，2007年）

山田昌弘「ケアとジェンダー」江原由美子・山田昌弘『ジェンダーの社会学入門』（岩波書店，2008年）

山田昌弘・白河桃子『「婚活」時代』（ディスカヴァー・トゥエンティワン，2008年）

山田裕子・宮下一博「青年の自立と適応に関する研究—これまでの流れと今後の展望」『千葉大学教育学部研究紀要』55，7-12頁（2007年）

山田鐐一・澤木敬郎・南敏文・住田裕子『わかりやすい国際結婚と法』（有斐閣，1998年）

大和礼子「生涯家計支持者と生涯ケアラーの誕生」『生涯ケアラーの誕生—再構築された世代関係／再構築されないジェンダー関係』（学文社，2008年）

大和礼子『オトナ親子の同居・近居・援助—夫婦の個人化と性別分業の間』（学文社，2017年）

山根常男「家族問題研究会250回記念シンポジウム—「家族と福祉」を考える：家族社会学の立場から」『家族研究年報』第5号，1-7頁（1979年）

山根真理「育児不安と家族の危機」清水新二（編）『家族問題—危機と存続』（ミネルヴァ書房，2000年）

山根真理「家族を考える視角」吉田あけみほか（編著）『ネットワークとしての家族』（ミネルヴァ書房，2005年）

山根真理「育児援助ネットワーク研究の視点：地域と親族関係」『日本家政学会誌』68（8），439-445頁（2017年）

結城恵「メンバーのサークルの関わり方とサークル活動への評価—子育てサークル活性化のために」『国立女性教育会館研究紀要』（5），109-118頁（2001年）

結城康博「家族介護の限界」『在宅介護—「自分で選ぶ」視点から』（岩波書店，2015年）

湯沢雍彦（編著）『少子化を乗り越えたデンマーク』（朝日選書，2001年）

湯沢雍彦『データで読む平成期の家族問題』（朝日新聞出版，2014年）

湯原悦子『介護殺人の予防—介護者支援の視点から』（クレス出版，2017年）

要田洋江『障害者差別の社会学—ジェンダー・家族・国家』（岩波書店，1999年）

善積京子『「近代家族」を超える—非法律婚カップルの声』（青木書店，1997年）

善積京子「家族—多様な生活の実態」二文字理明・伊藤正純（編著）『スウェーデンにみる個性重視社会』（桜井書店，2002年）

善積京子（編）『結婚とパートナー関係　問い直される夫婦』（ミネルヴァ書房，2000年）

善積京子（編著）「非法律婚のライフスタイル」『結婚とパートナー関係—問い直される夫婦』（ミネルヴァ書房，2010年）

吉田あけみ・山根真理・杉井潤子（編）『ネットワークとしての家族』（ミネルヴァ書房，2005年）

吉田正紀『異文化結婚を生きる—日本とインドネシア／文化の接触・変容・再創造』（新泉社，2010年）

吉浜美恵子「アメリカにおけるドメスティック・バイオレンスの取り組み— The Battered Women's Movement」『民間女性シェルター調査報告Ⅱ　アメリカ調査編』（横浜市女性協会，1995年）

吉原千賀「きょうだいへのサポート期待と家族関係— NFRJ08-Panel データによる分析から」『奈良女子大学社会学論集』25，54-68頁（2018年）

吉原千賀『長寿社会における高齢期きょうだい関係の家族社会学的研究』（学文社，2006年）

吉見俊哉『メディア時代の文化社会学』（新曜社，1994年）

吉村泰典「生殖医療の展望と限界」『医療と社会』27巻1号，111-122頁（2017年）

余田翔平「再婚から見るライフコースの変容」『家族社会学研究』Vol.26 No.2（2014年）

ラプトン，D. 1999（1996）『食べることの社会学〈食・身体・自己〉』（無藤隆・佐藤恵理子訳）新曜社

ラム，M. E.（編）1981（1976）『父親の役割：乳幼児の発達とかかわり』（久米稔・服部広子・小関賢，三島正英訳）家政教育社

李原翔「日中国際結婚家庭の子どもたち」佐竹眞明・金愛慶（編著）『国際結婚と多文化共生』（明石書店，2017年）

劉榮純「日本における国際結婚―韓国人妻のアンケート調査・分析を通して」『プール学院大学研究紀要』46，69-85頁（2006年）

劉楠「日々の育児を支える資源―親族と職場のサポート」「子の発達段階に応じたキャリア・デザイン」研究会・坂本有芳（編）『キャリア・デザインと子育て―首都圏女性の調査から』（お茶の水学術事業会，2016年）

ルイス，M.,「子どもと家族―ソーシャル・ネットワーク・モデル」ルイス，M.・高橋恵子（編）2007（2005）『愛着からソーシャル・ネットワークへ』（高橋恵子監訳）新曜社

レヴィ=ストロース，C 1968（1956）「家族」（原ひろ子訳）『文化人類学リーディングス』（祖父江孝男訳編）誠信書房

レヴィ=ストロース，C 2001（1949）『親族の基本構造』（福井和美訳）青弓社

渡瀬章子「子どもの住まいとしての高層住宅を考える」『児童心理』71巻12号，39-44頁（2017年）

渡辺秀樹「発達社会学から見た親子関係」藤崎宏子（編）『親と子―交錯するライフコース』（ミネルヴァ書房，2000年）

渡邊欣雄・岡野宣勝・佐藤壮広・塩月亮子・宮下克也（編）『沖縄民族辞典』（吉川弘文館，2008年）

【欧語文献】

Allen, K.R. (2016) "Feminist Theory in Family Studies: History, Reflection, and Critique" Journal of Family Theory & Review (8) (June), 207-224.

Bedford, V.H. (1989) Sibling Research in Historical Perspective: The Discovery of a Forgotten Relationship. American Behavioral Scientist, 33 (1) 33-44.

Bott E. (1971). Family and Social Network, 2nd edition , New York, Free Press.

Boyum, L. A., &Parke, R. D. (1995). The role of family emotional expressiveness in the development of children's social competence, Journal of Marriage and the Family, 57: 593-608.

Burgess, E.W and Locke, H.J. (1945) The Family: from Institution to Companionship, American Book Co.

Cinotto, S. (2006). "Everyone would be around the table: American family mealtimes in historical perspective 1850-1960", New Directions for Child and Adolescent Development 111

Collumbien, M., Busza, J., Cleland J. and Campbell, O., 2012, Social science methods for research on sexual and reproductive health, World Health Organization

Connidis, I.A. (2005) Sibling ties across time:The middle and later years. (eds.) M.Johnson, V.L.Bengtson, P.G. Coleman,&T.B. L.Kirkwoodeds., The Cambridge handbook of age and ageing. Cambridge, UK:Cambridge University Press, 429-436.

Daniels, J. H. (1970) "The big questions in the history of American technology," Technology and Culture, 11, 1-21.

Ingersoll-Dayton, B., Neal, M.B., Ha, J.,& Hammer, L.B. (2003) Collaboration among sibling providing care for older parents. Journal of Gerontological Social Work, 40, 51-66.

Keniston, K. (1970). "Youth: A "New" Stage of Life," The American Scholar 39 (4) (Autumn).

Komter, A. 1989 "Hidden Power in Marriage," Gender & Society (June) (1), 187-216.

Kudo, Masako, "Transnational Families in a Global Circulation Context: The Case of Cross-border Marriages between Japanese Women and Pakistani Migrants", Bulletin of the National Museum of Ethnology 40 (1) (国立民族学博物館，2015)

Lamb, M. E., Pleck, J. H., Charnov, E. L., & Levine, J. A. (1985). Paternal behavior in humans. American Zoologist, 25: 883-894.

Lamb, M. E. (1982). Annotation paternal influences on early socio-emotional development. Journal of

Child Psychology and Psychiatry, 23, No.2: 185-190.

Lourdes, B., (1999)'The Enduring Debate Over Unpaid Labor,' International Labour Review, Vol.138 No.3

Mason, A. 1997, "Population and the Asian Economic Miracle,"Population Policy & Asia-Pacific Population Policy, 43:1-4.

McCamish-Svensson, C., Samuelsson, G., Hagberg, B., Svensson, T., & Dehlin, O.(1999)Social relation-ships and health as predictors of life satisfaction in advanced old age:Results from a Swedish longitudi-nal study. The International Journal of Aging & Human Development,48,301-324.

Mesch, G. S. (2006) "Family characteristics and intergenerational conflicts over the internet," Informa-tion, Communication & Society, 9, 473-495.

Parkinson, P., (2013). "Violence, Abuse and the Limits of Shared Parental Responsibility," Family Matters 92, 7-17.

Ryan, C., et al.(2009) "Family Rejection as a Predictor of Negative Health Outcomes in White and Latino Lesbian, Gay, and Bisexual Young Adults," Pediatrics 123(1)(January), 346-352.

Sakamoto, Y., Spinks W. A.(2008) "The impact of home-based telework on work-family conflict in the childcare stage", The Journal of E-Working, 2(12), 144-158.

Slaughter, A.M.(2016). Unfinished Business: Women Men Work Family. New York: Random House.

Stacey, J.(1986)."Are Feminsts Afraid to Leave Home?: The Challenge of Conservative Pro-family Femi-nism," Mitchel.J & Oakley, A., What is Feminism?, Blackwell.

van Eden-Moorefield, B & Pasley, K.(2013). "Remarriage and Stepfamily Life," in G. W. Paterson and K. R. Bush(eds.), Handbook of Marriage and the Family, Springer.

Walker, A.J., Allen, K.R., Connidis, I.A.(2005)Theorizing and Studying SiblingTiesinAdulthood., Bengtson, V.l., Acock, A.C., Allen, K.R., DilworthAnderson, P.,&Klein, D.M.,(eds.)Sourcebook of Family Theory & Research., Sage Publications, 167-190.

Whiting, B. and Whiting J.,"Children of Six Cultures：A　Psycho-Cultural Analysis"(Harvard University Press, 1975)

【Webページ】(掲載箇所はURLの末尾の（　）内に記した)

American Academy of Pediatrics(2016) "Media Use in School-Aged Children and Adolescents, "Policy Statement, http://www.jpa-web.org/dcms_media/other/AAP% 20policy% 20statement% 202016% 20school-aged.pdf（10章の3）

Collins English Dictionary, social inclusion(社会的包摂)
https://www.collinsdictionary.com/dictionary/english（12章の1）

Dnamarks Statistik「Statistikbanken」
http://www.statistikbanken.dk/statbank5a/default.asp?w=1280（12章コラム）

e-Gov「児童福祉法」http://elaws.e-gov.go.jp/search/elawsSearch/elaws_search/lsg0500/detail?lawId=3 22AC0000000164&openerCode=1（3章の2）

Gates, G.(2013) LGBT Parenting in the United States, the William Institute, UCLA School of Law
http://williamsinstitute.law.ucla.edu/wp-content/uploads/LGBT-Parenting.pdf（4章の6）

ILO駐日事務所ホームページ(日本語)http://www.ilo.org/tokyo/standards/list-of-conventions/ WCMS_239023/lang–ja/index.htm（7章の4）

『朝日新聞』電子版「介護の外国人実習生，初の受け入れ認定　6月にも来日」(2018年5月13日)
https://www.asahi.com/articles/ASL5F2CHYL5FUBQU001.html（11章の5）

新しい子ども家庭福祉のあり方に関する検討委員会「新しい社会的養育ビジョン」(2017年8月)
http://www.mhlw.go.jp/file/04-Houdouhappyou-11905000-Koyoukintoujidoukateikyoku-Kateifukushika/0000173865.pdf（9章の4）

【Webページ】（掲載箇所は URL の末尾の（　）内に記した）　209

外務省「「児童の権利に関する条約」全文」http://www.mofa.go.jp/mofaj/gaiko/jido/zenbun.html（3章の2）

外務省「ハーグ条約と国内実施法の概要」https://www.mofa.go.jp/mofaj/fp/hr_ha/page22_000843.html（11章コラム）

外務省「ハーグ条約実施状況」https://www.mofa.go.jp/mofaj/ca/ha/page25_000833.html#section1（11章コラム）

外務省「日本　持続可能な開発目標（SDGs）実施指針　2016年12月22日 SDGs 推進本部決定」（2017年）
　　https://www.kantei.go.jp/jp/singi/sdgs/（10章の2）

外務省「海外在留邦人数調査統計平成30年要約版」（2018）
　　https://www.mofa.go.jp/mofaj/files/000368753.pdf（11章の4）

花王株式会社「花王 MK ニュース」（2015年5月28日）
　　https://prtimes.jp/main/html/rd/p/000000736.000009276.html（4章の3）

警察庁 Web サイト［被害状況と警察措置（2018年3月9日）］「東日本大震災について」
　　https://www.npa.go.jp/news/other/earthquake2011/pdf/higaijokyo.pdf（最終閲覧日：2018年3月15日）
　　（10章の7）

厚生労働省「21世紀成年者縦断調査」（2016年，各回調査）
　　http://www.mhlw.go.jp/toukei/list/28-9c.html（7章の3）

厚生労働省「外国人雇用状況」の届出状況まとめ」（2018）
　　https://www.mhlw.go.jp/stf/houdou/0000192073.html（11章の4）

厚生労働省「過労死等の防止のための対策に関する大綱」（2015年）
　　http://www.mhlw.go.jp/stf/houdou/0000092244.html（7章の6）

厚生労働省「経済連携協定に基づく受入れの枠組」（2017年）
　　https://www.mhlw.go.jp/file/04-Houdouhappyou-12004000-Shakaiengokyoku-Shakai-Fukushikibanka/0000157137.pdf（11章の5）

厚生労働省「国民生活基礎調査」（各年）https://www.mhlw.go.jp/toukei/list/20-21kekka.html（8章の6）

厚生労働省「国民生活基礎調査　平成28年」（2017年）
　　http://www.mhlw.go.jp/toukei/list/20-21kekka. Html（8章の3）

厚生労働省「子ども虐待対応の手引き」（2016年）
　　http://www.mhlw.go.jp/bunya/kodomo/dv12/00.html（3章の3）

厚生労働省「今後の高齢者人口の見通しについて」（2017年）
　　https://www.mhlw.go.jp/seisakunitsuite/bunya/hukushi_kaigo/kaigo_koureisha/chiiki-houkatsu/dl/link1-1.pdf（11章の5）

厚生労働省児童家庭局「平成25年2月1日現在　児童養護施設児童等調査結果」（2015年1月）
　　http://www.mhlw.go.jp/file/04-Houdouhappyou-11905000-Koyoukintoujidoukateikyoku-Kateifukushika/0000071184.pdf（9章の4）

厚生労働省「人口動態統計」（各年）
　　https://www.mhlw.go.jp/toukei/list/81-1.html（5章の2，5章の6，11章の1）

厚生労働省「人口動態統計特殊報告「婚姻に関する統計」の概況」（2017年）
　　https://www.mhlw.go.jp/toukei/saikin/hw/jinkou/tokusyu/konin16/index.html（5章の6）

厚生労働省「人口動態統計特殊報告「平成26年度　日本における人口動態—外国人を含む人口動態統計」の概況」（2014年）
　　https://www.mhlw.go.jp/toukei/saikin/hw/jinkou/tokusyu/gaikoku14/index.html（5章コラム）

厚生労働省「平成11年度　人口動態統計特殊報告　離婚に関する統計」
　　https://www.mhlw.go.jp/www1/toukei/rikon_8/index.html（5章の6）

厚生労働省「平成17年度乳幼児栄養調査」（2005年）

https://www.mhlw.go.jp/houdou/2006/06/h0629-1.html（10章の1）

厚生労働省「平成22年度「出生に関する統計」の概況 人口動態統計特殊報告」（2010年）
https://www.mhlw.go.jp/toukei/saikin/hw/jinkou/tokusyu/syussyo06/（5章コラム）

厚生労働省「平成25年の若年者雇用実態調査の概況」（2014年）
http://www.mhlw.go.jp/toukei/list/dl/4-21c-jyakunenkoyou-h25_gaikyou.pdf（3章の8）

厚生労働省「平成27年度　高齢者虐待の防止，高齢者の養護者に対する支援等に関する法律に基づく対応
状況等に関する調査結果」（2017年3月21日）
http://www.mhlw.go.jp/stf/houdou/0000155598.html（9章の5）

厚生労働省「平成27年版　労働経済の分析」（2015年）
http://www.mhlw.go.jp/wp/hakusyo/roudou/15/15-1.html（7章の6）

厚生労働省「平成28年度国民生活基礎調査」（2016年）
https://www.mhlw.go.jp/toukei/saikin/hw/k-tyosa/k-tyosa16/index.html（6章の4）

厚生労働省「平成28年度雇用均等基本調査」（2017年）
https://www.mhlw.go.jp/toukei/list/71-28r.html（7章の1）

厚生労働省「平成28年度全国ひとり親世帯等調査結果の概要」（2017年）
http://www.mhlw.go.jp/stf/seisakunitsuite/bunya/0000188147.html（6章の7）

厚生労働省「平成28年度大学等卒業者の就職状況調査（4月1日現在）について」
https://www.mhlw.go.jp/file/04-Houdouhappyou-11652000-
Shokugyouanteikyokuhakenyukiroudoutaisakubu-Jakunenshakoyoutaisakushitsu/0000149075_3.pdf
（3章の8）

厚生労働省「平成29年版　過労死等防止対策白書」（2017年）
http://www.mhlw.go.jp/wp/hakusyo/karoushi/17/index.html（7章の6）

厚生労働省「平成29年度版　労働経済の分析」（2017年）
https://www.mhlw.go.jp/wp/hakusyo/roudou/17/dl/17-1-2-2.pdf（7章の3）

厚生労働省「労働経済白書（平成29年版労働経済の分析）」
https://www.mhlw.go.jp/wp/hakusyo/roudou/17/17-1.html（3章の8）

厚生労働省「「我が事・丸ごと」地域共生社会実現本部について」（2016年7月）
https://www.mhlw.go.jp/file/05-Shingikai-12601000-Seisakutoukatsukan-Sanjikanshitsu_
Shakaihoshoutantou/0000134707.pdf（9章の2）

厚生労働省子ども家庭局家庭福祉課「社会的養育の推進に向けて」（2017年9月）
http://www.mhlw.go.jp/file/06-Seisakujouhou-11900000-Koyoukintoujidoukateikyoku/0000172985.pdf
（9章の4）

厚生労働省雇用均等・児童家庭局家庭福祉課「ひとり親家庭等の支援について」（2017年）
http://www.mhlw.go.jp/file/06-Seisakujouhou-11900000-Koyoukintoujidoukateikyoku/0000100019.pdf
（6章の7）

厚生労働省社会・援護局「これからの地域福祉のあり方に関する研究会報告書　地域における「新たな支
え合い」を求めて－住民と行政の協働による新しい福祉－」（2008年3月）
https://www.mhlw.go.jp/shingi/2008/03/s0331-7a.html（9章の2）

厚生労働省大臣官房統計情報部「平成27年度福祉行政報告例の概況」（2016年）
http://www.mhlw.go.jp/toukei/saikin/hw/gyousei/15/dl/kekka_gaiyo.pdf（3章の3）

厚生労働省老健局総務課「介護保険制度の現状と今後の役割（平成27年度）」http://www.mhlw.go.jp/
file/06-Seisakujouhou-12300000-Roukenkyoku/201602kaigohokenntoha_2.pdf（9章の5）

国立社会保障・人口問題研究所「現代日本 結婚 出産―第15回出生基本動向調査（独身者調査 夫婦調査）
報告書」（2017年）
http://www.ipss.go.jp/ps-doukou/j/doukou15/doukou15/NFS15_reportALL.pdf（3章の9）

【Webページ】（掲載箇所はURLの末尾の（　）内に記した）

国立社会保障・人口問題研究所「第15回出生動向基本調査（結婚と出産に関する全国調査）」（2015年）
　　http://www.ipss.go.jp/ps-doukou/j/doukou15/doukou15_gaiyo.asp（6章の4）
最高裁判所「平成28年度司法統計年報」（2016年）
　　http://www.courts.go.jp/app/sihotokei_jp/search（5章の6）
最高裁判所事務総局家庭局「成年後見関係事件の概況」（2000-2016各年版）
　　http://www.courts.go.jp/about/siryo/kouken/index.html（9章の6）
裁判所「司法統計」　http://www.courts.go.jp/app/files/toukei/309/009309.pdf（11章の2）
渋谷区ホームページ「渋谷区男女平等及び多様性を尊重する社会を推進する条例」
　　https://www.city.shibuya.tokyo.jp/kusei/shisaku/jourei/lgbt.html（1章の4）
清水哲郎「哲学する諸現場」http://www.l.u-tokyo.ac.jp/~shimizu/index-cleth.html（9章の9）
消費者庁「平成26年版消費者白書」（2014年）
　　http://www.caa.go.jp/policies/policy/consumer_research/white_paper/2014/（10章の2）
消費者庁「平成29年版消費者白書」（2017年）
　　http://www.caa.go.jp/policies/policy/consumer_research/white_paper/2017/（10章の2）
総務省「通信利用動向調査」
　　http://www.soumu.go.jp/johotsusintokei/statistics/statistics05a.html（10章の3）
総務省統計局「平成22年国勢調査」http://www.stat.go.jp/data/kokusei/2010/（12章の1）
総務省統計局「平成27年国勢調査」http://www.stat.go.jp/data/kokusei/2015/index.html（12章の1）
総務省統計局「平成27年国勢調査人口等基本集計」（2016年）
　　http://www.stat.go.jp/data/kokusei/2015/kekka.htm（6章の7）
総務省統計局「平成27年国勢調査　人口等基本集計結果　結果の概要」（2016年）
　　http://www.stat.go.jp/data/kokusei/2015/kekka/kihon1/pdf/gaiyou1.pdf（1章の2）
総務省統計局「平成27年国勢調査　調査結果の利用案内―ユーザーズガイド」（2016年）
　　http://www.stat.go.jp/data/kokusei/2015/users-g/pdf/all.pdf（1章の2）
総務省統計局「平成28年社会生活基本調査」（2017年）
　　http://www.stat.go.jp/data/shakai/2016/（7章の4）
総務省統計局「平成28年社会生活基本調査―詳細行動分類による生活時間に関する結果―」（2017年）
　　http://www.stat.go.jp/data/shakai/2016/pdf/gaiyou3.pdf（7章の5）
総務庁青少年対策本部「第6回世界青年意識調査」（1999年）
　　http://www8.cao.go.jp/youth/kenkyu/worldyouth6/990224.htm（3章の9）
地域研究コンソーシアム主催研究会，京都大学地域研究統合情報センター共同研究プロジェクト，地域研究方法論研究会ホームページ「地域研究とは」
　　http://personal.cseas.kyoto-u.ac.jp/~yama/areastudies/astudies.html#3（4章の4）
中央教育審議会「新しい時代を拓く心を育てるために（答申）」（1998年）
　　http://www.mext.go.jp/b_menu/shingi/chuuou/toushin/980601.htm（10章の1）
中央教育審議会「今後の学校におけるキャリア教育・職業教育の在り方について（答申）」（2011年）
　　http://www.mext.go.jp/component/b_menu/shingi/toushin/　icsFiles/afieldfile/2011/02/01/
　　1301878_1_1.pdf（3章の8）
中央教育審議会「幼稚園，小学校，中学校，高等学校及び特別支援学校の学習指導要領等の改善及び必要な方策について（答申）」（2016年）http://www.mext.go.jp/b_menu/shingi/chukyo/chukyo0/
　　toushin/__icsFiles/afieldfile/2017/01/10/1380902_0.pdf（11章の4）
内閣府「高齢社会対策の基本的在り方等に関する検討会報告書～すべての世代にとって豊かな長寿社会の構築に向けて ～」（2017）
　　http://www8.cao.go.jp/kourei/kihon-kentoukai/h29/pdf/h29_houkoku.pdf（8章の2）

内閣府「国民生活選好度調査　平成18年」(2006年)
　　http://warp.da.ndl.go.jp/info:ndljp/pid/10361265/www5.cao.go.jp/seikatsu/senkoudo/senkoudo.html
　　(8章の3)
内閣府「サテライト勘定」http://www.esri.cao.go.jp/jp/sna/sonota/satellite/satellite_top.html（7章の5）
内閣府「第8回　世界青年意識調査」(2009年)
　　http://www8.cao.go.jp/youth/kenkyu/worldyouth8/html/mokuji.html（5章の6）
内閣府「男女共同参画白書（概要版）　平成29年版」
　　http://www.gender.go.jp/about_danjo/whitepaper/h29/gaiyou/html/honpen/b1_s03.html（1章の5）
内閣府「男女共同参画社会に関する意識調査」(2009年)
　　https://survey.gov-online.go.jp/h21/h21-danjo/index.html（5章の2）
内閣府「男女共同参画社会に関する世論調査」(2016年)
　　http://survey.gov-online.go.jp/h28/h28-danjo/index.html（3章の8）
内閣府「平成18年版高齢社会白書」(2006年)
　　http://www8.cao.go.jp/kourei/whitepaper/w-2006/zenbun/html/i1111000.html（8章の2）
内閣府「平成25年度小学生・中学生の意識に関する調査」(2014年)
　　http://www8.cao.go.jp/youth/kenkyu/thinking/h25/junior/pdf_index.html（3章の8）
内閣府「平成25年度 我が国と諸外国の若者の意識に関する調査」(2014年)
　　http://www8.cao.go.jp/youth/kenkyu/thinking/h25/pdf_index.html（3章の9）
内閣府「平成26年度　結婚・家族形成に関する意識調査」(2015年)
　　http://www8.cao.go.jp/shoushi/shoushika/research/h26/zentai-pdf/index.html（3章の9）
内閣府「平成29年版高齢社会白書」(2017年 a)
　　http://www8.cao.go.jp/kourei/whitepaper/w-2017/html/zenbun/index.html（8章の2）
内閣府「平成29年版少子化社会対策白書」(2017年) http://www8.cao.go.jp/shoushi/shoushika/
　　whitepaper/measures/w-2017/29pdfhonpen/29honpen.html（5章コラム）
内閣府緊急災害対策本部［(3) 避難所の生活環境改善等(a) 避難者数の状況］「平成23年度　防災白書」
　　http://www.bousai.go.jp/kaigirep/hakusho/h23/bousai2011/html/honbun/1b_1h_2s_3.htm（最終閲
　　覧日：2018年3月15日）(10章の7)
内閣府政府統括官「家族と地域における子育てに関する意識調査報告書」(2014年)
　　http://www8.cao.go.jp/shoushi/shoushika/research/h25/ishiki/index_pdf.html（10章の5）
内閣府男女共同参画局「第7回及び第8回報告報告に対する女子差別撤廃委員会最終見解」（女子差別撤廃
　　委員会，2016年3月7日）
　　http://www.gender.go.jp/international/int_kaigi/int_teppai/pdf/CO7-8_j.pdf（12章の3）
内閣府男女共同参画局（編）「男女共同参画白書　平成29年版」(2017年)
　　http://www.gender.go.jp/about_danjo/whitepaper/h29/zentai/index.html#honpen（7章の1）
内閣府男女共同参画局「男女共同参画に関する世論調査」(2000年，2005年，2009年，2016年)
　　http://www.gender.go.jp/research/yoron（7章の1）
西文彦「親と同居の壮年未婚者　2014年」（統計局，2015年）
　　http://www.stat.go.jp/training/2kenkyu/pdf/zuhyou/parasi11.pdf（7章の3）
21世紀職業財団「若手女性社員の育成とマネジメントに関する調査研究―均等法第三世代の男女社員と管
　　理職へのインタビュー・アンケート調査より―」
　　https://www.jiwe.or.jp/research-report/2015development_and_management（3章の8）
『日本経済新聞』電子版「外国人による家事代行始動　ダスキン，人材確保の切り札」(2017年4月17日)
　　https://www.nikkei.com/article/DGXLASHD17H2J_X10C17A4000000/（11章の5）
日本産科婦人科学会「代理懐胎に関する見解」(2003年)
　　http://www.jsog.or.jp/about_us/view/html/kaikoku/H15_4.html（6章の2）

【Webページ】（掲載箇所はURLの末尾の（　）内に記した）

日本産科婦人科学会「人工授精についての見解」（2015年）
　　http://www.jsog.or.jp/ethic/teikyouseishi_20150620.html（6章の2）
日本産科婦人科学会「ヒト胚および卵子の凍結保存と移植に関する見解」（2016）
　　http://www.jsog.or.jp/ethic/hitohai_201406.html（6章の2）
日本生殖補助医療標準化機関「精子・卵子の提供による非配偶者間体外受精に関するJISARTガイドライン」
　　（2016年）https://jisart.jp/about/external/guidline/（6章の2）
日本老年学会・日本老年医学会「高齢者に関する定義検討ワーキンググループ報告書」（2017年）
　　https://www.jpn-geriat-soc.or.jp/info/topics/pdf/20170410_01_01.pdf（8章の2）
野村総合研究所ほか「日本におけるコンピューター化と仕事の未来」（野村総合研究所）
　　https://www.nri.com/~/media/PDF/jp/journal/2017/05/01J.pdf（3章の8）
東日本大震災女性支援ネットワーク調査チーム「東日本大震災「災害・復興時における女性と子供への暴力」
　　に関する報告書」（2015年改訂）http://oxfam.jp/gbvreport.pdf（10章の7）
福島県ホームページ［県外への避難者数］「ふくしま復興ステーション」（2018年2月28日更新）
　　http://www.pref.fukushima.lg.jp/uploaded/attachment/254477.pdf（10章の7）
ペットフード協会「平成29年（2017年）全国犬猫飼育実態調査」
　　http://www.petfood.or.jp/data/chart2017/index.html（8章コラム）
ベネッセ教育総合研究所「第5回幼児の生活アンケート報告書」（2016年）
　　http://berd.benesse.jp/up_images/research/YOJI_all_P01_65.pdf（3章の5）
宮城県共同参画社会推進課［東日本大震災での被災者支援等における男女共同参画の状況調査報告書（平
　　成24年）］「男女共同参画サイト　とらい・あんぐる みやぎ」
　　https://www.pref.miyagi.jp/uploaded/attachment/222032.pdf（10章の7）
文部科学省「日本語指導が必要な児童生徒の受入状況等に関する調査（平成28年度）」2017年）
　　http://www.mext.go.jp/b_menu/houdou/29/06/1386753.htm（11章の3，11章の4）
文部科学省初等中等教育局国際教育課「外国人児童生徒の受け入れの手引き」（2011年）
　　http://www.mext.go.jp/a_menu/shotou/clarinet/002/1304668.htm（11章の4）
リクルート進学総研「高校生の就きたい職業・保護者の就いてほしい職業」
　　http://souken.shingakunet.com/research/2016/08/post-9ab8.htm（3章の8）
リクルートワークス研究所「大卒求人倍率調査（2017年卒）」
　　http://www.mext.go.jp/b_menu/shingi/chukyo/chukyo0/toushin/1301877.htm（3章の8）

索　引

あ 行

ICT ……………………………… 156, 157
愛情表現としての家事労働 ……………… 60
アイデンティティ …………………… 116
アタッチメント …………………………… 36
アタッチメント理論 …………………… 91
アリエス, P. ……………… 2, 28, 184
アンビバレンス …………………… 129
アンペイド・ワーク ……………… 108, 109

EPA ………………………………… 176
イエ ……………………………… 5, 53
イエ規範 ………………………………… 5
「家」制度 ……………………… 70, 180
育児 ……………………………… 182
育児援助ネットワーク …………………… 55
育児休業 ……………………… 101
育児ネットワーク ……………… 94, 95
育児不安 ……………… 89, 94, 96
育児や介護の社会化 …………………… 133
育メン（イクメン） ……………… 53, 91
意思決定プロセス …………………… 148
異性愛 ……………………………… 9
異性愛規範 ……………………… 58
異性カップル ……………………… 186
1.57ショック ……………………… 136
一妻多夫制 ……………………… 8, 64
一夫一婦制 ……………………… 64
一夫多妻制 ……………………… 8, 64
衣服 ……………………………… 152
異文化結婚 ……………………… 170
インセスト・タブー …………………… 12
インターネット利用率 …………………… 156

Well-being ……………………… 30
ウーマン・リブ ……………………… 48

SNS ……………………………… 154
SDGs ……………………………… 155
NFRJ-08 Panel ……………………… 128
FI ……………………………… 3

FGM ……………………………… 81
M字型就労 ……………………… 100, 101
エリクソン, E ……………………… 116
LGBT ……………………………… 56, 57
エルダ, G.H. ……………………………… 6
エンディングノート …………………… 117
エンゼルプラン ……………… 85, 96, 136

夫の引退後期間の長期化 …………………… 120
親子関係 ……………… 18, 122, 123
親子の同別居 …………………… 122
親子の分離不可能性 …………………… 76
おやじの会 ……………………………… 97
親にならない ……………………… 87
親になる ……………………… 86, 87

か 行

介護 ……………………… 126, 182
外国人技能実習制度 …………………… 176
外国につながりのある子ども ……… 174, 175
介護支援 ……………………… 140, 141
介護の社会化 ……………… 127, 143
介護保険制度 ……… 140, 143, 183, 185
介助 ……………………………… 182
カイロ会議 ……………………… 80
核家族 ……………………… 8, 11, 68
核家族世帯 ……………………………… 8
拡大家族 ……………………………… 9
家計の個計化 …………………… 143
家事支援外国人受入事業 …………………… 176
家事労働 ……………………… 10, 60
家族介護 ……………………… 141
家族規範 …………………… 147
家族ケア ……………………… 145
家族形成 ……………………… 44, 45
家族成員 ……………………… 90
家族戦略 ……………………… 39
家族団らん …………………… 152
家族定義 ……………………………… 2
家族的責任 ……………… 106, 107
家族的責任を有する労働者条約 …………… 98
家族とジェンダー …………………… 55

索　引

家族のオルタナティブ······61
家族の「個人化」······162
家族の戦後体制······11
家族は愛情の場······60
家族福祉······132
家族法······14, 15, 24
家族メンバー······90
家族問題······133
合葬墓······162
家庭······2, 10, 11, 158, 159
家庭科······52, 53
家庭裁判所······15, 143
家庭内離婚······121
家庭養護······138
家父長制······48, 60
カミングアウト······58
仮面夫婦······121
過労死······110, 111
過労自殺······110, 111
カンガルー族······39
関係性の歴史······129
看護······182
感情労働······61

技術決定論······156
キティ, E. F.······61
ギデンズ, A.······45, 49, 61
キャリア教育······42
QOL······103, 148
旧民法······14
協議離婚······16, 75
共生······175, 182
きょうだい関係の世代差······129
きょうだいの離婚や死別······129
きょうだいへのサポート期待······128
きょうだいリスク······129
共同親権······24
共同墓・合葬墓······166
共同養育理念······77
ギリガン, C.······60
近親性交······12
近代家族······10, 58, 60, 147, 180, 184
近代的母親規範······136

グブリアム, J.F.······3
グローバル······175
グローバル化······9

ケア······182

ケアの社会化······177, 183, 186
ケア負担······144
ケア労働······9, 61
ケア労働者······176, 177
経済連携協定（EPA）······176
継親子······76
血縁······18
結婚······64, 65
結婚適齢期······66
健康寿命······150
健全育成······29
現代家族······11
顕微授精······82

合意形成······148
公園デビュー······95, 96
後期高齢層······85
合計特殊出生率······84, 85
厚生労働白書······121
公的扶助······23
合同墓······162
高齢化社会······118
高齢化率······85, 118, 140
高齢期······70, 116
高齢期の家族再構築······128
高齢期のきょうだい関係······128, 129
高齢社会······118, 119
高齢社会白書······120
高齢者虐待の防止，高齢者の養護者に対する
　支援等に関する法律······133
高齢者の定義見直し······118
高齢者夫婦関係満足度······121
向老期······116, 117
国際結婚······168, 169, 170, 171, 172, 173
国際結婚家族······172, 173
国際的な子の奪取の民事上の側面に関する条約
　······178
国際的な子の奪取の民事上の側面に関する条約
　の実施に関する法律······178
国際婦人（女性）年······50
国際離婚······171
国勢調査······4, 6
国籍独立主義······169
国民生活選好度調査······121
個人化······3, 70
子育て・家事参加······101
子育て期······70
子育てサークル······96
個としての高齢者······126

索　引　217

子ども期……………………28
子ども・子育て関連3法……33
子ども・子育て支援新制度……91, 136
子どもの権利……………30, 31
子どもの権利条約……28, 29, 30, 83, 98, 173, 185
子どもの社会化……………90
子どもの貧困対策法………35
子どもの貧困率……………34
子どもを持たない人………120
個別化………………………71
コミュニティ………………183
孤立育児……………………94
婚姻………………………16, 24
婚姻期間が長い夫婦の離婚……121
婚外子………………………78
コンパニオンアニマル……130
コンボイ……………………128

さ　行

災害遺児・孤児……………164
災害とジェンダー…………165
災害リスク…………………165
再婚…………………………75
財産管理権…………………21
財産分与……………………17
再生産年齢…………………84
裁判離婚…………………17, 75
里親…………………………59
里親制度……………………138
サムボ………………………9
3歳児神話………………88, 89
三世代同居…………………120
Sambo………………………9

支援…………………………173
ジェンダー……7, 48, 62, 70, 184
ジェンダー規範……………147
ジェンダー主流化………50, 51
ジェンダーバイアス………55
ジェンダー平等………50, 51, 51
自己決定権………………80, 81
自己効力感…………………45
自己実現……………………135
死後生殖……………………19
仕事と家庭生活との両立……114
仕事と家庭の二重負担……100
仕事と子育ての両立………100
死生学………………………148
死生観………………………149

次世代育成支援推進法……136
施設養護……………………138
自然減………………………84
自然災害……………………164
自然葬………………………162
自然増………………………84
実子…………………………18
私的扶養……………………23
児童虐待……………31, 32, 89
児童虐待の防止等に関する法律……32, 133
児童福祉法……………30, 33, 59
児童扶養手当………………93
市民連帯契約………………9
社会減………………………84
社会構成主義………………156
社会構築主義………………3
社会増………………………84
社会的育児…………………91
社会的排除…………………180
社会的不平等の世代間再生産……147
社会的包摂…………………180
社会的養護………………138, 139
社会福祉基礎構造改革……142
社会モデル…………………144
若年無業者…………………43
社交性………………………45
重層的なネットワーク……71
主観的家族…………………2
熟年離婚……………………121
出産…………………………81
出自を知る権利……………83
出生に占める嫡出でない子……78
出生前診断…………………81
出入国管理及び難民認定法……171
主婦………………10, 11, 180
純粋な関係性………………61
障害者総合支援法…………183
障害者福祉…………………144
生涯未婚者…………………120
生涯未婚率…………………66
ショーター, E.……………10
消費環境……………………154
消費者市民社会……………155
消費者問題…………………155
情報化………………………156
食卓…………………………152
食物アレルギー患者………165
女性活躍推進法………98, 100
女性差別撤廃条約（女子差別撤廃条約）

······· 50, 53, 165, 184

女性に対する暴力······· 72
新エンゼルプラン······· 136
親権······· 21, 31, 83
親権制度······· 20
人工授精······· 59, 82
人口政策······· 80, 81
人口の若返り······· 84
新婚期······· 70
身上監護権······· 21
人生観······· 149
新生児の取り違え······· 18
人生100年時代······· 150
親族······· 4, 5
親族ネットワーク······· 5
身体的虐待······· 32
審判離婚······· 75
心理的虐待······· 32

スティグマ······· 58
ステップファミリー······· 76
住まい······· 153

生活環境······· 158, 159
生活協同組合······· 143
生活周期······· 6
生活の質······· 103, 148
生活文化······· 158, 159
生活様式······· 158, 159
正規雇用······· 101
性指向······· 56, 62
性自認······· 56, 62
青少年の雇用の促進等に関する法律
　（若者雇用促進法）······· 42, 43
生殖補助医療······· 19, 82
成人子······· 122
生存権······· 23
生態学的環境の構造······· 36
性的虐待······· 32
性同一性障害······· 58
性同一性障害特例法······· 59
生得的な家族であるきょうだい······· 129
青年期······· 38, 39, 40, 41, 44
成年後見······· 22
成年後見制度······· 142
成年後見人······· 143
成年後見の社会化······· 142
性別二元制······· 58
性別役割分業······· 10, 11, 51, 67, 68, 70, 88, 90,

101, 102, 103, 104, 177, 180
生命維持機構······· 158
性役割規範······· 70
セクシュアリティ······· 56, 57, 184
セクシュアル・マイノリティ······· 56, 58, 59
世帯······· 4, 5, 6
世帯構造······· 4, 5, 6
絶対的貧困······· 34
前期高齢層······· 85
専業母······· 94, 96
全国家族調査のパネルデータ······· 128
選択的夫婦別姓······· 24

SOGI······· 56
双系······· 9
相互扶助······· 146
相対的貧困······· 34, 46, 47
ソーシャル・ネットワーク・モデル······· 36
ソーシャルキャピタル······· 37
ソーシャルワーク······· 134, 135
祖父母······· 124, 125

た　行

第一次ベビーブーム······· 85
体外受精······· 82, 83
待機児童······· 89, 98
待機児童問題······· 98, 185
大衆長寿時代······· 128
第二次ベビーブーム······· 85
代理懐胎······· 19, 83
WHO（世界保健機構）······· 57
脱家族化······· 133
脱・近代家族······· 11
脱継承化······· 166
脱青年期······· 38
多様な家族に対する配慮と支援······· 165
団塊の世代······· 84
単婚······· 64
男女共同参画社会······· 102, 112, 113
男女共同参画社会基本法······· 112, 113
男女雇用機会均等法······· 100, 102
男性稼ぎ手社会······· 55
単独親権······· 24

地域活動······· 161
地域共同体······· 90
地域子育て支援拠点事業······· 97, 137
地域子育て支援センター事業······· 96
地域社会······· 160, 161

父親の育児参加 …… 55
中絶 …… 80, 81
兆候論 …… 156
長時間労働 …… 110, 111
調停離婚 …… 75
直系家族制 …… 5
チョドロウ, N. …… 60

通所介護 …… 140, 185

定位家族 …… 146
定年ゴジラ …… 116
DV …… 33, 72
DV 防止法 …… 73

統合 …… 71
当事者運動 …… 144
同棲 …… 9, 186
同性カップル …… 9, 25, 58, 186
同性婚 …… 16
同性パートナーシップ …… 58
道徳 …… 148
登録パートナーシップ …… 186
登録パートナーシップ法 …… 9
特別養子縁組 …… 19
ドメスティック・バイオレンス …… 33, 72
共働き社会 …… 54
トランスジェンダー …… 58

な 行

ナショナルな標準家族 …… 172

ニーズ …… 135
日本家政学会家族関係学部会 …… 160
日本型福祉社会 …… 147
日本国憲法 …… 14, 52
日本語指導 …… 174
日本語指導が必要な児童生徒 …… 172
乳児家庭全戸訪問事業 …… 33
任意後見制度 …… 22
妊娠 …… 81, 82
認知症高齢者 …… 142
認知制度 …… 18

ネグレクト …… 32
ネットショッピング …… 154
ネットワーク …… 7, 94, 95, 160, 161
ネットワーク論 …… 184
年齢階級別就業率 …… 100

は 行

配偶者からの暴力の防止及び被害者の保護等に
　関する法律（配偶者からの暴力の防止及び被害
　者の保護に関する法律）…… 73, 133
配偶者選択 …… 69
配偶者暴力相談支援センター …… 73
排出期 …… 70
墓じまい …… 163
ハーグ条約 …… 20, 30, 171, 178
パーソナル・ネットワーク …… 71
パーソンズ, T. …… 90
バダンテール, E. …… 49, 184
PACS …… 9
パパ・クオータ制 …… 186
晩婚化 …… 66, 100

東日本大震災 …… 164
非婚化 …… 100
非正規雇用 …… 101, 104, 105
ひとり親 …… 92, 93, 146
ひとり親家族 …… 92, 93
ひとり親家庭・多子世帯等自立応援
　プロジェクト …… 93
ひとり親世帯 …… 8
ひとり暮らし高齢者 …… 120
避難所 …… 164
避難生活 …… 164
非法律婚 …… 186
貧困 …… 147
貧困の女性化 …… 108
貧困の世代間連鎖 …… 35
貧困ライン …… 34, 46, 47

ファインマン, M. A. …… 61
ファミリー・アイデンティティ …… 3
不安定居住 …… 147
不安定就業 …… 146
夫婦 …… 16
夫婦関係の弱休化 …… 71
夫婦関係の発達 …… 70
夫婦関係の変化 …… 70
夫婦間の紐帯 …… 71
夫婦のみの世帯 …… 120
フェミニズム …… 48, 49, 80, 89, 184
複婚 …… 64
複婚家族 …… 8
福祉国家 …… 183
福祉コミュニティ …… 161

福祉多元主義	183	民法改正	52
父系制	9		
父子世帯	92	無縁化	163
普通婚姻率	68	無戸籍問題	19
普通出生率	84	無償労働	108
普通養子縁組	19		
不妊治療	81, 82	明治民法	14, 117
普遍的保育	136		
扶養義務	23	モデルなき高齢期	128
フリーター・ニート	43	モラトリアム	38
フレックスタイム	101	問題行動	29

や 行

文化	158, 159	山極寿一	12
文化人類学	54		
		有償労働	108
平均寿命の延伸	120	Uターン移動	85
平均的ライフスタイル	121		
ペイド・ワーク	108, 109	養子	18
		幼保一体化	136
ボアソナード, G. E.	14	要保護児童	138
保育に欠ける	136	要保護児童対策地域協議会	33
法定後見制度	22		

ら 行

訪問介護	140, 185	ライフコース論	6, 7, 40, 41, 44, 45, 120, 184
法律婚（同性）	186	ライフコース論的視点	129
ボウルビー, J	88	ライフサイクル	6, 7, 120
北欧型福祉国家	54	ライフステージ	159
母系制	9	卵子提供	83
保護命令	73		
母子世帯	34, 92	リカレント教育	7
ポジティブ・アクション	51, 112	離婚	16, 17, 24, 74
母子避難	164	離婚率	74
ポスト青年期	38	リプロダクティブ・ヘルス／ライツ	50, 80, 81
母性愛	184	臨床現場	149
母性神話	89	臨床死生学	149
墓制・葬送	162	臨床倫理	148
母性はく奪論	88		
ホックシールド, A. R.	61	レヴィ=ストロース, C.	12
ホームヘルパー	185	レズビアン	59
ホームレス生活者	146, 147		
		老親扶養	126

ま 行

孫	124, 125	老親へのケア提供	129
マードック, G. P.	8	ロマンティック・ラブ・イデオロギー	60
ママ友	95, 96		

わ 行

マミートラック	107	若者期	38, 39
マルクス主義フェミニズム	48, 60	ワーク・ライフ・バランス	
			43, 55, 101, 102, 103, 112
未婚化	66		
未婚化・晩婚化	104, 114		
未成年後見	22		
民間シェルター	73		

現代家族を読み解く 12章

平成 30 年 10 月 30 日　発　行

編　者　　一般社団法人 日本家政学会

発行者　　池　田　和　博

発行所　　丸善出版株式会社
　　　　　〒101-0051 東京都千代田区神田神保町二丁目17番
　　　　　編　集：電　話 (03) 3512-3264／FAX (03) 3512-3272
　　　　　営　業：電　話 (03) 3512-3256／FAX (03) 3512-3270
　　　　　https://www.maruzen-publishing.co.jp

© The Japan Society of Home Economics, 2018

組版印刷・富士美術印刷株式会社／製本・株式会社 星共社

ISBN 978-4-621-30343-6　C 3036　　　　　Printed in Japan

JCOPY 〈(社)出版者著作権管理機構 委託出版物〉
本書の無断複写は著作権法上での例外を除き禁じられています。複写
される場合は、そのつど事前に、(社)出版者著作権管理機構（電話
03-3513-6969, FAX 03-3513-6979, e-mail：info@jcopy.or.jp）の許諾
を得てください。